全国邮轮专业规划教材

邮轮旅游服务管理

SERVICE MANAGEMENT
CRUISE TRAVEL

主　编　王建喜
副主编　甘胜军

北京·旅游教育出版社

全国邮轮专业规划教材编委会

主　任： 肖宝家
副主任： 刘　斌　郑炜航　杨丽萍　程爵浩
成　员： 任声策　李　华　孙玉琴　郑玉香
　　　　　　甘胜军　刘义军　王建喜　刘　伟
　　　　　　佟和龙　郭一明　郭　训

序

邮轮产业被誉为漂浮在水道上的黄金产业。

自20世纪80年代至今,邮轮业的发展以每年7.6%的平均速度增长。综观全球邮轮旅游市场,虽然目前国际邮轮旅游市场仍主要集中在北美和欧洲,两地区的发达国家邮轮旅游占了市场的最大份额,但随着国际邮轮产业将发展重点转向亚洲尤其是中国内地这一新兴市场,亚太地区邮轮业发展迅速,增长速度已明显高于世界平均值。

我国的邮轮产业经历了近10年的磨砺前行,已经步入飞速发展阶段。中国交通运输协会邮轮游艇分会(CCYIA)的统计数据表明,2006—2014年,中国港口接待邮轮数量从115艘次增加到466艘次,同比增幅达到267.8%。中国以优越的地理位置、独具魅力的东方文化、丰富的旅游资源和潜力巨大的客源市场成为亚洲邮轮市场的核心组成部分,越来越受到邮轮公司的重视。随着国民经济实力的不断提升和对外开放程度的不断加强,邮轮旅游为越来越多的人所熟知和接受,中国已经成为未来最具潜力的邮轮市场。

海洋是各国经贸文化交流的天然纽带,在建设"21世纪海上丝绸之路"的战略蓝图下,我国邮轮产业的发展将有利于重现海上丝绸之路的繁荣,促进沿线国家的经济发展与共同富强。同时邮轮经济的健康持续发展也将为实现我国海洋强国的梦想起到推动作用。在我国经济发展新常态下,邮轮旅游作为旅游产业中的新兴产品,因其较强的产业关联性,将成为现代服务业发展的新经济增长点,进一步促进整体经济结构的升级和变革。

邮轮产业涉及邮轮建造业、邮轮经营业、邮轮母港服务以及邮轮旅游四大环节。目前我国邮轮的"产业化"格局尚未形成,邮轮经济的乘数效应仍未得到明显体现,邮轮业务的发展对港口城市带来的综合影响很小,本土经济受益有限。其原因在于与邮轮经济发展相关的制度法规体系、人才培养体系、产业服务体系以及文化意识培育等还不够系统。

伴随着国际邮轮公司在华运营力度的加大,各大邮轮品牌争相布局中国,以及国内邮轮港口的规模化建设与本土邮轮公司的起步和发展,中国邮轮产业的发展无疑将需要大批通晓国际邮轮运营、港口管理、邮轮产品销售、邮轮服务等知识和技能的专业人才。据估算,到 2020 年我国邮轮人才的需求量将超过 30 万。因此,加强和规范邮轮人才的培养任务非常紧迫。

上海海事大学是一所以航运、物流、海洋、经济管理为特色学科的综合性大学。结合邮轮产业蓬勃发展的契机,上海海事大学有责任承担在上海市"国际航运中心"建设中为中国,乃至全球提供邮轮中高端人才培养的任务。为了休闲旅游产业的蓬勃发展,2012 年 4 月 18 日,上海海事大学与英国海贸集团、上海国际港务集团等共同成立了亚洲邮轮学院,开启了旅游管理(邮轮管理方向)本科人才培养之路。随后,立足国际邮轮产业发展前沿,针对中国邮轮产业面临的诸多前瞻性问题,以教育带动问题研究,上海海事大学首创开设了邮轮管理 EMBA 班,致力打造汇集邮轮产业产、学、研、政、商、资本等各领域碰撞和融合的平台。

本套邮轮系列规划教材由上海海事大学组织兄弟院校共同编写,集结了我国邮轮行业专家和学者的智慧和力量,主要包括《邮轮运营管理》《邮轮旅游地理》《邮轮港口规划与管理》《邮轮旅游服务管理》《邮轮市场营销》《邮轮英语》《海洋旅游学》《水上旅游管理》和《航运市场营销管理》等共 9 本,意在为我国中、高端邮轮人才培养提供一套全面系统的邮轮专业教材。

我衷心地希望通过本系列教材的出版,有更多的学生选择邮轮管理专业,更多的旅游从业者选择邮轮行业,并参与邮轮管理相关培训和学习,切实提高自身综合素质和业务能力,真正推动上海乃至全球邮轮产业朝着更规范和可持续发展的方向迈进。

也祝愿全球邮轮产业蓬勃发展!

中国交通运输协会会长 钱永昌

前　言

邮轮旅游是全球休闲旅游产业中增速最快的领域。随着大众对邮轮旅游认识的逐步深入，邮轮旅游已经成为国民休闲的热点，中国市场已经在国际新兴市场中占有举足轻重的地位。豪华邮轮是海洋中航行的大型旅游客轮，它集商务、餐饮、娱乐、观光为一体，也是邮轮目的地的重要组成部分。伴随着世界顶级邮轮公司纷纷抢滩中国市场，以及我国邮轮的制造和发展，邮轮管理与服务人员需求也越来越大，对邮轮服务和管理的要求也越来越高。在我国邮轮旅游迅速发展的同时，也出现了由于邮轮价格竞争等多种原因导致的邮轮旅游服务品质下降的现象，并引发了各类投诉，对邮轮旅游的持续健康发展提出了严峻挑战。

本书从选题到规划，再到执行写作，充分考虑到理论与实践的结合，力求实用，突出实践。本书所涉及的邮轮旅游服务不仅局限于邮轮服务本身，还涉及邮轮旅行社、在线OTA、出发港、邮轮公司、访问港接待企业等多个邮轮服务部门，形成了一个完整的邮轮旅游服务链条。邮轮旅行社和在线OTA为游客提供产品的咨询、预订和销售服务，并根据游客需求提供出发地到登船地的接送服务、岸上观光服务、代订机票及酒店等延伸服务；公司为旅游者提供的运输服务，即为邮轮旅游者提供的海上交通服务，作为移动的度假村还提供包括船上餐饮、住宿、娱乐、康体、会议、商务等在内的服务项目；另外邮轮公司为旅游者提供在船上的自费服务项目，如旅游者在邮轮上的特色餐饮、酒吧、娱乐服务等，在国际上邮轮公司还为游客提供停靠地的岸上观光活动；邮轮港口主要为乘客提供信息咨询、行李托运、候船、登船、下船以及港口所在区域的餐饮、购物、娱乐、观光等服务项目。

邮轮旅游的服务质量在影响游客满意度的同时，也影响游客的后续消费行为，包括是否重复购买、是否向亲友推荐以及忠诚度等，直接影响到我国邮轮市场的发育和完善。本书适用于高等院校旅游专业学生及旅行社、邮轮公司、邮轮港口等从业人员，希望本书的出版可以帮助邮轮公司、邮轮码头、旅行社有针对性地改进旅游服务质量，从而吸引更多游客，提升邮轮旅游体验。同时希望本书成为培训从业人员提升邮轮服务意识和邮轮服务理念的好帮手。

本书由上海海事大学王建喜博士主编，甘胜军老师为副主编，各章编写分工为：第一章、第二章由王建喜撰写，第三章由郭训撰写，第四章、第五章由甘胜军撰写，第六章、第七章由王建喜撰写，第八章由甘胜军撰写。

本书在编写过程中得到了上海海事大学经济管理学院、亚洲邮轮学院以及旅游教育出版社的大力支持与帮助，在此表示真诚的感谢。由于编者知识、能力和时间有限，本书可能存在诸多不足，敬请批评斧正。

王建喜

2017 年 3 月

目　录

第一章　邮轮旅游的基本特征 ·· 1
　　第一节　邮轮旅游产品 ·· 1
　　第二节　邮轮旅游的功能与特征 ·· 3
　　第三节　邮轮旅游的本质与服务标准 ·· 7

第二章　我国邮轮旅游市场特征 ··· 14
　　第一节　我国邮轮旅游的发展现状 ··· 14
　　第二节　我国邮轮消费群体特征 ·· 17
　　第三节　我国邮轮旅游市场潜力与发展趋势 ··· 21

第三章　邮轮旅游咨询与预订服务 ··· 30
　　第一节　邮轮销售服务组织 ·· 30
　　第二节　邮轮旅游咨询与销售服务 ··· 32
　　第三节　游客出发前服务 ··· 38

第四章　邮轮港口服务管理 ·· 57
　　第一节　港口服务设施 ·· 57
　　第二节　口岸通关服务 ·· 66

第五章　邮轮设施与服务 ··· 83
　　第一节　邮轮的空间划分 ··· 83
　　第二节　邮轮服务内容 ·· 92
　　第三节　邮轮服务人员 ·· 110

第六章　邮轮服务定制与主题开发 …………………………………………… 120
　　第一节　邮轮设计与服务定制 …………………………………………… 120
　　第二节　主题邮轮产品开发 ……………………………………………… 133

第七章　岸上观光服务 ………………………………………………………… 142
　　第一节　下船准备工作 …………………………………………………… 142
　　第二节　航线与岸上观光线路设计 ……………………………………… 143
　　第三节　邮轮领队与地接导游服务 ……………………………………… 146

第八章　邮轮旅游服务质量 …………………………………………………… 157
　　第一节　邮轮旅游服务质量概念 ………………………………………… 157
　　第二节　邮轮旅游服务质量控制 ………………………………………… 161
　　第三节　游客满意度与纠纷管理 ………………………………………… 169

附录　国际邮轮口岸旅游服务规范 …………………………………………… 183

参考文献 ………………………………………………………………………… 190

第一章 邮轮旅游的基本特征

 本章导读

邮轮旅游作为我国新兴的一个旅游业分支,近年来迅猛发展引发全球瞩目,但国人对邮轮旅游的理解和认知比较有限,部分乘客把邮轮当作海上交通工具,把岸上观光当作邮轮旅行的主要目的,这些观念说明市场对邮轮旅游的认知度还比较低。邮轮旅游是一种有品位的集休闲、观光、度假于一体的休闲度假活动。

第一节 邮轮旅游产品

好莱坞电影《泰坦尼克号》促进了国人对邮轮的初步认识,海上庞然大物与富丽堂皇的设计,外加浪漫经典的爱情桥段,这个百年前发生在大西洋上的凄美故事,让人们对邮轮产生了无限向往。当今,除了飞机、火车和汽车,邮轮已成为"第四种旅行方式"。兼具观光、休闲与度假功能的邮轮游因其人性化服务、优越的硬件设施和丰富的娱乐活动安排成为越来越多国民选择的出游方式。

一、邮轮旅游内涵界定

从邮轮旅游产业链角度来看,抵达之前、抵达、停靠、离开码头所引发的一系列产品与服务的交易,即通常所指的邮轮旅游业,是介于运输业、观光与休闲业、旅行业之间的一种边缘产业。邮轮旅游(cruise ship tourism)是一种以大型豪华游船为载体,以海上巡游为主要形式，以船上活动和岸上休闲旅游为主要内容的高端旅游活动。

邮轮本身集合了酒店住宿、餐厅供应以及休闲娱乐场所等功能，邮轮旅行结合了港口观光游览等活动，是海陆融合的一种旅行方式。就像一座海上移动度假村或酒店，其本身具备旅游目的地属性及多目的地型度假平台的特点。邮轮旅游的基本运营方式是以邮轮为运作平台，以航线和节点（停靠港）为运行支撑，以海陆结合式的旅游产品销售和高品位船上服务作为其收益的主要来源。

同时，邮轮旅游产业的运行与发展又会拉动相关产业的发展，形成多产业共同发展的经济现象。由中国交通运输协会等部门发布的《2008—2009中国邮轮发展报告》将邮轮经济定义为：以海上巡游（Sea-Cruising）的豪华为其明显的识别特征，依托母港与停靠港及其所在城市的各类资源，主要推销豪华舒适的生活品质，以邮轮旅游产品为核心、向上下游领域延伸，构成跨区域跨行业、多领域多渠道的投入产出形式。

与传统的旅游方式不同，邮轮旅行能让旅游者有新的旅行感受，它提供了包括餐饮、住宿、娱乐、休闲和旅游在内的一整套服务和设施，常被形容为"海上移动城堡"或"海上移动度假村"。所到之处多为海滨城市和海岛，习惯了陆上观光的游客，可以与大海进行一次亲密接触。另外，邮轮旅行不像陆上旅游那样疲劳，也不用考虑不停更换酒店和交通工具，旅游者只需带上更为惬意的心情去领略沿途风光，真正告别"上车睡觉，下车拍照"的传统旅游模式。

邮轮公司向旅客提供不同期限、不同航线的多种服务。消费者可以选择短期（比如两天）或长期（比如几周甚至几个月）的巡游。每趟邮轮服务都有一定的航程，航程本身以及邮轮上的休闲娱乐设施是消费者花费的主要组成部分。邮轮的航行速度、出发的港口、停靠的旅游地、航程的期限以及停靠地之间的距离构成了整条服务航线。

二、邮轮旅游产品的构成要素

1. 基本要素

邮轮旅游产品构成的基本要素主要是指水景吸引物，包括海洋、湖泊、河流、运河及其沿岸的港口、峡谷、山峰、瀑布、温泉、气候条件等自然风景资源，文物古迹、城乡风光、民族风情、建设成就等人文旅游资源，以及具有地域特色和水上特色的、适合并能满足邮轮旅游者需要的休闲活动项目等，它是开展邮轮旅游活动的先决条件和吸引旅游者选择邮轮的决定性因素，也是构成邮轮旅游产品的基本要素。

2. 必备要素

邮轮及其设施是完成旅游活动所必须具备的物质条件。邮轮是旅游者为了娱乐和休闲度假的目的而往返旅游目的地并实现旅游的载体，邮轮设施包括供航行的设施设备、餐饮设备、住宿设施、通信设施、观光设施、游乐设施等，是经营者勇于直接服务于旅游者并满足其观光娱乐和休闲度假需求的凭借物，是企业取得效益的基本条件，也是构成邮轮旅游产品的必备要素。

3. 核心要素

邮轮旅游产品的核心要素是服务，旅游者购买并消费旅游产品，除了消耗少量的有形物质产品如餐饮产品外，主要是对邮轮提供的各种服务的消费，包括满足其游览、观光、休闲、度假需求等核心利益的服务，也包括在游览过程中维持游客正常生活的基本服务。因此，服务是构成邮轮旅游产品的核心要素。

三、邮轮旅游产品的三个层面

1. 核心产品

核心产品是旅游者购买的基本对象，是由邮轮对旅游者核心利益的满足而构成的。旅游者的核心利益即是通过购买邮轮旅游产品来满足其观光娱乐和休闲度假的需要。当然，这种利益通常是无形的，在很大程度上与旅游者的主观愿望如气氛、过程、便利、愉悦、放松等感受联系在一起。

2. 有形产品

有形产品是使邮轮核心产品有形化而形成的，能够满足旅游者需求的实实在在的产品，如所提供的餐饮、菜品、各种休闲娱乐项目。有形产品应具备特色、品牌、服务质量和安全性等特征。

3. 扩展产品

扩展产品是指游客能够在邮轮上得到的所有有形的和无形的附加服务和利益。邮轮旅游扩展产品是能够解决旅客所有问题，甚至包括其未想到的问题的组合产品。

第二节 邮轮旅游的功能与特征

一、邮轮的基本功能

1. 旅游交通运输功能

邮轮可以完成娱乐观光和休闲度假旅游过程中的旅游交通运输功能。该功能由邮轮的驾驶部、轮机部、甲板部完成。

2. 游览、休闲、度假功能

包括邮轮旅游活动的组织、产品线路的设计、景点导游讲解，以及游客休闲娱乐场所和康乐健身设施的提供。豪华邮轮一般都有非常丰富的娱乐活动，配备影剧院、酒吧、SPA馆、游泳池、餐厅、篮球场、阅览室等。而且精彩生活一般从晚上开始，丰盛的晚宴、精彩的演出、各式充满异域风情的酒吧和舞会等活动让夜生活变得丰富而短暂，让人意犹未尽；清晨，还可以漫步在甲板上欣赏难得一见的海上日出。只要你有精力，完全可以从早玩到晚。

3. 前台功能

邮轮必须为游客提供具备集散出入和信息中心功能的前厅，包括总台、行李服务、商务中心等；提供游客住宿的客舱及服务；提供游客餐饮娱乐的餐厅（含厨房）、多功能厅等。

4. 后台功能

为保证安全和正常运行，保证游客休闲度假及旅行生活的舒适，邮轮后台部门还要提供动力、水电及冷暖气等。后台部门主要包括配电房、司炉房、冷暖机房、浆洗房、泵水房等。

二、邮轮旅游的基本特征

1. 邮轮服务内容的多样性、综合性和复杂性

邮轮服务是邮轮管理者和员工借助一定的旅游资源或环境及服务设施，通过一定的手段向游客提供的各种直接或间接的方便利益的总和。从游客需求角度看，邮轮服务包括核心服务和基本服务。从邮轮服务与游客的密切程度看，邮轮服务涵盖了衣、食、住、行、游、购、娱、健康运动等多种类型的设施设备和人员服务，服务面之广、工作量之大、服务时间之长是酒店无法比拟的。从服务来看，又分为硬件服务和软件服务。可见邮轮服务的复杂性。另外，邮轮服务是通过为游客提供一种愉悦的经历来完成的，游客愉悦的经历又是由多个服务细节组成的。

2. 邮轮服务设施的特殊性

与其他旅游产品不同的是，邮轮服务所借助的设施是航行的。游客向往到海洋、江河、湖泊等水域观光、休闲、娱乐和度假，必须借助邮轮这一载体才能得以实现，这就是邮轮旅游产品特殊性之所在。

3. 邮轮功能的多样性与产品的整体性

邮轮既有水上运输的功能（交通的功能），又具有旅游酒店、旅行社等旅游企业为游客提供旅游组织、餐食、住宿、观光、游览、娱乐、购物等综合服务的多种功能。邮轮能够提供满足旅游者旅游活动中全部需要的产品和服务，因而邮轮旅游产品具有整体性。

4. 一站式的旅游体验

邮轮旅行产品可以为游客提供舒适、省心的吃、住、行、游、购、娱等多种活动。

吃：船票包含一日三餐、全船24小时免费餐饮，N顿免费早餐＋午餐＋晚餐＋夜宵（含主餐厅和自助餐厅），同时提供付费的高品质餐食料理；

住：邮轮船票包含全行程内的住宿，并提供不同标准的住宿选择，邮轮可媲美五星级标准的酒店，高比例、高素质的服务人员，服务细心周到，这是常规旅游团所不能比拟的；

行：邮轮行程将景区进行串联，陆地游览提供相应的交通工具，邮轮是最舒适的交通工具，是海上漂浮的度假村，省去车马劳顿；

游：邮轮消费者可自愿选择下船参加陆上的观光游览，岸上观光行程丰富，有很多线路可供选择，行程自由并有专车接送；

购：邮轮上一般配有免税商店以及纪念品等零售商店，各式品牌专卖店里陈列的时尚新品总让你觉得身处浪漫的巴黎或繁华的纽约；

娱：船上配备泳池等齐全的游乐设施，同时多配备剧院、赌场等休闲娱乐场所，在你的海上狂欢假期中每天都有精彩的剧目轮番上演，如经典的百老汇歌舞、3D电影、主题派对、互动游戏，等等。

5. 高同质性产品

从邮轮旅游线路开发角度看，国内目前以上海吴淞口国际邮轮港为中心，北部邮轮港口城市销售的产品是以中日韩三国旅游线路为主，南部港口主要销售的是港台及东南亚旅游线路，各港口间的旅游产品具有相似性特征。同时，由于邮轮旅游市场需求有限，这种商品同质性特征容易引起价格竞争。

相对于一般的出境游常规产品而言，邮轮旅游产品的操作难度大，风险较高，尽管度假在中国未来有巨大的商业空间，但邮轮旅游企业对销售豪华度假产品却没有充足的信心。因此，具有出境游组团资质的旅行社并不多。邮轮产品是全球化的，有些邮轮线路会跨越几个洲，并不是区域性产品，组团难度大。邮轮旅游对游客也有一定的要求，即喜欢度假所特有的休闲旅行方式，有相对高的消费能力，有一定的英语沟通能力（尤其欧美航线），所以目前客户群还比较小。

三、邮轮旅游的优势

邮轮旅游作为在欧美地区大受欢迎的一种旅行方式，相对于传统旅游有以下优势。

1. 性价比高

邮轮假期集合了漂泊于海上的兴奋以及身处度假村的舒适，一张船票里面包含了交通、住宿、餐饮、船上各式娱乐费用，国内出发的一些日韩航线甚至还会再包含岸上游的费用。顾客买了船票后不用再消费，也可轻松享受整个旅程。

独具魅力的海上航行，可轻轻松松畅游各地；还可尽情享受高档设施，体验丰富娱乐项目，松弛身心的同时感受它的尊贵与高品位；更能满足各类游人的个性化需求。邮轮旅游费用包括了餐费、住宿费、船上活动费、娱乐费和港口之间的交通费。家人、朋友、伴侣、单身者和度蜜月者都可以在梦一般的假期中启航，并且无须受到呆板的假期计划的困扰。

船上有免费的主餐厅、自助餐厅，不仅提供每顿 N 道菜式的三餐，下午茶、消夜也是时刻准备着。另设收费餐厅提供不一样的菜式，满足更挑剔的味蕾。部分餐厅提供 24 小时餐饮服务。

超值的价格包括了膳食、娱乐及住宿，最关键的是免去了陆上的交通费，让整个旅行更轻松。

2. 邮轮旅行的时间成本优势

一般在旅行的过程中，白天上岸观光，晚上启航，在游客休息的时间，就完成了地点的转换，同时邮轮航行的过程也是享受娱乐设施的过程，所以相对其他旅游而言，邮轮的时间成本优势巨大。

3. 邮轮旅游服务品质的可控性

传统的旅行方式由交通、酒店、地接服务等多种服务内容和单位组合而成，服务品质参差不齐。邮轮是一站式服务，一条邮轮线路就涵盖了整个旅行过程中的方方面面，服务品质可控。同时邮轮业界有完善成熟的星级评定系统，和酒店业一样。

4. 更多选择

和一般的旅游不同，邮轮乘客在住宿上可以自行选择。根据是否能看到海景和看到海景的程度，邮轮客房基本上可以分为内舱房（全暗，白天也需要开灯）、海景房（有一个圆形窗可以看到海）、阳台房、豪华海景套房等几种，当然价格也依次以 30% 左右的幅度递增。此外，邮轮上有各种各样的游乐和运动设施，游客可根据自己的偏好自由选择活动内容，有极大的自由度。

5. 邮轮出行手续简便

为减少签证的麻烦，大部分邮轮线路可以免签证。很多国家针对邮轮乘客都有相关的入境便利政策。同时，邮轮旅行省去舟车劳顿之苦，不需天天换旅馆、提着沉重的行李奔波。

6. 丰富的旅行体验

乘坐邮轮可以有很多不同的体验，海上度假时光与岸上观光相互交织。登上数万吨甚至数十万吨的海上巨无霸本身就是一种难得的经历，登船后可以尽情享受各类康体娱乐设施和文娱活动，比如欣赏各类装饰艺术品、在甲板上享受阳光浴、观赏丰富的演出剧目和参加主题派对。每个航次一般都安排船长晚宴或船长见面会抑或欢迎酒会，一般要求着装比较正式。

在船上可以尽情吃喝，享受碧海蓝天簇拥的悠闲时光，上岸后还可有不同的游览行程。既能畅游大海、轻松地欣赏各地风光，又能尽情享受邮轮上所提供的各项设施，可以说是"养尊处优"的贵族之旅。

第三节 邮轮旅游的本质与服务标准

邮轮是从运营到产品设计、市场营销以及售后的一整套经营服务理念和标准的统一体，需要非常细化和周密的方案。

一、邮轮旅游的本质

邮轮旅游的本质是一种放松身心的度假方式。

邮轮业和其他休闲旅游业的本质区别就在于邮轮旅游既是一种交通方式又是一种旅游目的地。旅客巡游的经历不仅包括巡游本身，很大程度上还体现为欣赏国内外停靠港景色、享受船上精美住宿膳食服务、体验船上豪华休闲娱乐设施、参加丰富多彩的海岸远足游览等经历。在实际操作中，公司可以提前将不同航线的舱位出售给消费者，消费者可以通过诸如度假辅助计划（vacation planner）、旅游代理订位（travel agent locator）、热线订购（hotline）以及在线订购（book online）等多种渠道购买船票，从而方便有效地计划出行时间、出行航线、港口、景点以及船上的餐饮、娱乐和岸上观光、远足等辅助服务。

邮轮就是漂浮于海上的度假胜地，能提供可以想象到的舒适、方便感受和慢生活。邮轮旅行是一种"慢生活"，集豪华、娱乐、趣味、舒适于一体。

一种观点认为，邮轮游也类似跟团游，尤其是岸上的时间。但是由于旅行很大一部分时间是在船上度过的，这期间无论是时间还是活动内容的选择上都有极大的自由度，因此又具备了自由行的特点。所以从这个意义上来说，邮轮游不仅实现了观光游和度假游之间的跨界，甚至吸收了自由行和跟团游的优点。

二、邮轮旅游的适应对象

邮轮游是安全舒适的旅行方式，被认为是适合所有出游人群的，如青少年旅游、夫妻蜜月，甚至包括残疾人、高龄人群和公司形式出游。邮轮旅游也比较适合家庭出游，带着父母、孩子一起去游玩。因为邮轮旅游跟传统旅游不同的是免去了舟车劳顿，故而可以在邮轮上达到享受生活、休闲放松的度假目的。

1. 儿童与中老年人

邮轮非常欢迎亲子出游，并且有很多针对儿童的额外优惠，还有儿童俱乐部、儿童托管等服务。

最适合邮轮旅行的还是喜欢慢节奏生活的人，尤其是年纪大些的中老年人。生活节奏缓慢、轻松惬意，船上活动选择自由度高，尤其日韩航线上有近半数的中文服务生，很适合老年人自己出游。由于是白天陆上活动晚上回船上休闲，省去了诸多奔波的劳累，而且邮轮上针对不同年龄人士的特别服务和设施也满足了老人和孩子的个性化需要。

2. 企业年会或奖励旅游

邮轮上有可容纳不同人数的多个会议室，但需要尽早预约。邮轮会议室提供投影仪、音响设备的免费使用，但茶司服务需额外付费。

三、邮轮旅游的服务标准

判断邮轮服务的水准主要看三个方面，即服务员与乘客比例、餐饮与价格、休闲设施与节目安排等。

1. 服乘比

邮轮服乘比是指服务人员与乘客比例，代表平均每位服务人员负责的乘客数目，数值愈大服务愈好。一般国际级的评鉴人员在评估邮轮的星级时，服务人员与乘客比例在1∶2以上即为五星，也就是平均1位服务员负责2位乘客，较为普遍的是1∶2.5，比例在1∶3以下则为平价。有些消费者可能会以为舱房的等级愈高，享受的服务与使用的设施水平也愈高。实际上，目前除了少数公司仍维持舱房的等级差别待遇外，几乎所有的邮轮服务员提供的服务不会因乘客下榻的是何种舱等而有所不同，所有乘客也都可以使用船上的各项休闲娱乐设施。

2. 餐饮与价格

一般说来，乘客可坐拥一日6餐全包（早、中、晚三餐+早、午茶及消夜）的享受。但是等级较低的邮轮，会因收费低廉，而借由乘客在邮轮上的酒吧、咖啡厅等处的消费，收取额外的费用以弥补船费的不足。邮轮上的餐厅分自助式与点餐式两种，有些24小时开放，有些则有时间限制，部分餐厅的消费是内含于船费中的，其他则要额外付费，多数邮轮都不供应免费饮料。消费者行前最好能先了解邮轮提供的餐厅种类、开放时间，与是否额外收费，毕竟餐饮是邮轮之旅的重要一环。

3. 邮轮休闲设施与节目安排

当乘客的生活范围被限定在海上，船上的活动就相对更为重要。通常，乘客可免费使用船上各项休闲娱乐设施，举凡船上的戏院、夜总会、秀场，或参加派对等费用，都内含在船费中。通常高级的邮轮经常会邀请世界名厨、顶尖的企业人士、学者专家，以及服装造型师、品酒家、PGA高球选手等专业人士，随船举行研讨说明会，让乘客在休闲之余，也有充实自己的机会。越高级的邮轮，包含的活动及服务越多。乘客每天都可拿到一张"今日活动列表"，告知船舱上一天所有活动。

国际级邮轮一般都是用英文撰写今日活动列表，但近年不少国际公司，如菁英Celebrity、嘉年华Carnival及荷美Holland America等，逐步发展服务中文化，扩大中文服务对象。至于靠岸后的岸上旅游，不同公司安排的活动不尽相同。消费者选择公司时，除了比较船上的休闲活动外，亦需了解各公司所停靠的岸上景点及安排的岸上活动。

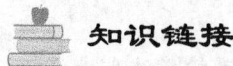 **知识链接**

国际邮轮评级的参考标准

一般人都以为邮轮吨数大就是等级高，或是装饰越豪华就越高档，因此在看基本数据时，只比较吨数和娱乐设备，而忽略掉其他重要的信息。有关的每一细项资料，诸如下水的年份、吃水深度、船上的设备、服务人员/乘客比等数字都有助于判读等级。以下为评等方式的详细介绍，有了基本概念之后，就更能轻松掌握选择标准。

一、新旧等级

基本上，新船在造船技术、仪器设备、娱乐设施等方面较占优势，相关优劣分析如下。

1. 造船技术

早期的造船技术较差，在建材及结构设计上多有限制，无法和较新、较高明的造船技术相比。例如旧船是使用较密实较重的金属制造的，因此相比同样大小的新船，旧船吨数较大，吃水深度较深，进出港口不易。

2. 船上的仪器设备

早期旧船的仪器设备功能有限，而且操作上既耗金钱又花人力，效率却不见得好，营运成本因而较高；而新船的仪器运用高科技、精密度高、功能强、效率佳、操作简单又节省人力，因此降低了不少营运成本。例如：旧船使用蒸汽涡轮推动，其设备极占空间、运作成本高，不如新船使用柴油引擎来得有效率，但优点是船在航行时较平稳，不容易震动。

仅以船的仪器设备新旧来辨别好坏其实有失公允，因为仪器设备是可以更新的，旧船也可能有极新极佳的设备，而新船上的设备也可能因为使用不当或是缺乏维护而失去效能。

3. 符合国际标准

旧船在设备及各项安全措施的设计规划上，恐较不能符合最新的国际标准，而新船则多依照国际标准来建造。

4. 空间规划

建造时间不同，迎合不同的社会价值观及消费需求。早期的航行时间较长，多是为满足富商贵客的需求而设计，因此对于船舱的空间采用较为宽敞的设计，并以许多高级艺术品为装饰，目的在凸显与众不同的贵气；而近几年来为了使消费平民化，在船舱的设计上显得较为简单、空间较为狭窄，且装潢材料上使用较多的合成物，或是大量的复制艺术品，避免给人过于高贵而难以亲近的印象。

5. 救生艇

旧船所配置的救生艇数量较为不足，且功能简陋老旧；新船所配置的救生艇数量及功能则较为理想。

二、吨数容量

吨位所代表的意义，包括邮轮的重量、载客量与吃水深度，而是否能平稳航行，还得视航行海域与航行季节而定；吨位较大的，并不代表就一定有完美的航程，较小型的活动设施亦不会因吨位较小而缩水。以下分别就相关因子加以说明。

1. 空间

吨数大表示船较大，其设施多、空间大，自然各种活动也多，各种不同设施可以满足所有乘客的娱乐需求，但是这些条件在吨数小的船上却不一定会较差。

大船有时可能因为空间太大，各娱乐设施及各种活动散布在各楼层，若船上标示不明确或动线规划过于复杂，就容易迷路，而将许多时间耗费在寻找目的地上，这一点在小船上就可能较不易发生。

2. 吃水深度

邮轮吨数大的船吃水深度较深，在航行中较不受风浪影响，反之吨数轻的船则容易受风浪影响而摇摆；吃水深度深，在靠岸的停泊点选择上却较为不易，因为停靠点除具观光价值外，亦需港口大、深度够，才能允许泊岸。

3. 载客量

通常吨数大的船载客量也大，吨数小的船载客数则较少。载客量的多寡并没有绝对的优缺点，必须视船上的设施及空间来评估；乘客多会让假期显得热闹，但也可能会造成拥挤、需要排队的情况，尤其是用餐时间或靠岸乘客上下船时。

三、空间分配

邮轮的空间有限，若载客数量过多，会造成拥挤的状况，不论是在舱房或公共空间中都会令人感到不舒服，极可能因此而影响到假期的质量，因此在比较中，平均每位乘客所能使用的空间多寡就显得重要。

一般来说，乘客的平均空间比例（吨数／乘客数）分类如下：

<10	10~20	20~30	30~50	>50
十分拥挤	尚可，但密度略高	合理的空间比	宽敞舒适	十分宽敞自在

四、服务质量

邮轮旅游的所有活动均在船上，因此，船上服务的优劣对于整个假期有极大的影响。在日益平民化的现代，邮轮上的乘客一律被奉为上宾，没有阶级上的差别；若想探知邮轮的服务质量，不妨从服务人员／乘客比例、服务人员的素质、宣传手册是否翔实及其他细节来评估。

1. 服务人员／乘客比例

由于一般讲究高质量的服务，服务人员与乘客比例将是一个很重要的参考依据。有些特别讲究精致品质的，服务人员与乘客比例可达1:2之高，亦即1位工作人员平均可以服务2位旅客，服务之好不在话下；另外一些中级邮轮的服务人员与乘客比例则在1:3～1:5。

2. 服务人员素质

邮轮的载客量大、航行时间长，故而对于航行时安全问题的预防和把握一点也不能马虎。一艘船的关键人物船长及其他船员的航行经验及应变能力很重要，必须能够应付各种航行中的突发状况。一般服务人员的服务态度和专业素养也是评估服务质量的项目之一。

3. 多语言版本的数据手册

参加行程的旅客可能来自世界各地，注意船上的广播及向导手册或其他提供给乘客的数据资料，是否备有各种语言的版本，内容是否详尽、简单易懂以方便所有乘客了解，这一点对于旅程也有一定程度的影响。

五、娱乐设施

行程中，待在船上的时间较长，因此船上必须能提供充足的食物、足够的活动空间及娱乐设备，并满足不同层次、不同类型人群的娱乐喜好，适时安排一些特别活动，让乘客能度过一个充满欢乐气氛的假期。因此船上良好休闲空间的必要性不言而喻，所以评价比较时不能忽略掉船上的公共活动空间及娱乐设施，能满足乘客需求的，就是好的。

1. 餐饮供应

船上提供的餐饮是否精致美味？餐饮的供应量及供应时间限制为何？是否提供多样化的餐饮选择？对于有特殊需求的人，如素食者、高血压患者等能否供应符合其需求的食物？

2. 娱乐设施

船上的娱乐设施必须多元化，才能同时满足各种乘客的喜好。不管是游泳池、桑拿、健身房、电影院、图书馆、表演秀场、购物精品店、美容沙龙、礼服出租等，皆应齐备并符合现代人的需要。

六、舱房选择

许多人看了电影《泰坦尼克号》之后，对邮轮燃起好奇之心，思忖是否每一艘的装潢及规划都如此的金碧辉煌及富丽壮观。"泰坦尼克"号是1912年完成的Old Fashion风格，采用当时流行的维多利亚式装潢，今日航行在各大海域上的邮轮，豪华程度比起当年的泰坦尼克号可能有过之而无不及，其等级的不同在于有些坚持五星级的配置，有些则走大众化的路线。

1. 舱房等级

一般的饭店有房间等级的规划，舱房亦如是：舱房空间是否宽敞？房内所提供的各项物品是否周全？房间各项设备是否完善？舱内装潢是否雅致？是否附有观海景的阳台？……此类种种皆为舱房等级评断的依据。若一艘船上高等级的舱房数量愈多，则该邮轮的等级自然愈高。

2. 舱房的位置

舱房位于第几层甲板？是内舱还是海景舱？是否有阳台？舱房的位置影响到居住的

舒适度，一般而言，舱房楼层越高，视野越佳，因此房间等级也较高；而内舱由于无海景可欣赏，因此不如海景舱等级高。相对地，有阳台的房间可供乘客在私人阳台休憩欣赏风景，等级当然就比海景舱高。

3. 舱房的选择

由于不同的乘客会有不同的假期需求，因此的舱房设计应能涵盖所有乘客的需要，例如情侣可能选择有海景且气氛情调浪漫的房间，而一个家庭会希望居于一室，彼此才能互相照料……舱房的可选择性高，邮轮的评价亦会较高。

本章小结

邮轮旅游是以邮轮为载体将一个或多个旅游目的地联系起来的旅游行程。一张船票包含了住宿、港口间交通、美食、娱乐活动和设施，以及相关服务费用花销。邮轮不仅是一个交通工具，更是一座海上移动城堡，它也可以是一个旅游目的地。

思考题

1. 邮轮旅游产品的构成要素有哪些？
2. 邮轮旅游的特征是什么？
3. 邮轮旅游有哪些优势？
4. 邮轮服务有哪些评价指标？
5. 讨论与思考：邮轮是旅游目的地吗？

第二章 我国邮轮旅游市场特征

 本章导读

根据国际邮轮公司联合会统计,最近30年,全球邮轮旅游以年均8.6%的速度增长,远高于旅游业平均发展速度。2015年和2020年,全球邮轮乘客预计将达到2500万和3000万人次。我国邮轮市场规模在快速发展,我国邮轮游客的消费偏好与欧美国家有较大的差异。

第一节 我国邮轮旅游的发展现状

一、我国邮轮旅游市场现状

1. 邮轮旅游市场快速增长

我国大陆邮轮产业自2006年起步,10年来发展迅速。2006年大陆各港口共接待邮轮115艘次,2015年达到629艘次,增长447%。2016年上半年,大陆邮轮市场的总出游人次达180.3万人次,较上年同期增长79.76%,市场总收入达34.2亿元人民币。图2-1显示了我国邮轮旅游的人次变化情况,总体来看,我国邮轮自2013年开始进入市场爆发期,保持快速增长,在2014年达到170万人次。

第二章 我国邮轮旅游市场特征

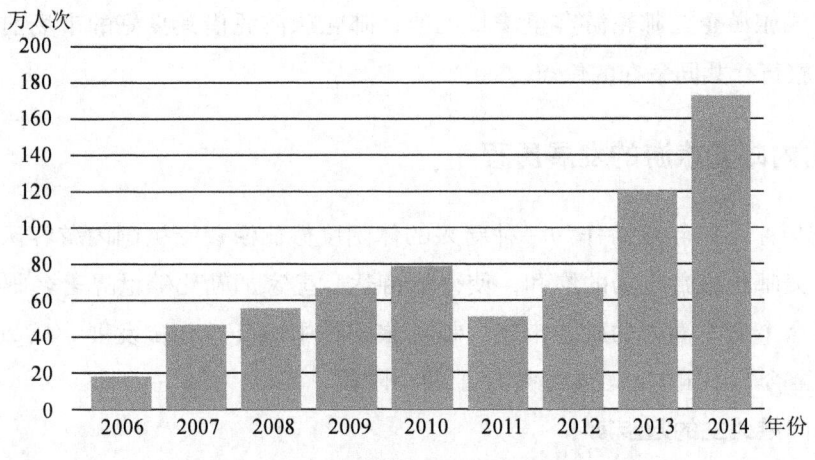

图 2-1 我国邮轮出入境人次变动情况

最近 10 年,大陆邮轮旅游人数增长 320 倍,年均复合增长率超过 40%。中国交通运输协会数据显示,2015 年中国邮轮旅游达到 248 万人次,年增长 43.9%,其中母港出境游客达到 222 万人次,占据亚洲邮轮市场总量超过 40% 的份额。随着我国邮轮产业发展战略逐步明晰,三大邮轮经济圈格局基本形成,邮轮港口硬件设施建设也将在未来 2~3 年基本完成。未来十年将是我国邮轮旅游发展的黄金十年,预计在 2020 年左右成为世界第二大邮轮市场。

邮轮经济是国际上极具发展潜力的朝阳产业,被称为"水道上的黄金产业",然而一直以来,世界邮轮市场长期被西方的嘉年华、皇家加勒比、哥诗达等几大国际邮轮巨头垄断。"中华泰山"号的首航标志着渤海邮轮有限公司正式进军国际客滚运输业务,同时也标志着我国打破了没有邮轮自营的历史,打破了外国巨头垄断中国邮轮市场的局面,翻开了我国邮轮产业发展的新篇章。

2. 邮轮港口布局日趋完善

目前,中国大陆已有上海、天津、厦门、三亚、青岛、舟山、广州、深圳等十多个沿海城市建成或者正在建设国际邮轮中心,其中,上海、天津、三亚、厦门有望逐步打造成为国际邮轮母港。

3. 邮轮分销渠道日趋多元化

旅行社在邮轮销售过程中起着举足轻重的作用,购买邮轮旅游产品远比购买机票复杂得多。OTA 逐渐加大力度拓展邮轮销售渠道,旅游电商平台纷纷涉足邮轮产品销售,部分电商甚至开发专门的邮轮票务销售平台以增加竞争力。传统旅行社则由于传统出境游受到邮轮旅游的冲击而纷纷成立邮轮部以应对出境游和邮轮旅游相互竞争的格局。携程等部分在线旅游企业邮轮游客量增长迅速，邮轮旅游凭借其良好的市场前景，已经成为线上线下旅行社共同争夺的焦点。

二、国内邮轮旅游的发展历程

21世纪以来，邮轮旅游作为一种新兴的休闲度假旅游逐渐被国内游客认识和喜爱；同时由于欧美邮轮旅游市场的饱和，使得歌诗达、皇家加勒比等世界著名邮轮品牌纷纷瞄准了中国这个最具潜力的旅游市场，邮轮旅游在中国开始稳步发展。从20世纪90年代末期发展至今，中国的邮轮旅游经历了两个阶段。

1. 以访问港为主的起步期

20世纪90年代末至2006年以前，是以国际邮轮到港接待为主的起步发展阶段。伴随着越来越多的国外游客乘坐邮轮来到内地，拉开了国内邮轮码头接待国际邮轮到港的序幕，如上海、天津港的到港接待；但是因国内游客对邮轮旅游的认识还非常有限，国内邮轮旅游的消费人数不足万人（2001）。2006年，歌诗达邮轮公司的"爱兰歌娜"号以上海为母港进行初航，中国跨出了邮轮旅游出入境并举的第一步。随后，借力2008年北京奥运会，国际到港规模日益扩大，国内邮轮游客的规模也逐年增加，到了2009年国内邮轮游客出境达到了38万人次，中国邮轮旅游已逐步由入境接待为主过渡到出入境并进的发展期。

2. 邮轮母港航线快速发展期

自2010年起，中国的邮轮旅游已进入快速发展的阶段。度假、旅游也逐渐为国内游客所认可；同时中国积极融入世界产业体系，鼓励出境游市场的全面发展。世界各大公司也纷纷增加以上海等内地港口为母港的航线，2012年6月，世界排名前十的豪华"海洋航行者"号就以上海为母港开始了它的亚洲航程。2012年9月，"中国邮轮旅游发展实验区"在上海成立。到了2012年年底，我国首家拥有豪华邮轮的公司——海航旅业游艇管理有限公司在北京成立并推出内地首艘豪华邮轮"海娜"号，开启了邮轮旅游在中国发展的新篇章。据中国交通运输协会邮轮游艇分会统计，2012年我国内地全年共接待国际邮轮285艘次，同比增长8.8%，接待出入境游客66万人次，同比增长31.9%。

2015年我国九大港邮轮出境综合统计与排名如表2-1所示。

表2-1 2015年我国九大港邮轮出境综合统计与排名

排名（按人次）	港口	人数（人次）	航次（个）
1	上海	1 597 945	320
2	天津	412 000	86

续表

排名（按人次）	港口	人数（人次）	航次（个）
3	厦门	98 399	47
4	海口	36 295	26
5	青岛	32 077	19
6	广州	26 000	1
7	舟山	20 000	12
8	大连	13 607	10
9	烟台	11 286	18
合计	—	2 247 609	539

资料来源：《2016 中国出境旅游发展年度报告》，http：//sanwen8.cn/p/319CKAV.html。

第二节　我国邮轮消费群体特征

作为第一艘由中国人自主运营管理的邮轮，"中华泰山"号应努力营造四个文化，即"慢文化""游文化""海文化""孝文化"。"慢文化"就是要实现旅游向度假的转变，改变过去那种疲于奔命、到此一游的出游方式；"游文化"就是要让邮轮成为更好地了解和体验旅游目的地传统与现代文化的平台，增加旅游的文化元素，变一般观景购物之旅为深度文化之旅；"海文化"就是要让游客零距离接触和感受深海远洋，了解海洋知识，增强海洋意识，培养海洋胸怀；"孝文化"就是要提供一个适合老年人出游的方式，给年轻人尽孝道提供一个放心的选择，使中华传统美德在邮轮上得到体现。

中国邮轮不宜以低价格作为竞争的主要手段，而要保持一定的品质，避免在定位上陷入高不成低不就的尴尬境地。服务要在细节和创新两个方面下功夫，可以针对中国人的着装习惯、行为习惯，推出类似于"不用着正装的邮轮""不用排队的邮轮"等概念。实际上，"中华泰山"在维持秩序、提高效率等方面的一些创新做法，已经产生明显成效，比如游客上下船和就餐的秩序及速度，大大好于国外邮轮。

一、中国邮轮游客的特征

为了激发国人对邮轮的潜在需求，并开发出能满足中国游客需求的邮轮产品，必须了解中国游客的特征。事实上,中国邮轮游客的特征和其他地区的游客差异很大。

1. 邮轮游客人口分布特征

从 2004 年开始,国际邮轮协会（CLIA）就开始关注国际邮轮游客的人口分布特征。据统计,邮轮游客大部分年龄较大、受教育程度更高,也更富有。大致来说,邮轮游客的平均年龄为 48 岁,而非邮轮游客的平均年龄为 46 岁；邮轮游客上过大学的比例为 76%,而非邮轮游客的这一比例为 67%；邮轮游客的家庭年均收入为 97 000 美元,而非邮轮游客为 75 000 美元。

针对中国市场,皇家加勒比国际邮轮公司披露了中国邮轮游客的人口特征。2013 年 1 月至 10 月的数据显示(主要是针对北京、天津和上海的邮轮游客),相比世界其他邮轮市场,中国邮轮游客的年龄更小、受教育程度更高,而且游客主要来自中国的中产阶层。具体来说,在中国的邮轮游客中,年龄在 23~55 岁的占 81.5%,而超过 55 岁的邮轮游客所占的比例为 15.4%；拥有硕士学位的比重为 65.7%；75% 的中国邮轮游客的月收入约 14 000 元。

2. 游客偏好

在航期选择方面,中国邮轮游客比美国邮轮游客更喜欢短途航行。在北美市场,邮轮游客的平均出游时间超过 7 天,2010 年为 7.3 天,2012 年为 7.2 天。而皇家加勒比国际邮轮公司的研究表明,在购买该公司邮轮产品的中国游客中,出游超过一个星期的人很少,平均出游时间为 4.5 天；在中国,出游时间在 4~6 天的航行更受欢迎,且出游时间在 2~3 天的游客比重占到 44%。2015 年总体上有超过八成的用户选择了 6 天以内的邮轮线路。出游的航期结构表明,当前我国邮轮旅游消费以近海短程线路为主,具体线路以日韩方向为主。中国邮轮游客在船上最热衷于消费的是购物与博彩。

3. 出游动机与信息来源

调查表明,北美游客选择邮轮的动机在于,寻求宁静的生活、不想被喧嚣的环境所打扰。中国经济发展越来越快,国人面临的竞争日益激烈,压力也越来越大；逃离惯常的生活,也越来越成为中国邮轮游客的出游动机,尤其在黄金周期间。澳大利亚的邮轮游客出游目的主要是为了寻找新的旅游目的地。

在信息来源上,国人决定乘坐邮轮出行,最主要的信息来源是亲友的推荐,这一比例占 54.1%；通过网络获取信息的比例占 26.7%；通过旅行社获取信息的比例仅为 17.5%。此外,还有将近 6.2% 的中国邮轮游客信息来源为电视和网络广告。

4. 游客对邮轮旅游的认知

在有关邮轮旅游了解程度的调查中,超过八成的受访者对邮轮旅游有不同程度的了解,但非常了解邮轮旅游的比例仅为 12.3%。而在整体的认知方面,仍然有超过三成的受访者认为邮轮"是一种海上交通工具",意味着这部分受访者没有认识到邮轮本身即为度假目的地。

邮轮上娱乐活动和美食的关注比例均超过了八成，分别达 89.25% 和 84.41%，排在第三位的是岸上观光活动，也有受访者表示较为看重邮轮度假的自由、休闲等独特体验。

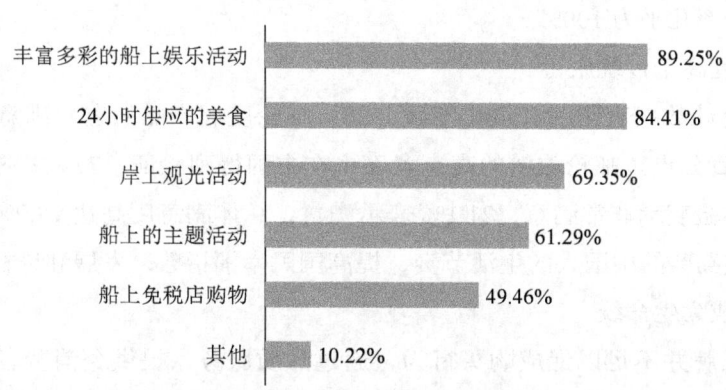

图 2-2　邮轮旅游评价反馈

资料来源：同程旅游《中国旅游市场认知度调查与在线旅游消费趋势报告 2016》。

2013 年皇家加勒比集团发布了关于中国邮轮市场趋势与特点的调查报告，报告包括以下八个方面的内容：

（1）家庭为出行主体

中国邮轮游客的平均年龄为 38 岁，比欧美游客更为年轻。46.2% 的游客为三口之家或三代同行的家庭游客，20.4% 为夫妇或情侣，10.6% 与朋友或同事同行。70.1% 的游客来自月收入在 1 万~2 万元的中等收入家庭。

（2）自费邮轮旅游占多数

90% 以上的游客为企业的一般雇员和管理人员，从事教育、法律、金融行业的职业人士，民营企业的老板、自由职业者及退休人员。老百姓自己掏钱，选择自己中意的、不受舟车劳顿困扰的、与家人或亲朋好友自由自在出行的度假方式这一事实，预示着邮轮旅游必将成为健康和可持续发展的需求和产业。

（3）航线以短途为主

由于中国游客习惯利用法定节假日来旅游度假，因此中国邮轮市场季节性明显，节假日、黄金周、暑期的需求特别旺盛。大多数游客为第一次选乘邮轮的客人，属于尝鲜阶段，加之对票价的考虑，客人倾向选择短途航线。2013 年从中国出发的邮轮平均行程为 4.5 晚，与更青睐 7~14 晚行程的欧美游客形成鲜明对比。

（4）购物游特色鲜明

中国游客在岸上和船上的购物花费高于欧美游客，酒吧消费则低于欧美游客。中国游客在甲板晒日光浴的，在酒吧消磨时光、共度两人世界的较少，在船上到处摄影留念，与亲朋好友结伴而行走马观花、忙于参加各种娱乐活动的较多。每到一个港口城市，中国游客上岸观光率几乎为100%。

（5）满意度高于传统旅行

邮轮行业统计数据表明，较传统度假方式，邮轮度假产品的客户满意度在欧美国家向来高出10个百分点。邮轮旅游的高满意度也在中国得到验证。77.8%的受访皇家加勒比游客对邮轮体验表示非常满意，21.1%表示满意，总体满意度高达98.9%。显然，邮轮旅游有助于调整勤劳的中国人的生活节奏，提高国民幸福指数，发展和谐社会。

（6）口碑成为生命线

熟悉邮轮品牌并不足以促成购买行为，通过品质服务，提供令消费者赞不绝口和难忘的度假体验，架设消费者与品牌的情感桥梁尤为重要。游客问卷数据显示，63.3%的游客经由朋友、亲戚或者同事的推荐了解产品信息，26.7%是通过网络获取到相关信息，其中社交类媒体平台成为主要信息渠道。94.0%的受访游客表示他们会成为回头客，99.0%的人表示他们会推荐亲朋好友选择邮轮度假。

（7）中国味融入国际化

与欧美游客不同，邮轮旅游对于中国消费者来说是舶来品，是西方文明的象征，是一种现代生活方式。乘坐邮轮，寻求的是异域风情和多元文化的氛围。因此，保持邮轮产品国际化的精髓十分重要。与此同时，中外游客的偏好毕竟不同，对餐饮、娱乐、语言环境做适度调整，迎合主流消费群体的兴趣与爱好也很重要。国际化与中国定制两者不可偏废。

（8）现代式邮轮更受青睐

当今邮轮产品可分成传统邮轮和现代邮轮两个不同派系，传统派将邮轮视作漂浮的酒店，侧重对客房、餐厅和酒吧的服务质量的打造，现代派将邮轮视为海上度假胜地，不仅讲求酒店服务的品质，并且追求邮轮设施的多样性和邮轮生活的丰富度。81.6%的受访游客表示更喜欢既有品质又有激情的邮轮假期，除了有档次的客房餐饮服务，类似"海洋航行者号"上皇家大道的免税店、Studio-B的冰上秀、大剧院的百老汇歌舞剧、运动甲板的攀岩等精彩的现代化游乐设施及活动让他们流连忘返。

二、中国邮轮产业面临的挑战

中国邮轮产业发展迅速，增长潜力巨大，尤其是中国政府出台了很多促进邮轮旅游发展的政策,但仍需正视中国邮轮产业发展面临的挑战,并努力解决存在的问题,才能有效促进中国邮轮产业的增长。

1. 基础设施面临的挑战

邮轮产业发展依赖于相关基础设施的支撑。但目前中国的基础设施还不够完善,无法支撑邮轮产业的快速发展。中国还处在邮轮产业发展初期,大量的邮轮在建,以满足游客需求。但中国邮轮业基础设施的质量和数量依然难以达到游客的需求。尤其是中国邮轮港口的停泊能力还有限,一些大的邮轮无法停靠。比如,上海黄浦江的水位比较低,无法停泊吨位大于 87 000 吨的邮轮。

2. 尚处于邮轮发展的初级阶段

在庞大的中国旅游市场中,邮轮游客还很少,邮轮旅游的发展还处于初级阶段。也许是因为中国游客历来没有乘坐邮轮出行的传统,所以,现在还没有被大多数的中国游客接受。未来营销的重点,应该在于如何激发中国游客对邮轮的需求。一方面通过举办各种邮轮峰会,培育邮轮文化,让游客感受到乘坐邮轮出游的魅力;另一方面要投入更多的资金用于建设邮轮和完善基础设施。

3. 缺乏相关配套服务

中国的邮轮技术人才非常短缺。邮轮产业需要相关的配套服务,涉及各个方面,包括经济、管理、交通、酒店、娱乐、科技、物流、导航、安全、环境保护、语言和文化,所有这一切都必须要有专门人才。然而,目前中国针对邮轮产业的教育体系,还不足以支撑其邮轮产业的发展。事实上,中国也意识到了邮轮教育上的缺陷。

4. 环境和相关问题

除了邮轮产业带来的效益,邮轮活动带来的负面影响也应受到重视。邮轮旅游带来的最为严重的负面影响在于对环境的威胁,会产生大量的污水、排出大量的废气和产生大量的固体垃圾。在国人越来越重视环境问题的今天,邮轮产业发展无疑会受到诸多限制。

第三节　我国邮轮旅游市场潜力与发展趋势

一、市场潜力

以邮轮运输带动邮轮经济发展,将邮轮经济打造成中国新的经济增长点;交通运输部预计 2020 年中国邮轮旅客数量将达到 450 万人,与 2013 年相比平均增长 33%,成为亚太地区最具活力和最大的邮轮市场。

全球每年邮轮游客2000多万人次，美国和加拿大游客1100万人次，基本处于饱和状态。目前亚太地区35亿人口，只有0.05%的人选择邮轮度假；北美比重是3.2%。即使以比重为1%的欧洲水平测算，作为亚太经济发展火车头，中国潜在拥有1300万邮轮乘客。

中国已成为从东北亚到东南亚邮轮线路的重要中心。易观发布的《中国在线邮轮市场专题研究报告2016》显示，2015年全球邮轮市场游客规模达到了217万人次，同比增长19.9%。其中，中国游客总数位列全球邮轮游客数量第8位，但中国邮轮市场渗透率低，市场发展潜力大。

目前，我国邮轮运输大多集中在天津、上海、厦门和三亚四个港口。其中，以天津港为母港的邮轮占22.2%，天津港是全国唯一坐落于自由贸易试验区内的国际邮轮母港，不仅能够享受国家给予邮轮产业的政策支持，同时也能享受国家对自由贸易试验区的政策，成为世界各大邮轮公司重点关注的港口。未来，全国沿海将形成2到3个邮轮母港为引领、始发港为主体、访问港为补充的港口布局。

中国邮轮市场互联网渗透率逐年攀升。预计2016年邮轮市场的互联网渗透率将达到60%，到2018年将达到65%。我国在线邮轮客源市场有北上、西进、南下的趋势。从南向北看，天津港的运营和邮轮市场逐渐兴起，以京津为代表的北方市场正在被激活，截至2015年第二季度，北方市场已经形成了30%左右的市场份额，未来将成为核心客源市场之一。由东向西，上海等邮轮客源市场的饱和促使邮轮厂商开拓内陆市场，武汉、西安、成都、重庆等中西部市场成为未来最具成长潜力的邮轮游客源市场。

二、发展趋势

1. 邮轮大型化

鉴于邮轮产业的规模经济特征以及旅游者多样化的需求，国际邮轮企业所购置的船只越来越趋向大型化及内部功能的多样化。从邮轮吨位来看，相关资料表明：20世纪80年代建造的邮轮单船平均达2.6万总吨、776客位；90年代建造的邮轮单船平均4.6万总吨、1205客位；2000年后建造的邮轮单船平均7.66万总吨、1815客位。世界主要邮轮公司预计于2009年首航的新建邮轮平均吨位达到12.8万总吨，体现出邮轮建造的巨型化。在邮轮巨型化的同时，邮轮功能也日趋多样化。目前，除了传统的酒吧、咖啡厅、免税商店、夜总会、健身中心、图书馆、会议中心、豪华赌场、游泳池、青少年中心外，很多邮轮还设置有高尔夫球练习场、保龄球馆、篮球馆、排球馆、网络咖啡吧、滑浪池、攀山墙、滑冰场等设施。

2. 市场细分化

不同邮轮品牌针对不同的客户群。皇家加勒比集团旗下的名人邮轮主要针对注重品质的中上等阶层，不仅舱房空间相对较宽敞，娱乐设施的设计也更大气，甚至船上的有些餐厅还要求一定要着正装才能进入。嘉年华集团的嘉年华邮轮受到年轻人的喜爱，他们喜欢社交、喜欢夜生活、喜欢丰富、刺激的娱乐活动，如同在家里一样，舱房对他们来说只是睡觉的地方。而丽星邮轮公司旗下的挪威邮轮则定位中端市场，以自由式（free style）为经营理念，提供自由式娱乐和自由式餐饮，以多样化的选择来吸引顾客。

3. 科技与环保

邮轮作为一种旅游产品，比其他商船更注重船舶的舒适性和环保性，邮轮公司在这两方面投入了大量人力、物力进行新技术研发，如电力推进、LNG燃料推进、空气润滑技术以及环保新型涂料等。另外，船上几千人每天会产生大量的生活垃圾，因此船上大多配有各种垃圾分类处理设备，将一切可回收的东西进行回收利用，废物进行打包储存。许多船上还会配有专职的环保官，负责向船员开展废物管理、能源效率和化学品管理等方面的培训并进行监督。

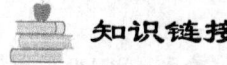

知识链接

世界豪华邮轮旅游业发展分析

中国拥有潜力巨大的旅游客源市场，越来越多的国际邮轮公司开始注意中国市场这片巨大的蓝海，那么中国本土邮轮业该如何应对？

世界邮轮旅游业经过了几十年的发展，在欧美等国家已经形成了完善的产业链，成为许多人出国旅游、短期度假的首选方式。而随着国人人均收入的提高和出国旅游政策的开放，越来越多的国际邮轮公司开始注意中国市场这片巨大的蓝海，纷纷将其运力向亚洲转移和扩张。中国不仅拥有潜力巨大的旅游客源市场，也存在着一些发展问题和挑战。以下将从市场需求的角度探讨中国发展豪华邮轮旅游的一些问题。

1. 航线及运力

按地区来看，加勒比海航线是世界上最热门的航线，在这条航线上的运力占全球总运力的35.5%。紧接其后的是欧洲航线，其中地中海航线占19.5%、其他欧洲航线占10.6%。亚洲航线作为新兴市场，发展迅速，目前运力部署已经达到6.0%。另外，阿拉斯加航线虽然只有每年夏季短短几个月的时间可以进入，但其不可替代的风光吸引着全球大量游客，邮轮公司的重视度很高，运力部署达到4.5%。

另据国际邮轮协会 CLIA 统计，2014 年全球乘坐邮轮出行的乘客达到 2300 万人次，预计 2015 年将达到 2500 万，2020 年为 3000 万。其中，出游人数最多的国家为美国，约有 1130 万人，遥遥领先于德国的 177 万人和英国的 164 万人，而中国排名第七位。

2. 邮轮公司

据 ISL 统计，世界前四大邮轮公司依然是美国的嘉年华集团、皇家加勒比邮轮公司、马来西亚的丽星邮轮公司以及瑞士的地中海邮轮，共拥有 172 艘邮轮、39 万个铺位，分别占世界总量的 58.1% 和 84.8%。旗下船队的平均船龄 12.4 年，平均吨位 88 895 总吨。通过合并收购以及内部资源整合，这四家邮轮公司在世界各地的热门邮轮航线上都有多条船只在运营，如加勒比海航线、北美航线、地中海航线和北欧航线。第五位为德国的 TUI 邮轮，拥有 12 艘邮轮，集中于地中海和北欧航线，2011 年以来快速扩张，订造了 5 艘新船，其中 2 艘已交付，3 艘将在 2015 年下半年及接下来两年内陆续交付，另有 2 艘同级船型的选择权。

同商船一样，大部分豪华邮轮都悬挂方便旗，如巴哈马、巴拿马、百慕大等。但也有一些例外，他们或出于品牌定位的考虑，如嘉年华集团旗下的歌诗达邮轮和爱达邮轮为意大利籍，或出于历史传承的原因，如荷美邮轮为荷兰籍。

3. 中国邮轮市场

中国交通运输协会邮轮游艇分会发布的《2014 中国邮轮发展报告》显示，2014 年中国大陆全年邮轮运营 466 航次，增长 14.8%，其中母港航次 366 个，增长 9.3%，访问港航次 100 个，增长 40.8%。出入境人数约 173 万人次（86.2 万人），其中中国游客约 148 万人次（73.96 万人），境外游客约 25 万人次（12.24 万人），均实现增长。按这个速度，中国邮轮旅游市场预计将从 2013 年的 68 亿美元增长到 2018 年的 115 亿美元。

我国现有 5 个主要邮轮港口，即天津国际邮轮母港、上海港国际客运中心、上海宝山吴淞口邮轮港、厦门邮轮码头和三亚凤凰岛邮轮码头。其中天津和吴淞口是中国邮轮母港的代表，尤其是吴淞口邮轮港，是目前亚太区域规模最大的专业邮轮码头。皇家加勒比邮轮公司、歌诗达邮轮公司、丽星邮轮公司及海航集团等四家邮轮公司相继投入了六艘以上海为母港运营的豪华邮轮。

4. 邮轮产业发展存在的问题

首先，中国海岸线虽然很长，但沿海旅游资源开发不甚成熟，航线设计较为单一。每年这么多艘次邮轮在中国港口靠港，但主要运营航线集中在日韩航线。在市场淡季，邮轮公司为保证满仓率不得不降低价格，竞争十分激烈。当然，由于邮轮旅游市场还处于成长期，未来随着港口配套设施的不断完善，邮轮公司应推出更优质更丰富的航线。以上海港为例，春季是日韩航线赏花的旺季，夏季可以航行至北部沿海乃至俄罗斯的避暑航线，秋冬则可以南下至南部沿海乃至东南亚。

其次，虽然邮轮旅游进入中国8年以来维持着快速增长态势，但相对于巨大的人口基数来说，每年几百万人次的出游人数显然还有巨大的发展空间，这也正是吸引国际著名邮轮公司不断将运力投入中国的原因。然而，邮轮在中国依然是一个新生事物，市场接受度还不高，甚至很多人对邮轮的认识还停留在"泰坦尼克"号的阶段，认为邮轮是给上流社会的奢侈享受，或者由于担心海上风浪及安全问题而拒绝乘坐邮轮。此外，邮轮公司在中国的舱位销售大多采取旅行社分包的方式，因而这几百万的出游人数中大多还是以旅行团的形式，与欧美国家自由享受的出游方式不同，这在一定程度上弱化了邮轮公司的品牌影响，不利于邮轮产业的推广和发展。

（资料来源：MARIC情报站，刘方琦，http：//www.traveldaily.cn/article/92213，2015-05-20.）

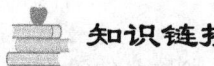 **知识链接**

上海市邮轮产业发展十年大事记

2006年

• 7月3日，歌诗达"爱兰歌娜号"邮轮首次以上海北外滩为母港开设中日韩定班航线。

• 11月22—23日，2006中国邮轮游艇发展大会在上海北外滩举行。

2007年

• 11月，国家发改委牵头组织有关部委和城市、大型国有企业在厦门召开"全国邮轮经济座谈会"，就提交国务院的《关于促进我国邮轮经济发展的报告》征求意见。

2008年

• 8月5日，上海港国际客运中心建成启用。

• 12月20日，上海吴淞口国际邮轮港工程奠基。

2009年

• 7月18日，上海吴淞口国际邮轮港发展有限公司揭牌成立。

2010年

• 4月27日，上海吴淞口国际邮轮港迎来第一艘靠泊邮轮——排水量11.5万吨的"钻石公主号"。

• 6月25日，上海吴淞口国际邮轮港发展有限公司和新加坡邮轮中心在宝山区签署"姊妹港协议"，倡议发起成立亚洲邮轮港口协会。

2011 年

• 10 月 15 日，上海吴淞口国际邮轮港开港。

• 11 月 18 日，中国第一家外商独资邮轮船务公司——歌诗达邮轮船务（上海）有限公司在上海成立。

2012 年

• 1 月 4 日，"上海国际邮轮产业发展综合改革试点区"被列为上海首批服务业综合改革试点。

• 5 月 17 日—6 月 30 日，"梦想起航——2012 上海吴淞口邮轮嘉年华"在上海吴淞口国际邮轮港举行。活动期间，"歌诗达·维多利亚号""皇家加勒比·海洋航行者号"邮轮先后在吴淞口国际邮轮港首航。

• 5 月 25 日，宝山区发布《宝山区邮轮产业发展战略规划》。

• 7 月 7 日，上海吴淞口国际邮轮港首次同时接靠"歌诗达·维多利亚号"和"皇家加勒比·海洋航行者号"两艘母港邮轮。

• 9 月 13 日，国家旅游局正式批复在上海市宝山区、虹口区分别以吴淞和北外滩为中心，设立我国首个"中国邮轮旅游发展试验区"。

• 9 月 15 日，2012 上海旅游节在上海吴淞口国际邮轮港开幕。市委主要领导出席并考察上海吴淞口国际邮轮港，并为全国首个"中国邮轮旅游发展试验区"揭牌。

2013 年

• 5 月 23 日，"邮轮生活·精彩无限"首届上海邮轮旅游节在上海吴淞口国际邮轮港启动。

• 11 月 15—17 日，第八届中国邮轮产业发展大会暨国际邮轮博览会在宝山举行。期间举办 2013 亚洲邮轮港口协会（ACTA）年会暨亚洲邮轮港口 CEO 高峰论坛，亚洲各邮轮港口签署《吴淞口宣言》。

• 12 月 31 日，上海吴淞口国际邮轮港码头通过口岸验收，正式开放运营。

2014 年

• 9 月 16 日—10 月 6 日，2014 上海邮轮旅游节顺利举行。

• 9 月 28 日，2014 中国邮轮经济发展高峰论坛在宝山区顺利举行。

• 9 月 28 日，上海国际邮轮经济研究中心发布《邮轮绿皮书：中国邮轮产业发展报告（2014）》。

• 12 月 31 日，上海吴淞口国际邮轮港全年接靠国际邮轮 216 艘次，接待出入境邮轮游客 110 万人次，成为亚洲最大邮轮母港。

2015 年

- 3月1日，首个从中国出发的环球邮轮航线"大西洋号86天环球之旅"在上海吴淞口国际邮轮港顺利启航。
- 5月15日，中国第一家本土豪华邮轮公司旗下"天海·新世纪号"邮轮在上海吴淞口国际邮轮港首航。
- 5月20日，2015中国邮轮经济发展高峰论坛在宝山区顺利举行。
- 6月24日，排水量16.8万吨的"皇家加勒比·海洋量子号"邮轮在上海吴淞口国际邮轮港首航，刷新亚洲母港邮轮运营纪录。
- 8月24日，上海市旅游局牵头制定《关于推进上海中国邮轮旅游发展实验区与中国（上海）自由贸易试验区联动发展的实施意见》。
- 8月25日，上海市工商行政管理局、上海市旅游局联合制定并发布《上海市邮轮旅游合同示范文本（2015版）》。
- 9月20日—10月8日，2015上海邮轮旅游节顺利举行。

2016 年

- 1月30日，上海各开放口岸以及江苏省南京航空口岸、浙江省杭州航空口岸对51个国家人员实施144小时过境免签政策。
- 3月15日，中共上海市宝山区委书记、上海国际邮轮经济研究中心主任汪泓在"Seatrade2016全球邮轮产业大会"做主题发言，《邮轮绿皮书：中国邮轮产业发展报告（2015）》（英文版）发布，全球邮轮大会响起中国声音。
- 4月10日，上海市旅游局、上海市交通委联合制定的《上海市邮轮旅游经营规范》正式施行。
- 7月13日，亚洲首套、世界最大邮轮变频岸电系统在上海吴淞口国际邮轮港投入使用。
- 8月1日，《上海市推进国际航运中心建设条例》正式实施，明确支持邮轮产业发展。
- 10月1日，外国旅游团乘坐邮轮由上海入境15天免签证政策在上海邮轮口岸正式实施。
- 10月12日—13日，2016Seatrade亚太邮轮大会在宝山区举行。

本章小结

邮轮旅游业在世界范围内还属尚年轻的产业，距今只有30余年的历史，在欧美等发达国家是备受社会上层人士推崇的一种旅游方式。由于其较高的价格与出色周到的服务仍被认为是属于高品质的旅游产品。

2006年至今,我国邮轮业经历了井喷式发展。从2006年至今的十年里,我国发展邮轮产业的配套设施在不断完善,全国范围内邮轮港口建设投资规模加大、游客通关流程逐步简化、邮轮服务接待标准水平不断提升、港口邮轮产业链逐渐向腹地延伸,但邮轮消费文化没有形成,还处于邮轮市场培育期。

思考题

1. 我国邮轮市场发展经过了几个阶段?
2. 我国邮轮旅客的消费特征是什么?
3. 为何国际邮轮公司看好中国市场?
4. 邮轮服务有哪些评价指标?
5. 请查阅相关资料,阐述中国邮轮市场在世界邮轮业的地位变化。

案例分析

中国将成为全球最大邮轮市场

全球最大邮轮运营商嘉年华集团总裁唐纳德在接受FT视频访谈时称,公司旗下品牌在中国销售强劲,未来将推出更多专门针对中国市场的服务项目。

阿诺·唐纳德(Arnold W. Donald)自2003年起担任嘉年华集团公司(Carnival Corporation)的首席执行官,该公司是全球最大的邮轮运营商,旗下拥有歌诗达、公主等品牌。唐纳德出生于一个木工之家,在美国新奥尔良州长大。加盟嘉年华董事会之前,他曾为孟山都(Monsanto)工作多年。此外,他还是美国橄榄球赛新奥尔良圣徒队(New Orleans Saints)的忠实拥趸。

以下为唐纳德接受FT《高端视点》视频访谈的文字选编。

中国能拯救邮轮行业吗?

我认为,中国未来会成为全球最大的邮轮市场。至于具体是在5年后、10年后,还是15年或20年后实现,仍有待观察。但中国拥有14亿人口,经济增长迅猛,毫无疑问,无论从邮轮客源市场还是从国内港口市场来说,中国都将成为全球最大的市场。

邮轮行业能更灵活调运船只,以满足全球游客的需求吗?

你问到了邮轮行业。我们的库存是可以调配的,而且事实上我们也这样做。因此,旅游目的地市场的邮轮数量,有时会触及高位;偶尔,如果可能会遇到经济或社会动荡,你就需要调配船只;有时为配合更大范围的策略也会做调整。所以说,我们就把一些船只派到了中国。最终，还会有船只派往中国市场，也会有新的建设项目。而且，我们会在适当的时间，推出一些专门针对中国市场开发的项目。

涨价带来的收益能维持多久？你们是否会再次降价打折？

中国市场对我们产品的需求非常强劲，不管是旗下的歌诗达邮轮还是公主邮轮。因此迄今为止，定价本身并不是一个真正的挑战。我们也一直在努力完善定价机制，因为这对于吸引中国民众选择我们的邮轮项目是有巨大价值的。就像前面所说的，某个季节对邮轮数量的调配速度，也会在短期内影响定价。长期来看，中国将会给投资者带来能与全球发达国家市场相匹敌的收益。

嘉年华邮轮是如何度过"歌诗达协和号"失事事件余波的？你们总结了哪些经验教训？

我们会永远铭记那些在"歌诗达协和号"失事事件中丧生的人，那是一场灾难（歌诗达协和号邮轮于2012年1月13日在意大利海岸部分沉没，船上4232名乘客大部分逃生，32人死亡）。尽管它只是一次偶发事件，但我们永远不能忘记那些受此影响的个人和家庭。我们从中吸取了教训，无论问题大小，我们都做了全面总结。比如，有时我们总结的经验并非直接来自那场悲剧本身。当类似情况发生的时候，我们能做的就是非常仔细地核验事实。因此，我们不只加强了安全保障，更在流程方面做了改进。比如，在那次灾难期间，出现过一些语言方面的问题。我们的船上使用许多种语言，但如果这些语言标识没有出现在恰当的地方，就会给游客造成困扰。尽管在那次事故中，语言问题并没有造成不良影响，但我们为杜绝以后再次发生类似事故，对此也总结了经验教训。

（资料来源：本·马里诺. 中国"将成为全球最大邮轮市场"［N］. 金融时报，2014-08-21.）

结合案例思考以下问题：

（1）结合材料，分析中国邮轮旅游市场有什么特征。

（2）针对中国邮轮旅游市场的特征，国外邮轮公司会采取哪些战略部署？

第三章 邮轮旅游咨询与预订服务

 本章导读

邮轮旅游产品对中国游客来说还是新鲜事物，人们对邮轮产品的认识还有待深入。在邮轮产品的销售过程中，为游客提供邮轮知识与相关信息的咨询显得非常重要，让游客更多地了解邮轮产品与自身需求的满足程度，然后才有可能进一步做出购买决策。目前邮轮产品的预订与销售约60%是在线完成的，40%是通过旅行社门店的销售来完成的，线上与线下各有优势，竞争激烈。

第一节 邮轮销售服务组织

在欧美邮轮市场比较发达的地区，邮轮舱位的销售以邮轮公司为主体。销售市场价/指导价一般由邮轮公司制定，至少提前1年公布航线和票价，游客可以通过网络或电话直接向邮轮公司预订船票。而国外的销售代理商主要是以买断切舱或者零散订舱的方式向邮轮公司拿舱，邮轮公司则返回佣金给代理。在这种体系下，船票销售代理会协助邮轮公司团体包船，但一般不会在没有客户的情况下进行大量买断型的包船。

一、中国式包船

目前在中国，主要实行以旅行社包船为主、邮轮公司散卖为辅的销售体系，这是世界上绝无仅有的一种模式。因此，满舱销售的压力就从邮轮公司转移到了旅行社。应该说，在中国这个特殊的市场和政策环境下，旅行社包船在很大程度上促进了市场的活跃，造就了自 2012 年以来的销售火爆局面，也推动了邮轮公司加快部署中国母港的步伐。包船模式下，旅行社与邮轮公司进行协商和博弈，就 NPD 价格（标准载客量每床每晚价格）达成一致后，签订买断型的包船协议。包船后，旅行社自行制定销售价格。但不论销售情况如何，既然已经买断，必须按合同约定的时间进度，全额支付包船费用。此外，包船协议中，邮轮公司都会约定一个满舱率指标，一般都在 90% 以上，如果最后销售达不到该指标，那么旅行社还必须按亏舱的人头支付一定罚金。例如，2014 年皇家加勒比的罚金政策为，当销售满舱率不满 99% 时，包船旅行社要按亏舱人头补齐损失的船票（按包船价格计算）；歌诗达大西洋号的罚金政策类似，当销售满舱率低于 97% 时，包船旅行社要按亏舱人头支付每人每晚 220 元，按 5 天 4 晚航次计算为 880 元；海娜号的满舱率指标虽然不高，仅为 76%，但是每航次每人罚金却高达 2000 元。可见，旅行社虽然以包船方式占有了一定的上游资源，但同时也承担了巨大的风险，如果不能满舱销售，势必会面临亏损。因此，满舱也成了旅行社包船后的追求目标。

二、邮轮销售代理

在中国市场上形成了一大批从事邮轮销售的代理商，他们之中有掌握上游资源的一级代理商（批发商），也有众多实力参差不齐的二级、三级代理商（零售商），他们当中有的是大的央企国企型传统旅行社，有的则是如雨后春笋般不断崛起的在线旅行社（OTA）和电商平台。目前国内大的一级邮轮代理商主要分布在长三角、渤海湾以及珠三角地区。作为中国最大的邮轮母港，上海以及长三角地区占据了邮轮销售代理市场的半壁江山，例如锦江、国中青、上航、春秋、携程、途牛、驴妈妈等都是国内数一数二的邮轮批发商。这些大的批发商从邮轮公司那里获取资源，拿取舱位，再将这些舱位分销到全国各地的零售商，从而推动邮轮市场的蓬勃发展。

从销售渠道来看，国内邮轮产品的分销主要包括旅行社门店销售、同行销售、OTA 的线上线下销售以及小部分邮轮公司的直销等几种形式。鉴于国内对于出境旅游政策的控制，邮轮公司不能像国外一样直接对客人销售出境游产品，而必须通过具备出境游资质的旅行社进行委托办理，因此邮轮公司的直销并不常见。除了承接大公司的商务奖励旅游团队外，一般邮轮公司都会将打进 400 电话的散客推荐给自己已经签订协议的代理社。从目前国内邮轮产品销售渠道的情况来看，这样大规模的收客数量即使是国内知名品牌的旅行社也无法单打独斗，因此，旅行社之间的同行销售以及 OTA 的线上销售则占据了邮轮销售渠道的主要份额。

第二节 邮轮旅游咨询与销售服务

邮轮旅游所带给游客的非凡体验是其他任何旅游产品所不能比拟的，而销售邮轮旅游产品又是销售所有旅游产品中利润回报最高的之一。作为旅行社的邮轮产品销售人员应该要做到的是帮助旅游者快速、准确地定位信息从而满足游客的需要，并让游客感知到邮轮旅游产品是他们最佳的选择。销售人员在向游客推荐邮轮产品之前，应该对邮轮旅游掌握尽量多的信息。

一、邮轮咨询服务要求

对于刚刚起步的中国邮轮市场和中国邮轮游客来说，传播邮轮旅游度假方式，引导正确的邮轮消费观念是最为重要的。在进行邮轮旅游咨询与销售服务过程中，应做到以下几点：

1. 激发游客购买兴趣

邮轮旅游产品不同于传统的出境游产品，它本身就是旅游目的地。游客可以在邮轮上享受吃住行游购娱所有旅游要素，同时还能通过邮轮度假这种方式出境旅行，到达国外的港口城市进行观光。因此，邮轮旅游产品的性价比要远远高于传统出境旅游产品。再加上邮轮旅游在中国刚刚起步，很多中国人对这种旅游度假方式并不十分了解，只要使这些不同体验所带来的新鲜感令游客有所触动和感知，消费者还是愿意购买邮轮旅游产品的。

2. 消除游客的顾虑和抵触情绪

正因为邮轮旅游在我国仍处于初级阶段，所以在对游客进行邮轮产品推荐和销售过程中，一定要消除游客的顾虑和抵触情绪。比如价格昂贵、船上活动无聊、岸上观光时间有限、晕船恐惧、安全问题、语言障碍和文化差异、签证手续麻烦等疑惑。

2015年的销售数据显示，目前从上海出发的母港邮轮产品价格都不是太高。根据邮轮公司的品牌和船的等级，5天4晚和6天5晚的日韩游价格分别为2000~5000元和2500~5500元不等。邮轮产品本身就具有很明显的淡旺季差异，由于受到韩国MERS影响，各大旅行社2015年夏季暑假的邮轮产品价格都呈现大幅度下滑趋势。当然除了疫情影响，天气原因致使邮轮变更行程以及邮轮公司的后续处理不当,一些邮轮船上的溺水事件经由媒体大肆渲染也都直接导致了邮轮产品价格的大幅下跌。纵观这几年中国母港邮轮市场的起伏变化,价格呈下降趋势最主要、最根本的原因还是供应量过大,供过于求。因此,市场竞争的激烈会导致价格一定程度的下浮,对消费者来讲是利大于弊。这样的价格对游客来说还是相当有吸引力的。

3. 引导游客了解邮轮本身就是旅游目的地的一部分

几天的船上生活,游客可以体验美食佳酿、娱乐表演、运动设施、免税商店、博彩娱乐等各式各样的活动。作为邮轮旅游的附加服务,岸上观光更是让游客能领略到异国他乡的风土人情。目前从中国母港出发的邮轮,基本上是7万吨以上的巨型邮轮,这样的邮轮吃水深,本身设计就具有抗风浪的国际标准,因此在海上基本感觉不到很剧烈的晃动。除了遇到台风或大风大浪,总体来说乘坐邮轮还是比较舒适的。

这几年,伴随着进入中国市场的国际邮轮公司逐渐增多,国内邮轮公司也开始逐渐崭露头角。除了皇家加勒比、歌诗达、公主、丽星等国际邮轮公司,还有海航、携程天海、渤海轮渡中华泰山等本土邮轮公司在中国母港开设航线。但是,目前国内还不具备独立运营邮轮的能力,无论从人才、管理、设备、体制都还远远达不到国际标准,因此基本上所有邮轮上的管理人员都是由外籍人士担任,而众多的一线服务员则来自菲律宾、马来西亚、越南、印度、东欧、中国等国家和地区。尽管很多外籍员工都在船上讲英语,但是随着中国员工的增多,船上设施设备的中文化,语言交流已经不能成为游客出行的障碍了。在签证上,由于日韩对于来自中国的邮轮乘客都是实行免签,因此基本上只要游客本人持有六个月以上有效期的个人因私护照,随时可以报名参加邮轮旅游,相当便利。

二、邮轮旅游咨询的基本内容

1. 邮轮航线

包括邮轮出发日期、航程、出发港、目的地、停靠港等信息,游客根据自己的经济条件、时间条件和娱乐需求来自行选择邮轮、航线。

2. 价格

邮轮线路的报价一般都是包价,价格一般包括船票、邮轮上的住宿、港务费、领队服务费及出境名单工本费;还包含邮轮上提供的所有免费餐食、邮轮上派对、主题晚会、表演、游戏、比赛等活动(特别注明收费的除外)、所有免费娱乐设施;有的报价还包含岸上观光。邮轮价格即起价是可选出发日期中,按双人出行共住一间房核算的最低单人价格。产品价格会根据游客所选择的出发日期、出行人数、入住房型、航班或交通以及所选附加服务的不同而有所差别。

邮轮线路报价一般不包含以下费用：

（1）邮轮服务费（参考费用：内舱、海景、阳台及套房 JS、SJ、FJ、FC 舱位每人每晚 13.5 美元，其他套房每人每晚 16.5 美元。此费用为船上现付，显示在乘客本人的"船上消费账单"中，乘客需要在下船前将账单结清）；

（2）各地到出发港的往返交通费用；

（3）个人所有其他消费（如付费电话、洗衣、付费餐厅、酒水、上网等旅游费用中刨除在外的）；

（4）邮轮单人房差价：所有舱等加收 100%。

3. 邮轮房型

坐同一艘邮轮，乘客支付的船费差别可以很大。这差别主要是看住怎样的客房，别的享受一般没什么区别。因为无论住什么等级的客房，享受的餐食、玩乐几乎完全一样。只有极少的邮轮规定，住什么级别客房的客人，应在什么样的餐厅吃饭，使用怎样的公共设施。

舱房类型主要分为内舱房、海景房、阳台房、套房等四类。具体房型介绍请见本书第五章 邮轮设施与服务相关内容。

4. 邮轮房型的选取原则

首先，游客需要了解各种舱房的优势和不足；其次，从自身的需求出发选择合适的舱房。

事实上，房间的位置、楼层和舒适度也很重要。船中央到船头船尾的距离一样，位置又靠近电梯，对一些年纪大的人来说出行比较方便（尤其是坐如今的超大船，在船上也有跋涉之感），而且船中央的舱房，在遇到风浪时摇晃的程度也比较小，因此中央位置的房间就相对比较好。但是这种房间的价格，通常比其他位置同样类型的舱房要贵一些。另外，楼层越高价钱越贵。楼层高，视野开阔，距离邮轮上的娱乐设施及餐厅比较近，出行方便，所以价格就比较高。一般邮轮的阳台房、大套房都位于高楼层。不过楼层高的舱房，在风浪大时摇晃的程度其实比楼层低的要大，而且舱房离邮轮顶层甲板比较近的话，楼上有人走路或者跑跳，声音就会相对喧闹些。由此可见，较贵的也不见得是较好的，选择阳台房尽量不要选择靠近顶层甲板的。

许多船最贵的大套房都设在船尾，理由是这个位置打开阳台门就能看到风景而不用吃当头风。不过，这位置却是最吃浪的位置。尽管今天的船大都会选风浪较少的航线，但仍不能避开天有不测风云。即便你的船很大，但相对于汪洋，大船小船都是沧海一粟。

选择怎样的舱房，不仅要看自己的消费能力、房间的性价比，最重要的，还要根据自身的需求来决定。对有些精打细算的人来说，客房的大小反正也差不了太远，风景也不一定重要，所以他们宁选便宜客房，省下的钱可以让他们多坐一次船。可是，其余的大多数人仍本着既然享受就要尽兴的原则，于是他们会在自身经济条件允许的情况下，选择最好的客房。

5. 护照与签证咨询（以日本航线为例）

所需材料：因私护照，个人身份证明材料，申请表格即个人信息表等。

（1）本产品所需证件：距返程日期有大于6个月以上有效期的护照＋日本免签船舶观光上陆许可证，产品确认后请在7个工作日内提供网上所示的全部所需材料。岸上游期间需要以团队形式团进团出，如不随团参加岸上游览，需持有效的日本个人旅游签证，请注意本次赴日免签邮轮不能作为个签受理条件，未持该个人旅游签证的客人将可能被拒绝登岸。如您自备签证，请您提供有效护照及签证复印件，以核对客人姓名及确认船票。如因自备签证问题造成行程受阻，责任自负。

（2）旅行社会对游客信息进行审核，视材料情况或将要求您提供担保函及在职证明或资产证明，一般情况下单人、有拒签记录的有较大可能需要提供，若游客无法提供足够的证明材料，旅行社有权做劝退处理，由游客承担实际损失。

（3）码头不提供针对外宾的落地签证服务。持非中国大陆普通护照的客人请务必再次确认前往日本的自备签证和多次入境中国大陆的签证，如因签证问题造成行程受阻或其他问题，相应损失需自行承担。港澳台客人需携带有效的回乡证或者台胞证原件出行。

（4）航线材料递交最晚截止时间。

6. 其他咨询内容

关于预定限制、退改说明、支付方式、出行说明等内容。

三、邮轮旅游在线预订流程

1. 登录邮轮代理的网站

（1）网上预订与电话预订同等有效，下单更自主、便捷；

（2）享受更多专属优惠。

2. 选择需要的邮轮线路、下单（略）

3. 订单确认

（1）网上提交的订单将由专属客服跟进处理，由该专属客服一对一为客户服务；

（2）专属客服会根据客户提交的订单为客户进行核实位置、确认出游价格等工作，一般会致电客户确认客户的出游要求，客户的任何疑问，均可由专属客服给予解答；

（3）订单完成确认后，即可进行签约付款，建议客户选择方便快捷的网上签约、网上支付完成签约付款，如有其他签约付款的要求，也可告知专属客服。

4. 网上支付

（1）网上预订"支持立即付款"的产品，下单完成即可签约付款，无须电话确认，节省客户等待确认的宝贵时间；

（2）网上支付支持网上银行、信用卡、支付宝、银联在线、快钱、财付通等多种渠道，安全支付，方便快捷；

（3）网上签约后通过电子邮件接收电子版合同，与纸质合同同等有效。

5. 预订成功

（1）签约支付完成后，专属客服会帮客户打理一切，客户只需耐心等待出团通知，即可开心出游；

（2）预订成功后，几大出游保障让客户出行无忧。

6. 签约方式

（1）在线签约

通过在线签约页面进行签约，付款成功后，将通过电子邮件接收电子版合同，与门市签约及传真签约同等有效。

（2）传真签约

双方在合同上签字盖章后，通过传真进行签约。如涉及签证材料需要快递，需在快件中注明订单号，以便工作人员及时处理。

（3）上门签约

专业团队为客户提供上门签约收团款、收出境材料服务。

（4）门市签约

在门市进行签约付款。

7. 开心出游

（1）公司竭力解决客户在出游前、出游中遇到的问题，保证客户的开心出游；

（2）公司专属客服将为游客免费提供出游期间天气预报等贴心服务。

四、邮轮销售工作

在进行邮轮产品面对面销售时，要做到以下几点：

1. 了解客户需求

进行邮轮销售工作的首要前提是了解邮轮产品和邮轮乘客的需求。邮轮产品信息包括邮轮公司品牌、邮轮的设施设备、航程天数和航行线路、岸上观光、舱位库存和价格等相关信息。在了解邮轮产品信息之后,销售人员要分析和了解消费者的人群特点和季节特点。对于邮轮传统的消费群即家庭和老年人群,要了解不同人群对邮轮产品的不同需求。通常情况下,老年人群对价格敏感,对季节性不敏感,节假日无需求,因此,淡季邮轮产品/中短线邮轮产品较适合这类人群。而家庭出行对时间的要求严格,通常情况下亲子游还涉及三人舱的问题。在邮轮产品的对接上,通常大型邮轮、中长线邮轮较为适合。

但是,目前在国内母港邮轮产品中,大多数旅行社手里既持有自己包船的产品,也掌握通过同业批发来的其他旅行社包船产品,作为销售人员就要根据客人需求来综合权衡考量优先推荐哪一种产品给客人。理想的处理方式是先推销自己公司的包船产品,再推荐其他公司的产品。但是,在实际操作过程中,不同邮轮产品、不同航次、不同季节、不同成本等原因都会使销售人员综合考量,帮助客人选择一个最适合的邮轮产品。

2. 邮轮预订流程

在邮轮产品销售过程中,主要的预订流程就是:了解客人需求(包括出行时间、出行人数、航线选择、价格预算、邮轮品牌选择倾向等)——告知可供客人选择的产品(岸上游行程)——推荐舱位、告知价格——达成价格协议、告知预订政策——签订邮轮销售合同、支付费用、完成销售。

以上流程中,需要关注的是舱位选择、产品选择和预订政策的告知。不同的舱位价格是不同的。邮轮客舱通常分为内舱房、海景房、露台房和套房四类。在选择舱位时,销售人员需要先了解客户的需求,根据需求向客户介绍每种舱位的性价比,选择最适合的舱位类型。邮轮的舱位选择很重要,但在提供建议的时候需要多倾听客人的想法。一般来说,要经济实惠的就建议选择内舱,因为很多邮轮公司在服务上不会对不同舱等的客人实行差别对待,所以其实在客人跨出舱房的那一刻起,所享受到的服务和待遇是一样的。当然邮轮性价比最好的还是阳台舱。可以多建议客人预订阳台舱,不仅利润丰厚,更重要的是客人的体验会更为理想,为下一次再预订邮轮埋下伏笔。

从这几年旅行社邮轮产品销售的统计数据来看,价格最便宜的内舱房销售速度最快,其次是拥有私人阳台空间的阳台房,而大量的海景房和少数高级别套房的销售是不容乐观的。可以看出,中国游客对价格的敏感度还是非常高的,同时,在选择舱房的时候更加注重性价比,海景房虽然有窗户,但打不开,不太容易受到游客欢迎。因此,在销售政策上,可以适当将海景房作为活动房型或者折扣优惠房型进行促销。

客人在选择产品时需要注意岸上游产品的选择。一般来说,母港出发的邮轮产品旅行社都将岸上游在价格上打包，为客人提供一条龙服务。岸上游的价格从赠送到100、200元不等。赠送的岸上游通常购物点比较多，而选择收费的岸上游则相对来说观光景点更多一点。当然，有一定经济条件的游客，还可以选择定制化岸上游服务，私人定车定线路，能享受不同的高品质服务。另外，旅行社打包的岸上游产品一般不含餐，除非是加价产品或者VIP客人，旅行社才在岸上游当中加入餐饮服务。

邮轮预订政策是非常重要的，其复杂性在于不同邮轮公司，甚至不同季节的预订政策都可能有所不同。销售人员要依据各邮轮公司的政策制定自己的预定政策，并准确告知消费者。确保消费者了解并确认相关的预订信息：①出行时间；②出发港口；③邮轮航线；④旅行社；⑤其他预订细节。在这方面，关键是要做好风险的把控，保证旅行社产品的政策至少要严于或者等于邮轮公司的政策，特别是在退款和罚金政策上要保持一致，以避免营运风险。

鉴于近几年邮轮旅游过程中由于天气、车辆、国际惯例等原因造成游客与邮轮公司、游客与旅行社产生矛盾，导致各种霸船事件、法律纠纷等，上海市于2015年正式启动了邮轮旅游合同，将过去在传统出境游合同当中没有体现出的属于邮轮旅游特性的内容正式加入到法律合同中，极大地体现了政府对于推动邮轮旅游法制化、规范化的决心。

第三节　游客出发前服务

在游客预订了邮轮产品后，旅行社的OP操作人员会收集游客的相关资料，如护照原件、身份证正反面复印件、个人信息表以及户口本整本复印件等，并将资料信息录入电脑系统。旅行社通过与邮轮公司对接的销售系统，在出发前一周将游客信息上传至邮轮公司系统，由邮轮公司工作人员进行船票的制作。而海航集团海娜号邮轮可以将系统完全开放给代理商，由代理商直接通过系统自行打印船票。一般来说，邮轮公司在每个航次关舱前，还可以进行客人信息的修改和更换，一旦该航次信息录入系统关闭，就无法再进行信息修改。

旅行社的OP操作人员在出发前一周会将整艘船几千名客人的信息按照预定舱位进行分类，套房客人、阳台双人三人房、海景双人三人房、内舱双人三人房及四人房等信息都会一一分类梳理在系统里。按照一艘装载三千人的邮轮，需要与邮轮公司确认人数、房型，与日韩地接旅行社确认岸上行程线路和观光大巴。按照一辆大巴装载43人的标准，

3000个客人就需要70个领队和70辆大巴。旅行社工作人员会提前将客人分为70个团队，标注1、2、3、4至70号团，每个团队配备一个领队，并将客人信息和领队信息提前告知地接社，由地接社安排相应的当地导游和车辆司机。

旅行社会在出发前三至四天将出团通知书通过邮件、短信、微信、QQ等发送给客人，并通知有时间的客人准时参加行前说明会。出团通知单上明确标注了出发时间、领队联系信息、交通信息、出行注意事项、登船下船流程、船上注意事项、岸上旅游注意事项等所有信息。值得注意的是，由于大多数客人都是第一次乘坐邮轮旅行，认真仔细地阅读出团通知单是十分重要的。

在出发前一天，旅行社会要求所有领队集中开会，布置和通报旅游过程中的任务和注意事项，并按照每个团队下发客人信息材料和团包。每个团包里大概包含的材料及物品有：客人信息表、舱房表、护照原件和复印件、行李条、日本登陆信息表、吊牌、团队指示牌以及领队服等。每个领队都会在当天将每个客人的资料填好、分装好并在第二天开船日带到码头，在码头办理换取船卡事宜。根据《中华人民共和国出入境条例》，每个客人还将填写一张健康申报表。

出发当日，每个客人都会根据出团通知单上要求的集合时间准时赶到码头，找到自己的团队办理区，由领队将吊牌、护照原件复印件、船卡、行李条等发给每位客人后，客人可自行登轮。一般来说，客人会经过托运行李、办理信用卡绑定、办理出关手续、办理上船手续等几个步骤，之后就可以进入房间，享受舒适美好的邮轮假期了。

本章小结

邮轮产品销售与预定体现了消费者从了解产品到决定购买的决策过程，产品咨询与实现预订是邮轮代理最重要的工作，消除消费者的顾虑、让消费者深入了解接受和尝试邮轮休闲是实现邮轮销售的关键。

思考题

1. 如何了解邮轮顾客的消费需求？
2. 对于首次购买邮轮产品的顾客在销售过程中应该注意什么？
3. 分析中国式包船的优势和弊端。
4. 游客等船前可能需要哪些服务？
5. 如何提升邮轮产品销售业绩？

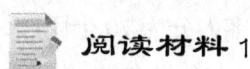

阅读材料 1

2015年上海市邮轮旅游合同

合同编号_____

上海市邮轮旅游合同
（2015版）

甲方（旅游者或旅游团体）：_____

乙方（旅行社）：_____

经营许可证编号：_____

经营范围：_____

根据《中华人民共和国合同法》《中华人民共和国旅游法》《旅行社条例》《上海市旅游条例》及其他有关法律法规的规定，甲乙双方在平等自愿、协商一致的基础上，签订本合同。

第一条 合同标的

邮轮产品名称_____。

团号_____。

组团方式（二选一）

☐ 自行组团。

☐ 委托组团（委托社全称及经营许可证编号_____
_____）。

出发日期_____，出发地点_____。

邮轮途中停靠港口_____。

岸上游览地点_____。

结束日期_____，返回地点_____。

第二条 行程与标准（乙方提供旅游行程单，须含下列要素）

邮轮上舱位类型及标准和住宿天数_____。

邮轮上用餐次数_____，标准_____。

岸上景点名称和游览时间_____。

岸上往返交通_____，标准_____。
岸上游览交通_____，标准_____。
岸上旅游者自由活动时间_____，次数_____。
岸上住宿安排（名称）及标准和住宿天数_____。
岸上用餐次数_____，标准_____。
岸上地接社名称_____，地址_____，
岸上地接社联系人_____，联系电话_____。

第三条 旅游者保险

乙方提示甲方购买人身意外伤害保险和邮轮旅游意外保险。经乙方推荐，甲方已经阅读并明确知晓上述保险的保险条款及其保单内容。甲方_____（应填同意或不同意，打钩无效）委托乙方办理个人投保的人身意外伤害保险；甲方_____（应填同意或不同意，打钩无效）委托乙方办理个人投保的邮轮旅游意外保险。

保险公司及产品名称_____
_____。

保险费人民币_____元／人。

相关投保信息和约定以保单及其保险条款为准。

第四条 旅游费用及其支付（以人民币为计算单位）

旅游费用包括：□邮轮船票费（含邮轮上指定的舱位、餐饮、游览娱乐项目和设施等）；□船上服务费（小费）；□港务费；□签证费；□签注费；□乙方统一安排岸上游览景区景点的门票费、□交通费、□住宿费、□餐费；□其他费用_____。

甲方应交纳旅游费用_____元，大写_____元。

旅游费用交纳期限_____。

旅游费用交纳方式 □现金；□支票；□信用卡；□其他_____。

第五条 双方的权利义务

（一）甲方的权利义务

1. 甲方有权知悉其购买的邮轮及岸上旅游产品和服务的真实情况，有权要求乙方按照约定提供产品和服务；有权拒绝乙方未经协商一致指定具体购物场所、安排另行付费旅游项目的行为；有权拒绝乙方未经事先协商一致将旅游业务委托给其他旅行社。

2. 甲方应自觉遵守旅游文明行为规范，遵守邮轮旅游产品说明中的要求，尊重船上礼仪及岸上旅游目的地的风俗习惯、文化传统和宗教禁忌，爱护旅游资源，保护生态环境；遵守《中国公民出国（境）旅游文明行为指南》等文明行为规范。甲方在旅游活动中应遵守团队纪律，配合乙方完成合同约定的旅游行程。

3. 甲方在签订合同或者填写材料时，应当使用有效身份证件，提供家属或其他紧急联络人的联系方式等，并对填写信息的真实性、有效性负责。限制民事行为能力人单独或由非监护人陪同参加旅游的，须征得监护人的书面同意；监护人或者其他负有监护义务的人，应当保护随行未成年旅游者的安全。

4. 甲方应当遵守邮轮旅游产品说明及旅游活动中的安全警示要求，自觉参加并完成海上紧急救生演习，对有关部门、机构或乙方采取的安全防范和应急处置措施予以配合。

5. 甲方不得随身携带或者在行李中夹带法律、法规规定及邮轮旅游产品说明中禁止带上船的违禁品。甲方应遵守邮轮禁烟规定，除指定的吸烟区域外，其余场所均禁止吸烟。

6. 在邮轮旅游过程中，甲方应妥善保管随身携带的财物。

7. 在邮轮上自行安排活动期间，甲方应认真阅读并按照邮轮方《每日须知》和活动安排，自行选择邮轮上的用餐、游览、娱乐项目等。在自行安排活动期间，甲方应在自己能够控制风险的范围内活动，选择能够控制风险的活动项目，并对自己的安全负责。

8. 甲方参加邮轮旅游以及岸上游览必须遵守集合出发和返回邮轮时间，按时到达集合地点。

9. 行程中发生纠纷，甲方应按本合同第八条、第十一条约定的方式解决，不得损害乙方和其他旅游者及邮轮方的合法权益，不得以拒绝上、下邮轮（机、车、船）等行为拖延行程或者脱团，不得影响港口、码头的正常秩序，否则应当就扩大的损失承担赔偿责任。

10. 甲方向乙方提交的出入境证件应当符合相关规定。甲方不得在境外非法滞留，随团出游的，不得擅自分团、脱团。

11. 甲方不能成行的，可以让具备参加本次邮轮旅游条件的第三人代为履行合同，并及时通知乙方。因代为履行合同增加或减少的费用，双方应按实结算。

（二）乙方的权利义务

1. 乙方提供的邮轮船票或凭证、邮轮旅游产品说明、登船相关文件、已订购服务清单，应由甲方确认，作为本合同组成部分。

2. 乙方提供旅游行程单，经双方签字或者盖章确认后作为本合同组成部分。

3. 乙方不得以不合理的低价组织旅游活动，诱骗甲方，并通过安排购物或者另行付费旅游项目获取回扣等不正当利益。

4. 乙方应在出团前，以说明会等形式如实告知邮轮旅游服务项目和标准，提醒甲方遵守文明旅游行为规范、遵守邮轮旅游产品说明中的要求，尊重船上礼仪和岸上旅游目的地的风俗习惯、文化传统、宗教禁忌。在合同订立及履行中，乙方应对旅游中可能危及甲方人身、财产安全的情况，做出真实说明和明确警示，并采取防止危害发生的适当措施。

5. 当发生延误或不能靠港等情况时，乙方应当及时向甲方发布信息，告知具体解决方案。

6. 乙方应妥善保管甲方提交的各种证件，依法对甲方信息保密。

7. 因航空、港务费、燃油价格等费用遇政策性调价导致合同总价发生变更的，双方应按实结算。

8. 甲方有下列情形之一的，乙方可以解除合同：
（1）患有传染病等疾病，可能危害其他旅游者健康和安全的；
（2）携带危害公共安全的物品且不同意交有关部门处理的；
（3）从事违法或者违反社会公德的活动的；
（4）从事严重影响其他旅游者权益的活动，且不听劝阻、不能制止的；
（5）法律规定的其他情形。

因前款情形解除合同的，乙方应当按本合同第七条扣除必要的费用后，将余款退还甲方；给乙方造成损失的，甲方应当依法承担赔偿责任。

9. 成团人数与不成团的约定（二选一）。

□ 最低成团人数_____人；低于此人数不能成团时，乙方应当提前30日通知甲方，本合同解除，向甲方退还已收取的全部费用。

□ 本团成团不受最低人数限制。

第六条　甲方不适合邮轮旅游的情形

因邮轮上没有专科医师及医疗设施，邮轮离岸后无法及时进行急救和治疗，为防止途中发生意外，甲方购买邮轮旅游产品、接受旅游服务时，应当如实告知与邮轮旅游活动相关的个人健康信息，参加适合自身条件的邮轮旅游活动。如隐瞒有关个人健康信息参加邮轮旅游，由甲方承担相应责任。

第七条　甲方解除合同及承担必要费用

因甲方自身原因导致合同解除，乙方按下列标准扣除必要费用后，将余款退还甲方：

（一）甲方在行程前解除合同的，双方约定扣除必要费用的标准为：
1. 行程前_____日至_____日，旅游费用_____%；
2. 行程前_____日至_____日，旅游费用_____%；
3. 行程前_____日至_____日，旅游费用_____%；
4. 行程前_____日至_____日，旅游费用_____%；
5. 行程开始当日，旅游费用_____%。

甲方行程前逾期支付旅游费用超过_____日的，或者甲方未按约定时间到达约定集合出发地点，也未能在中途加入旅游的，乙方有权解除合同，乙方可以按本款规定扣除必要的费用后，将余款退还甲方。

（二）甲方因疾病等自身的特殊原因，导致在行程中解除合同的，必要的费用扣除标准为：（二选一）

☐ 1. 双方可以进行约定并从其约定：

旅游费用 –（_____）–（_____）–（_____）–（_____）

☐ 2. 双方未约定的，按照下列标准扣除必要的费用。

旅游费用 × 行程开始当日扣除比例 +（旅游费用 – 旅游费用 × 行程开始当日扣除比例）÷ 旅游天数 × 已经出游的天数。

如按上述（一）或（二）约定标准扣除的必要费用低于实际发生的费用，按照实际发生的费用扣除，但最高额不应当超过旅游费用总额。

行程前解除合同的，乙方扣除必要费用后，应当在合同解除之日起_____个工作日内向甲方退还剩余旅游费用。

行程中解除合同的，乙方扣除必要费用后，应当在协助甲方返回出发地或者到达甲方指定的合理地点后_____个工作日内向甲方退还剩余旅游费用。

第八条　责任减免及不可抗力情形的处理

（一）具有下列情形的旅行社免责

1. 因甲方原因造成自己人身损害、财产损失或造成他人损失的，由甲方承担相应责任，但乙方应协助处理。

2. 因不可抗力造成甲方人身损害、财产损失的，乙方不承担赔偿责任，但应积极采取救助措施。

3. 在自行安排活动期间甲方人身、财产权益受到损害的，乙方在事前已尽到必要警示说明义务且事后已尽到必要救助义务的，乙方不承担赔偿责任。

4. 甲方因参加非乙方安排或推荐的活动导致人身损害、财产损失的，乙方不承担赔偿责任。

5. 由于公共交通经营者的原因造成甲方人身损害、财产损失的，由公共交通经营者依法承担赔偿责任，乙方应当协助甲方向公共交通经营者索赔。因公共交通工具延误，导致合同不能按照约定履行的，乙方不承担违约责任，但应向甲方退还未实际发生的费用。

（二）因发生不可抗力情形或者乙方、履行辅助人已尽合理注意义务仍不能避免的事件，可能导致邮轮行程变更或取消部分停靠港口等情况时，按以下约定方式处理。

1. 行程前发生的，甲方可以按（1）或（2）选择（二选一）。

☐（1）甲方同意邮轮行程变更或取消部分停靠港口等，按以下约定处理：

①在不减少行程自然天数的情况下，启航延迟、港口停靠时间缩短、返航延迟抵达：

船方提供餐食和各项服务，乙方退还旅游费用总额的_____%。

②无法停靠目的地港口：退还该港口的港务费以及未发生的岸上观光费用。

③行程自然天数减少：扣除已实际支付且不可退还的费用后，按照减少的行程自然天数所占计划行程的百分比退还旅游费用。

□（2）甲方不同意邮轮行程变更或取消部分停靠港口等上述约定，解除本合同；乙方应当在扣除已实际支付且不可退还的费用后，将余款_____元退还甲方。

2. 行程中发生的，按上述（1）的约定处理。

第九条 违约责任

（一）乙方在行程前30日以内（含第30日，下同）提出解除合同的，向甲方退还全额旅游费用（不得扣除签证/签注等费用），并按下列标准向甲方支付违约金：

1. 行程前_____日至_____日，支付旅游费用总额_____%的违约金；

2. 行程前_____日至_____日，支付旅游费用总额_____%的违约金；

3. 行程前_____日至_____日，支付旅游费用总额_____%的违约金；

4. 行程前_____日至_____日，支付旅游费用总额_____%的违约金；

5. 行程开始当日，支付旅游费用总额_____%的违约金。

如上述违约金不足以赔偿甲方的实际损失，乙方应当按实际损失对甲方予以赔偿。

乙方应当在解除合同通知到达日起_____个工作日内，向甲方全额退还已收旅游费用并支付违约金。

（二）甲方逾期支付旅游费用的，应当每日按照逾期支付部分的旅游费用的_____%，向乙方支付违约金。

（三）甲方提供的个人信息及相关材料不真实而造成的损失，由其自行承担；如给乙方造成损失的，甲方还应当承担赔偿责任。

（四）甲方因不听从乙方的劝告、提示而影响旅游行程，给乙方造成损失的，应当承担相应的赔偿责任。

（五）乙方未按合同约定标准提供交通、住宿、餐饮等服务，或者违反本合同约定擅自变更旅游行程，给甲方造成损失的，应当承担相应的赔偿责任。

（六）乙方未经甲方同意，擅自将旅游业务委托给其他旅行社的，甲方在行程前（不含当日）得知的，有权解除合同，乙方全额退还已收旅游费用，并按旅游费用的15%支付违约金；甲方在行程开始当日或者行程开始后得知的，乙方应当按旅游费用的25%支付违约金。如违约金不足以赔偿甲方的实际损失，乙方应当按实际损失对甲方予以赔偿。

（七）乙方未经与甲方协商一致或者未经甲方要求，指定具体购物场所或安排另行付费旅游项目的，甲方有权在旅游行程结束后三十日内，要求乙方为其办理退货并先行垫付退货货款,或者退还另行付费旅游项目的费用。

（八）乙方具备履行条件,经甲方要求仍拒绝履行合同,造成甲方人身损害、滞留等严重后果的,甲方除要求乙方承担相应的赔偿责任外,还可以要求乙方支付旅游费用_____倍(一倍以上三倍以下)的赔偿金。

（九）其他违约责任：_____。

第十条 自愿购物和参加另行付费旅游项目约定

1. 甲方可以自主决定是否参加乙方安排的购物活动、另行付费旅游项目。

2. 乙方可以在不以不合理的低价组织旅游活动、不诱骗甲方、不获取回扣等不正当利益,且不影响其他旅游者行程安排的前提下,按照平等自愿、诚实信用的原则,与甲方协商一致达成购物活动、另行付费旅游项目补充协议。

3. 购物活动、另行付费旅游项目安排应不与旅游行程单冲突。

4. 地接社及其从业人员在行程中安排购物活动、另行付费旅游项目的,责任由订立本合同的乙方承担。

5. 购物活动、另行付费旅游项目具体约定见《自愿购物活动补充协议》(附件1)、《自愿参加另行付费旅游项目补充协议》(附件2)。

第十一条 争议解决方式

双方发生争议的,可协商解决,也可在旅游合同结束之日起90天内向旅游质监机构申请调解,或提请上海仲裁委员会仲裁(不愿意仲裁而选择向法院提起诉讼的,请双方在签署合同时将此仲裁条款划去)。

第十二条 附则

本合同自双方签字或盖章之日起生效,本合同附有的旅游行程单、邮轮旅游产品说明和补充条款、补充协议等均为合同的附件,与本合同具有同等法律效力。

补 充 条 款

第三章　邮轮旅游咨询与预订服务

甲方签字（盖章）：_____　　乙方签字（盖章）：_____
住　　　所：_____　　营业场所：_____
甲方代表：_____　　乙方代表（经办人）：_____
联系电话：_____　　联系电话：_____
邮　　　编：_____　　邮　　　编：_____
日　　　期：_____　　日　　　期：_____

附件1：自愿购物活动补充协议

1. 甲方可以自主决定是否参加乙方安排的购物活动；
2. 乙方可以在不以不合理的低价组织旅游活动、不诱骗甲方、不获取回扣等不正当利益，且不影响其他旅游者行程安排的前提下，按照平等自愿、诚实信用的原则，与甲方协商一致达成购物活动的约定；
3. 购物活动安排应不与《行程单》冲突；
4. 具体购物场所应当同时面向其他社会公众开放；
5. 地接社及其从业人员在行程中安排购物活动，责任由订立本合同的乙方承担；
6. 购物活动具体约定如下：

具体时间	地点	购物场所名称	主要商品信息	最长停留时间（分钟）	其他说明	甲方签名同意
年 月 日 时						签名：
年 月 日 时						签名：
年 月 日 时						签名：

甲方签名：　　　　　　　　　　乙方（经办人）签名：
　　年　月　日　　　　　　　　　　　年　月　日

附件2：自愿参加另行付费旅游项目补充协议

1. 甲方可以自主决定是否参加乙方安排的另行付费旅游项目；
2. 乙方可以在不以不合理的低价组织旅游活动、不诱骗甲方、不获取回扣等不正当利益，且不影响其他旅游者行程安排的前提下，按照平等自愿、诚实信用的原则，与甲方协商一致达成另行付费旅游项目的约定；

3. 另行付费旅游项目安排应不与《行程单》冲突；

4. 另行付费旅游项目经营场所应当同时面向其他社会公众开放；

5. 地接社及其从业人员在行程中安排另行付费旅游项目的，责任由订立本合同的乙方承担；

6. 另行付费旅游项目具体约定如下：

具体时间	地点	项目名称和内容	费用（元）	项目时长（分钟）	其他说明	甲方签名同意
年 月 日 时						签名：
年 月 日 时						签名：
年 月 日 时						签名：

甲方签名： 乙方（经办人）签名：

年 月 日 年 月 日

阅读材料 2

天海邮轮新世纪号

9 月 　 日上海—济州—佐世保—上海 4 晚 5 日游

出团通知书

领队：王某　　手机：1234567890

敬致：尊敬的天海邮轮贵宾

您好！真诚地欢迎您搭乘天海邮轮新世纪号。愿我们的服务能带给您完美的海上假期。现将此航线的有关事宜确认如下：

关于邮轮旅游：

特别注明事项：建设银行、光大银行的信用卡，以及国内发行的 VISA 和万事达单标识单币种的信用卡，将无法在邮轮上使用。

01. 证件：

1. 护照原件：凭护照原件办理登船。上船后，护照均由船上统一保管，领回护照时间请留意船上的 TODAY（邮轮每日指南）。

2. 2 份护照复印件：护照自带的客人请自行准备护照复印件 2 份，1 份用于上岸观光免税店购物时使用，另一份与日本临时登陆许可证同时使用（务必妥善保管）；

3. 凡持非大陆普通护照的客人请务必再次确认前往韩国的自备签证和多次入境大陆的有效签证，如因签证问题造成行程受阻或其他问题，相应损失需自行承担。港澳台客人需带好有效的回乡证或者台胞证原件。

02. 禁带物品：

1. 搭乘天海邮轮的乘客将禁止携带各类食品及饮料上船，包括肉类、禽类、水果、各种密封的罐装及盒装食品、碳酸饮料、矿泉水、茶水、牛奶、酸奶、果汁、酒类等。如有带婴儿的乘客，允许携带一些婴儿用品及食品。

2. 您可在开航之日自行携带果类酒饮品（如葡萄酒等），每间舱房限带 2 瓶。如游客需在船上任何餐厅、酒吧或用餐场地饮用自带果类酒，需收取每瓶 25 美元开瓶费，费用将通过您的船上账户收取。自行打开的自带酒水不允许带入餐厅或公共区域。

3. 邮轮上不允许携带任何其他酒精或非酒精性饮料上船饮用或用于其他用途。在码头或船上商店购买的酒精性饮料将会交予船方保管并在航行最后一天送至游客房间（对于连续乘坐邮轮的游客，购买的酒精性饮料将会在最后一个航次的下船前一天归还）。在开航之日携带的酒精性饮料（如白酒、黄酒、啤酒等）一经发现将不予归还。

03. 关于无线电对讲机设备：

1. 上海海关规定游客不允许携带无线对讲机出境。

2. 若因特殊需求一定要携带，需要向海关申报，具体申报金额以相关部门确认为准。

04. 关于 TODAY：

1. 邮轮每天会提供一份 TODAY（邮轮每日指南）的报纸到您的房间，上面会详细写明第二天船上的安排以及各个场所的具体位置，仔细阅读便可了解您第二天的行程以及轻松安排您在邮轮上的娱乐活动。邮轮每天有丰富的娱乐节目和演出表演，请根据 TODAY 的指示参加您感兴趣的项目。邮轮上的公共游泳池、篮球场、跑步专用道都免费为客人开放，但请自备泳衣和运动装备。

2. 邮轮所去国家韩国、日本与中国有时差（+1 小时），上船后请根据 TODAY 上的提示调整自己手表的时间。

05 关于消费和货币：

1. 在邮轮上消费以美元结算，通过房卡记账付款，任何消费、购物等均不收现金（除额外小费与娱乐场所外），并在下船前结清房卡里的挂账。

A. 使用信用卡付款。建议您在码头办理登船手续时，填写付费转账登记表办理绑定信用卡手续（护照＋房号）。您也可以在登船后立即到前台将信用卡与船卡账户关联。

需使用双币信用卡如VISA卡、Master万事达卡，一张卡可以绑定多人或多间房间，需使用出行人名下信用卡。

B.使用现金（人民币/美元）/借记卡付款。人民币及借记卡按照船上结账当天汇率计算。请您在使用房卡消费每满300美元即携带房卡前往前台进行结算，方可继续使用您的房卡。

2.为了确保您的船卡在船上的正常消费和支付邮轮服务费，请务必在上船后的24小时内关联信用卡。

3.邮轮上提供美元与人民币兑换的服务，汇率以邮轮上公布为准，储备有限。由于行程中安排了上岸观光，请自备一些当地货币。

06 关于房间：

1.房间默认两张单人床，可让客房服务员合并为大床（除家庭海景阳台房FV及总统套PS为默认大床且不可拆分）。

2.家庭房第三第四张床为墙上下拉床/沙发床，下拉床或沙发床可请客房服务人员翻下。

3.房间内有电热水壶、小冰箱、吹风机、电话、保险箱等。

4.房间中插头为"两眼扁插"（美标插座）以及"两眼圆插"（欧标插座），若有其他需要的贵宾请携带好转换器。

5.请自备个人用品，船舱内有提供洗发水、沐浴露、香皂、牙刷、牙膏、梳子和拖鞋等。

6.套房旅客贵宾礼遇包括：优先办理登船手续，优先离船（航次最后一天），优先安排主餐厅第一批用餐，24小时免费舱房服务，配备高级套房专属用品：包括刷牙套装、梳子、剃须套装（按需提供），天海豪华行政舱房礼盒装，贵宾拖鞋，豪华天鹅绒浴袍，免费贵宾手提袋，午茶点心，可选择的枕头套餐，每日豪华果盘（PS，RS），每日新鲜水果（S1&S2，NS），每晚魔都剧场座席预订，免费使用望远镜和高尔夫伞，登船首日气泡酒（PS，RS），登船首日2瓶500ml依云矿泉水，巴黎餐厅享用早餐，欧式24小时管家服务（PS，RS），特色餐厅免费晚餐（2位旅客）（PS，RS），免费进入天海汇行政酒廊（PS，RS），小冰箱免费提供水、苏打水、啤酒（PS，RS）、免费意式浓缩咖啡、卡布奇诺咖啡（PS，RS）。

07.关于用餐：

1.船上的西餐厅是正式的社交场合，建议着正装出席。晚上主餐厅分为两个用餐批次分别为17：30和20：00。根据房型和预订时间先后邮轮公司将做用餐批次安排，具体用餐批次请查看您的房卡（1st——第一批用餐，2nd——第二批用餐）。

2.您在登轮后，与同行伙伴自由组合按时前往指定楼层用餐即可，主餐厅的座位无须预订，餐桌不固定。

3.舱房提供24小时送餐服务，午夜12点至凌晨5点的客房送餐每次收取3.95美元的服务费，其他时段免费。行政套房级别舱房提供24小时免费送餐服务。

08 房卡：

1.邮轮房卡（SeaPass）除了作为房门钥匙外，还具有消费卡的功能。您在船上的所有消费都只能通过房卡结算。您的房卡还是途中上下船的身份证明。因此，请务必在邮轮旅游途中随身携带房卡，如有遗失，请务必及时与前台联系。

2.房卡上显示旅客的英文姓名（与护照一致），邮轮名称，邮轮出发日期，船上消费账号，主餐厅用餐批次，套餐类型，紧急集合地点，可进入"天海汇行政酒廊"的标记。

09. 孕妇：

1.天海邮轮规定，将不接受在航程开始时或航程进行中，会进入或已进入怀孕第24周的孕妇旅客的预订申请。

2.未超过24周的孕妇报名此行程，请提供医生开具的允许登船的证明（包含健康说明以及至航程日期的怀孕周期），于登船当天随身携带。

3.未超过24周的孕妇报名此行程，请填写健康问询表，签字后登船当天交予带团领队。

10. 未成年人：

天海邮轮规定，18周岁以下的乘客为未成年人。若未成年人不随其父母一起登船出行，必须要提供以下资料：

1.其父母及随行监护人必须填写"授权声明信"及"随行监护人承诺函"，请打印该附件并签字携带。

2.未成年人的出生证复印件或有父母和孩子信息页面的户口簿复印件。

3.如果陪同出行的成年人非未成年人的父母，而是其法定监护人，则必须出示相关的"法定监护证明"。

4.以下船上设施须由未成年人的父母或监护人（需持有以上已经签署的规定文件）陪同前往，并在现场监护：如蹦床、游泳池等。

以上所有文件请未成年游客随身携带，办理登船手续时务必出示，否则船方可能拒绝该人登船。

11. 禁烟：

1.为了旅客能有一个舒适愉悦之旅，我们的邮轮为禁烟邮轮，不过我们也为吸烟的旅客划定了一些公共及私人的吸烟区域，该政策适用于包括电子烟在内的相关吸烟产品。

2.以下区域可以吸烟：幸运之星俱乐部（开放时间内），11层左舷船首的泳池甲板，1层左舷的晚霞吧，甲板6层右舷。以下区域禁止吸烟：舱房或舱房阳台，公共走廊，魔都剧场，所有餐饮区域，电梯内。任何违反了禁烟令的客人会被收取一笔250美元的房间清扫费。

3.登轮后欲了解船上吸烟区的具体位置，建议您查询邮轮每日指南TODAY，或者前往邮轮前台问询。

12. 酒精

禁止携带酒精饮料上船，不过登船首日每个舱房允许携带最多2瓶750ml的果酒（将收取开瓶费25美元）。安保人员会随时检查包括水瓶、汽水瓶、漱口水、水壶在内的容器，一旦发现有酒精，将丢弃。超过登船首日最大允许携带数量的酒精饮料、客人在船上商店或者停靠港口购买的酒精饮料将由工作人员代为保管（在停靠港口购买的酒精饮料重新登船时安保人员会检查），并在航次结束前一天送至客人舱房。对于未达到饮酒年龄（18周岁）的客人，酒精饮料将不予返还。

13. 食品

除包装食品外，所有食品都不允许带上船。由于海关和边检的规定，所有船上食品也不允许带下船。

14. 船上医疗服务：

1.紧急医疗情况请按快速拨号键或者拨打7700联系医务室。所有医疗服务都要收取规定费用，以美元计价。医务室位于甲板4层。

2.当乘客有需要时，医护人员可提供晕船药物。如遇晕船，建议服用晕船药、尽量平卧休息、少吃液体食物、多吃干粮，可食用青苹果、橄榄或青柠檬缓解症状。

15. 岸上观光：

1.岸上观光集合时间请以邮轮上《每日指南》或领队通知的为准。在韩国和日本岸上游期间以团队形式团进团出，旅程中切记领队或导游通知的集合时间及地点，不掉队，保证全团顺利完成行程。行程中如遇特殊情况须调整，请以当地导游的安排为准。

2.您需携带房卡、护照复印件及岸下观光物品（雨伞、外套、钱包、手机）。请您注意保管好您的随身贵重物品。游客参加岸上游览时，请记住车型、车号及集合时间、地点。

3.邮轮启航时间不能延误，邮轮公司要求最晚在开航前1小时抵达码头登船，请您在岸上观光旅游时，注意导游所说的集合时间与地点，以免误船。

16. 通信及网络：

1.韩国的手机制式与中国不同，3G手机开通国际漫游后在岸上可以使用。

2.邮轮房间与房间之间可用房间电话直拨房号联系。

3.由于邮轮一直在公海上航行，因此手提电话都没有信号。如果有急事需要联系，船上全天 24 小时提供卫星电话，费用为 7.95 美元 / 分钟（参考），每次通话最多 10 分钟。话费须使用信用卡支付。

4."天海新世纪号"上全船覆盖有 Wi-Fi 信号，若需使用，需收取一定的费用。Wi-Fi 费用为 0.79 美元 / 分钟，另有套餐可选择：90 分钟 59 美元、240 分钟 109 美元、全天 24 小时 159 美元（24 小时使用权）。（具体使用方法及费用请以邮轮上 5 楼前台公布为准）。

17. 天海 APP：

1. 随时随地与邮轮上亲友免费语音聊天、文字聊天、语音通话、多人群聊，更可直接通过手机拨打舱房电话，船上沟通无障碍。

2.《今日活动》节目提醒功能，让您不错过任何一个精彩的活动。

3. 热门演出，及时推送。

4. 邮轮甲板图及设施服务随时查阅，一切尽在指端。

5. 建议游客在上船前下载好，以免登船当天由于信号问题而影响使用。

如何下载

方式一：手机扫描二维码进入下载页面（注：iPhone 设备如用微信扫码的话，需要使用 safari 浏览器打开，才可正常下载）

方式二：使用手机浏览器打开下载网址 APP.skysea.com/download 一键安装

如何使用

登录用户名：您船卡上的一串 8 位数号码

初始密码：您的房间号

18. 下船：

1. 行李托运（下船）：请留意离船前一晚放置在您房间内的行李条。根据 TODAY 上的指引，于规定时间前把您需要托运下船的行李放在房门外。注意不要托运以下物品：护照、贵重物品、下船当日需使用的换洗衣物和洗漱用具。

2. 下船流程：请根据《离船指南》指引，区分行李条的颜色。于指定时间前往船上相应地点集合，有序等候下船。

设施一览表

吨位：71 545 吨	船长 246 米，船宽 32 米，甲板楼层 15 层		
类型	公共设施	楼层分布	
餐厅	浦江大饭店 Grand Restaurant	5&6	船尾
	丽都自助餐厅 Lido Café	11	船尾
	巴黎餐厅 Paris House	5	船中
	淮扬官府菜 Yang's Mansion	6	船中
	果蔬吧 VFactory®	11	船首
	半岛烧烤 Island Grill	11	船中
	"不夜城"食肆 "BYC" Food Court	6	船中
酒吧酒廊	水晶宫 The Crystal Room	7	船尾
	观景酒廊 Observatory Lounge	12	船首
	晚霞吧 Sunset Bar	11	船尾
	茉莉亭 Jasmine Pavilion	6	船中
	海上冰吧 Ice Bar	7	船中
	科瓦咖啡 Cova Café	6	船中
	池畔酒吧 Pool Bar	11	船首
	赌场吧 Casino Bar	7	船中
	天海汇行政酒廊 SkySea's Club Lounge	7	船中
娱乐活动	魔都剧场 Grand Theater	6&7	船首
	幸运之星俱乐部 Golden Star Casino	7	船尾
	蹦床 Trampoline	15	船中
	帐篷别墅 Tent Villa	11	船中
	天海游戏廊 SkySea Game Land®	12	船首
	星空电影院 Starlit Cinema	11	船中
	海上 KTV	7	船尾
	棋牌室 Card Room	7	船中
儿童中心	奥拉星儿童天地 AolaLand®	4	船尾
	少年宫 Teenfinity®	12	船首

续表

类型	公共设施	楼层分布	
健身设施	健身中心 Fitness Center	11	船首
	海上高尔夫 Golf Range	14	船尾
	篮球场	15	船中
	游泳池 Swimming Pools	11	船中
	乒乓球桌 Ping-pong Table	11&12	船中 & 船尾
	跑步专用道 Jogging Track	14	船首
美容	药妆店 Cosmeceutical Shop	11	船首
	海上水疗馆 Aqua SPA	11	船首
	健康中心 Wellness Center	11	船首
	美容中心 Beauty Salon	11	船首
购物	免税商场 The Emporium	6	船首
	珠宝店 Fine Jewelry Emporium	5	船中
	时间廊 Timepiece Emporium	6	船中
	烟酒店 Spirits Emporium	7	船中
	新世纪印象 Photo Gallery	6	船中
服务	前台	5	船中
	礼宾服务台	5	船中
	医务室	4	船中

游览行程

时间	停靠港口	活动内容	抵达时间	离开时间
09/第一天 周二	上海	办理登船	—	16:00
09/第二天 周三	济州	岸上观光旅游	13:30	20:00
09/第三天 周四	佐世保	岸上观光旅游	08:00	18:00
09/第四天 周五	海上巡游	海上巡游	—	—
09/第五天 周六	上海	离船	07:00	—

续表

岸上行程	（如下行程导游会根据当天情况前后调整） 9/ 上海（离港时间16:00） 早上邮轮停靠上海宝山吴淞口国际邮轮码头（宝杨路1号）。客人于指定时间集合后在码头办理登船手续，14:00点前停止办理登船手续，请务必至少提前一个小时办理。上船后参观邮轮各项设施并参加全船救生演习。下午16:00点邮轮启航。 9/（岸上不含餐，用餐在船上） 济州（抵港时间13:30，离港时间20:00） 【龙头岩】（停留约20分钟）龙头岩位于济州市中心龙潭洞的海边，形似一条神话传说中的巨龙。它是200万前年由汉拿山火山口喷出的熔岩在海上凝结而成，模样有如龙头。龙头岩露出海面的部分有10米高、沉在海底的部分约30米。离这儿200多米远的地方有龙渊，满月时的龙渊风景令人赞不绝口。 【韩国化妆品】（停留约60分钟）化妆品皆由天然原料萃取制成，送礼自用两相宜，让您从头到脚水当当。爱美的女性朋友们一定可以在这里挑选到最新款、最专业的彩妆品及保养品，让辛苦的上班族及学生族在忙碌生活中，一样可以打造出时尚美妆，让您永远跟上时代潮流尖端。 【国际免税店（DFS）】（停留约90分钟）免税店准备了各种价格优惠的世界顶级品牌以及其他丰富的商品供您选择。琳琅满目的流行潮品，在这里可以一次满足您购物的需求，畅享购物的乐趣。最后，返回邮轮，结束精彩的济州之行。 9/（岸上不含餐，用餐在船上） 佐世保（抵港时间8:00，离港时间18:00） 【有田烧瓷器公园】（停留60分钟）"有田"犹如中国的景德镇，是日本著名的陶瓷之乡，有田烧自开创以来，在陶瓷界奠定下前所未有的地位，创造出多样的美学，至今也一直为日本皇室御用。在这个美丽的瓷器大公园里您可以参观到有田瓷器车间，烧窑，以及各种不同年代有田瓷器的展览品。还可以购买到日本皇家御用的瓷器。位于有田烧公园内的"茨温格宫殿"是完全模仿18世纪德国巴洛克建筑风格所建，宫殿内的陶瓷博物馆内展示着珍贵的有田烧。 【九十九岛珍珠海洋游览区】（停留60分钟）散落在长崎县西部北松浦半岛西侧的岛屿被称为九十九岛，是由大小200多个小岛组成的群岛。是西海国立公园的代表性景地。"九十九"指数字99，意喻非常多，实际上有208个岛。游客可以自费乘船游玩于各岛之间，领略它的美景。自费参观集水族馆、动物园、游览船于一体的综合性游览区。佐世保的美食美景应有尽有。还可以购买水族馆独家限量销售的毛绒玩偶。 【永旺梦乐城】（停留60分钟）永旺梦乐城作为永旺集团的核心企业，专业从事购物中心（SC）的开发和运营。 9/ 海上巡游 这一天邮轮在海上航行，您可以悠闲自在、放松心情，也可以参与无数精彩刺激的船上活动，从休闲舒适的咖啡馆到环境优雅的一流餐馆，从随意的自助餐到考究的餐点，您将在旅途中获得难以置信的美食体验。比比皆是的聚会场所，盛大的演出，令您可以充分享受中国式邮轮假期轻松悠闲的时光。 9/ 上海（抵港时间7:00） 邮轮计划将于上午7点靠港，贵宾按照邮轮公司的安排依次下船，通过海关及边防检查后，抵达码头，结束邮轮假期。 注：岸上观光过程中，如遇天气、当地交通管制和限制、景点限制等无法控制的因素导致无法游览和行程中止或缩短，我社不承担责任。

第四章 邮轮港口服务管理

本章导读

放眼全球,可以挂靠邮轮的码头有900多个,但真正成为母港的不到20个。目前,主要邮轮母港也大都分布在北美、欧洲和东南亚地区。邮轮港口是邮轮旅游的出发地和结束地,是邮轮旅游产品实现的重要环节。本章主要介绍邮轮港口的基本设施、服务流程以及口岸通关服务等内容。

第一节 港口服务设施

北美邮轮经济最为发达。美国迈阿密享有"世界邮轮之都"的美称,拥有12个超级邮轮码头,可同时停泊20艘邮轮。欧洲邮轮经济也有很长历史,形成了许多著名邮轮都市,其中首推西班牙的巴塞罗那。巴塞罗那是地中海出入大西洋的咽喉,附近旅游资源十分丰富,设有6个客运码头,可同时停泊9艘邮轮。亚洲邮轮业起步较晚,但近年来发展势头良好,其典型代表是新加坡和中国香港。香港可同时停靠2艘大型、4艘小型邮轮,新码头于2008年建成。新加坡1991年年底耗资5000万新币兴建了邮轮码头,1998年又由政府投资2300万新币建成可同时停泊8艘邮轮的深水码头,被世界邮轮组织誉为"全球最有效率的邮轮码头经营者"。

根据CCYIA统计快报,2016年我国大连、天津、烟台、青岛、上海、舟山、厦门、广州、蛇口、海口、三亚 11 大港口城市共接待邮轮 1010 艘次,同比增长 58%,其中母港航次 927 航次,同比增长 69%,访问港航次 83 航次,同比下降 8%。11 大港口城市接待出入境中外邮轮旅客 2 261 405 人(4 522 810 人次),同比增长 82%;其中,出境中国旅客 2 144 890 人(4 289 780 人次),首次突破 200 万人,同比增长 91%,入境境外旅客 138 715 人(277 430 人次),同比增加 8%。11 大港口中,前三甲的市场份额为:上海(含吴淞口和国际客运中心 2 个码头)总航次 509 航次,占全国的 51%,中外旅客 1 472 438 人(2 944 876 人次),占全国的 65%;天津总航次 128 航次,占全国的 14.25%,中外旅客 357 831 人(715 662 人次),占全国的 16.3%;广州总航次 104 航次,占全国的 10.4%,中外旅客 162 984 人(325 967 人次),占全国的 7.2%。

邮轮港口的服务设施布置根据港口具体情况不同而有所不同,基本有 2 种模式:第一,广义的邮轮中心,港口只布置码头及码头附属设施、客运设施,其他设施依托城市解决,旅客在港口只是办理进出港手续以及短暂停留,即通过大巴集散到市区,如迈阿密、奥兰多、旧金山邮轮码头等;第二,比较具体的、狭义的邮轮中心,码头周边一定区域内功能齐备,基本包括所需的各种设施,如新加坡和中国香港的邮轮中心,周边建有大型娱乐中心和购物中心,除为邮轮旅客服务外,还吸引了大量游客和市民来此休闲、购物。

一、邮轮港口的基本设施

邮轮母港需要具备多艘大型邮轮停靠及其进出所需的综合服务设施设备条件,能够为邮轮经济发展提供全程、综合的服务及其配套,是邮轮的基地,邮轮在此进行补给、废物处理、维护与修理,邮轮公司在母港所在地设立地区总部或公司总部。邮轮母港对所在区域的经济具有较强的推动作用,母港的经济收益一般是停靠港的 10~14 倍。

当邮轮母港作为接待港或旅游目的地港口,即游客能在该地实现邮轮旅游,它所提供的服务有别于其作为客源地港口所提供的服务。其中针对邮轮游客的游客大厅服务功能、旅游服务功能以及交通服务功能是重点,也是国际邮轮母港在设置服务流程及标准时所应重视的具体内容(见表 4-1)。

表 4-1 国际邮轮母港的基本功能

序号	功能	具体内容
1	办公功能	港务行政管理机构、邮轮公司办事处、邮轮代理商、邮轮批发商、旅行社
2	游客服务功能	出入境服务设施、行李服务设施、游客大厅、残疾人服务设施、乘客候船室、VIP 通道、连接码头的通道与封闭式廊桥或舷梯、酒吧咖啡厅、商城、餐馆、酒店及其他旅游服务设施

续表

序号	功能	具体内容
3	邮轮营运服务功能	泊位、登船设施即连接客运大楼的舷梯过道、补给服务设施、岸电设施、垃圾收集站、拖车服务设施、安全服务设施、与物资补给相关的物流服务设施、临时性仓库等
4	交通服务功能	室内私人停车场、出租车站、大型巴士站、公共停车场等
5	岸检服务功能	一关两检口岸联检设施
6	旅游服务功能	公共活动：大型广场、标志性景观、公园、公共绿地等 商贸服务：办公大楼、展览中心等 旅游活动：大型旅游街区、休闲娱乐项目、旅游纪念品商店、购物中心等

为了实现以上功能，邮轮母港应当包括以下 9 个组成要素：水域及码头、泊位、客运大楼、上下船设施、物资补给、行李处理、对外交通、停车场和住宿。

1. 水域及码头

邮轮港口水域应尽量满足邮轮全天候进出港的要求。虽然邮轮有大型化的趋势，但其吃水并不是很大。

邮轮干舷以上部分很高（50m 以上），邮轮港选址应保证有足够的净空。

邮轮对码头结构本身没有特别的要求。

2. 泊位

邮轮港泊位的长度和水深应满足现代超级邮轮的停泊要求。

3. 客运大楼

客运站是邮轮中心的必备设施。客运站内可以实现旅客的候船休息、行李取送、验票、安检、通关、上下船等。客运设施的效率体现在两个方面：①旅客的快速通过；②行李的快速处理。一般要求 1 艘邮轮乘客的出入境手续在 2 小时内办理完毕，这对于有数千乘客的大型邮轮是较高的要求，除了多开辟旅客通道以外，合理的流程布置和组织管理也至关重要。邮轮乘客行李一般每人 2~3 件，这比普通国内旅客要高，行李一般在验票前和出关后取送，在船上则需要在旅客房间交接。这就需要有完善的管理措施，一般邮轮码头也设有专门的行李处理设施。

比如，迈阿密国际邮轮母港服务设施齐全，有舒适的休息大厅、多个商务会议大厅、能容纳 733 辆汽车的车库（2010 年）、全封闭并加装中央空调的游客上船通道，有完善的订票系统、安全系统、登轮查验系统和行李管理系统等，有私人汽车看管、汽车出租、搬运车预约、公共汽车查询、自助银行和问询处等，服务内容无微不至。

又如，西雅图邮轮母港附近有各式快餐店、咖啡馆、酒吧、航海俱乐部、加油码头、免费停车场、二手游艇交易中心、游艇配件商店、游艇修理服务终端、银行、邮局、杂货店、海鲜餐馆、海产品店、工艺品店、美容店以及烟草商店等。

再如，阿姆斯特丹国际邮轮母港服务设施齐全，主要包括咖啡馆、等候大厅、花店、公用电话、外汇兑换点、商用停车场、艺术画廊、礼宾接待处、儿童室、阅读室、出租等候处以及封闭式的室内大型广场。码头的一侧有一座著名的音乐剧院，另一侧有商务大厦、餐馆和办公楼。附近还有艺术中心、电信公司和居住区、会展场馆等。

4. 上下船设施

邮轮港口需要设置便捷的上下船设施。多数邮轮码头都采用登船桥+登船机的模式。

为适应潮位的变化和舱门位置的不同，等船机可以实现水平移动和竖直方向上的调节，使登船口和邮轮舱门保持对接。

登船机后方设置登船桥，后方与客运大楼相连，形成便捷的上下船通道以及实现客运设施的封闭管理。

5. 物资补给设施

邮轮母港应给邮轮提供各种补给和物资运送服务，因此港口应配备适当的储存和作业区。

以观光为主的邮轮港，港区是否美观会直接影响到对旅客的吸引力，应通过适当的立面处理来隐藏作业区。在邮轮港规划中，将休憩区和作业区作适当的分割是必要的，以避免作业区对环境的冲击。

6. 行李处理设施

邮轮乘客一般携带行李较多，在管理方式上，旅客和行李一般是分离的，这和机场管理比较相似，不同之处在于机场行李是由旅客进行托运，邮轮上则需要由服务人员将行李送至旅客的房间。

邮轮乘客行李一般每人2~3件，这比普通国内旅客要多，行李一般在验票前和出关后取送，在船上则需要在旅客房间交接，这就需要有完善的管理措施，一般邮轮码头设有专门的行李处理设施。

行李处理区的最小面积通常是每个旅客1平方米。另外，还应考虑进出通道、海关检查和休息室所需的面积。

7. 对外交通设施

对外交通联系存在广义和狭义之分。狭义的对外交通联系指具体的邮轮港口的对外交通联系，具体方式包括公路、城市铁路等；交通工具包括大型巴士、出租车、地铁等。广义的对外交通联系指邮轮港口所在城市的对外交通设施，具体包括公路、铁路、航空、水运等。

对于邮轮母港，由于邮轮乘客来源广泛，往往对航空运输要求较高，单艘邮轮的载客量可接近大型客机的10倍，邮轮港口的高效运行需要机场充足便捷的航班保障以及邮轮港口与机场之间交通、管理、票务方面的无缝衔接。

对于一般性邮轮港口，邮轮码头只是旅客上下船的节点，只需要通过交通工具实现到市区的快速集散即可，一般采用巴士或自驾车等。

对于综合性邮轮港口，除面向邮轮乘客外，往往还承担部分城市功能，需要考虑其他旅客及市民的交通需求，因而在交通规划上需要综合考虑各种交通方式的便捷衔接，形成交通枢纽。

在交通服务方面，上海、天津拥有较为发达和完善的立体交通网，运输方式多样，网络覆盖面广，但在邮轮码头交通方面的交通设施仍比较薄弱，公交网络覆盖率和停车场车位数指标关联度均不高。据了解，上海吴淞口邮轮港的停车场正在扩建，扩建后停车场车位数可增加到700个左右，且码头交通也在不断改善。

8. 停车场

小汽车到港比例的高低，与当地的大众交通运输系统的发展程度有关。

北美地区由于大部分城市的公共交通发展不完善，因此港口的停车设施需求量较大，而欧洲和亚洲地区（中国香港及新加坡）则是搭乘公共运输系统，故港口整体的停车需求较少。

9. 住宿设施

邮轮母港的旅客中约有20%到25%在邮轮假期开始前或结束后需要住在港口所在城市内，等待邮轮或者航班，故需要有足够的酒店住宿服务。

 知识链接

我国邮轮母港的服务设施

天津国际邮轮母港客运中心是华北地区接待国际游客的重要海上门户，同时也是滨海新区以及东疆港区和天津港的标志性建筑。客运大厦全长328米，形状宛如飘逸的丝带，有海上丝绸的美称。站在宽阔的码头回望，凭海临风的客运大厦挺拔矗立，侧影造型犹如一艘正在破浪前进的豪华邮轮。其为五层混合式结构，内部设施齐全，其中包括港口管理、船舶代理、邮轮公司办事机构及各类商业休闲设施等。邮轮母港客运大厦在为游客提供基本便利服务的同时，也面向滨海新区的居民及来自各地参观游览的客人开放商业服务设施。此外，天津港与东疆保税港区合作，陆续建成商务中心、大型商业设施、高星级酒店及特色型旅游会展设施，逐步形成与北方最大邮轮母港目标定位相适应的完善的邮轮母港复合产业体系。

三亚凤凰岛开发项目包括一栋超星级酒店和国际会议中心、凤凰岛国际邮轮港、五栋超星级养生度假中心、奥运主题广场、国际邮轮游艇俱乐部（包含国际游艇会所和300个标准游艇泊位）、海上热带风情商业街、商务度假别墅式会所等七大项目。三亚凤凰岛邮轮码头岸线370米，水深10.9米，靠船平台长130米，码头高度为最低潮面以上3.7米，潮差1.75米，可靠泊10万吨级国际邮轮，可一次性接待3000名国际游客入境，年接待游客能力60万人次以上。客运站一共四层，总面积10 000平方米，一层为候船区及工作人员、口岸单位人员进出码头区域。二层为主要的旅客上下船通道，卫检、海关、边检集中在二层的通道内，卫检及海关是两通道，边检是八通道。三层为公司办公区。四层为多功能区，主要用来接待VIP客户。三亚国际邮轮港因客运大厦整体面积较小，运营成本较低，只在一层开发了基本商业设施，以功能性为主，整个码头和客运大厦的经营内容比较单一，公司的运营主要靠后方的地产销售来支撑。

厦门邮轮母港占地约1200亩，南至海湾公园北侧，北至海沧大桥南侧，东至疏港路，西至东渡港区码头。项目总投资约513亿元，规划建筑总面积约270万平方米，其中港口及配套设施面积约55万平方米，酒店面积约58万平方米（含18万平方米公寓式酒店），商业总面积约45万平方米，娱乐业面积约30万平方米，行政办公面积约22万平方米。厦门国际邮轮码头的建成，使世界上最大的邮轮可顺利靠泊。根据建设现代化邮轮母港的需要，国际邮轮中心包括客运码头和联检大楼两大部分，于西海域北段建设大型国际邮轮泊位，岸线长463.81米，可停靠14万总吨的大型邮轮；南段岸线设有80米长浮码头两座和35米浮码头两座，分别为小型客轮码头及港口作业船舶码头。联检大楼总建筑面积约为8.1万平方米，按年旅客吞吐量150万人次和高峰旅客集中到达量3000人功能要求及一级国际客运站标准设计，其中一层为停车场、行李处理间、设备用房区及配套商业等。二层为旅客出入境联检大厅，配备室外接客平台。三层为供旅客休息、等候而配置的休闲餐饮区。

（资料来源：互动百科——邮轮百科.http://youlun.h.baike.com/article-1777430.html.）

二、邮轮港口的服务流程

1. 服务接待流程

邮轮港口服务流程方面的研究越来越受到国内学者重视。钱立明等（2006）在《邮轮中心建设的若干问题探讨》一文中从邮轮游客、行李及携带物品两个角度分析邮轮客运站客运设施效率，邮轮游客通关和行李装卸、托运分处理，提高邮轮游客通关效率等问题。钟诚等（2011）在《现代国际港口客运站设计探究》一文中介绍了国际客运站组成部分和功能，对邮轮游客出入境流程进行分析，根据减少邮轮游客通关时间的原则对国际邮轮客运站设计提出了建议。

无论对于邮轮母港还是挂靠港，单靠港口相关服务是不够的，一方面是收益水平较低，另一方面是无法满足邮轮需求。因而，在邮轮港口规划中，配套设施的规划必不可少。

邮轮港口相关服务内容包括拖轮、引航、代理、货物搬运、旅客上下船、仓储以及其他物资服务。

邮轮港口配套设施的设置应侧重人员服务和物资供应两个方面。包括为邮轮公司、旅客提供办公、金融、保险、交通、住宿、餐饮、娱乐等方面的综合服务；为邮轮提供食物、饮料、燃料、船上设施、维修保养等方面的综合服务。这是一个比较完整的系统，管理、服务、设施的布置应综合考虑。

综合以上分析，邮轮港口服务接待流程大体如下：

第一，邮轮停靠港口；

第二，行李分类转运（根据团体或是否需要搭乘班机离开）；

第三，旅客下船顺序（根据团体或是否需要搭乘班机离开）；

第四，检修和补给；

第五，旅客及行李登船；

第六，邮轮离港。

其中最核心的服务是登船服务与离船服务。

2. 登船服务流程

由于邮轮旅游涉及进出境，因此抵达邮轮港前须通过安全检查点，其类似于收费站的形式，由稽查人员进行检查，并可要求检查可疑行李，车辆也可能受检，以维护港口整体安全。目前，吴淞口邮轮港未进行车辆检查，碰到亚信峰会等特殊情况时才进行车辆检查。

通过检查点后，港区内详细的指引可以直接将旅客引导到邮轮旅客客运大楼，户外空间类似国际航空航站。进入旅客客运大楼即可准备卸下行李，搬运工将协助处理，并确认每个行李的邮轮辨识标签和旅客身份标签，搬运工会将所有的行李装进一个行李钢笼，以便运送至邮轮内部。

旅客进入客运大楼后，既定的指引提示可以引导旅客办理所需的登船手续。在客运大楼内的第一个检查点将要求旅客出示相关凭证，包括护照、船票等。通过后需接受安全检查，其设备与航空机场的 X 光设备相同。完成行李及个人检查后，将引导旅客至服务柜台区，相关服务人员将在此检查身份证明文件、船票、护照、签证及信用卡。信用卡在此预刷，类似在旅馆登记的信用卡预刷手续。完成后发给旅客一张印有姓名的塑胶卡片，为旅客登船票、房间钥匙和船上的消费登记卡（邮轮内的一切消费不以现金形式交易）。完成相关手续后，游客便可至候船室等候上船。多数大型邮轮客运大楼会采用类似机场使用的空中连接通道，直接将旅客引入上船。

登船流程主要有游客到港、游客相关旅游手续后续办理、游客候船娱乐休闲服务、游客行李托运服务、邮轮船供及废物处理服务、游客边检及登船服务、邮轮离港等。邮轮母港游客登船服务流程（见图4-1）。

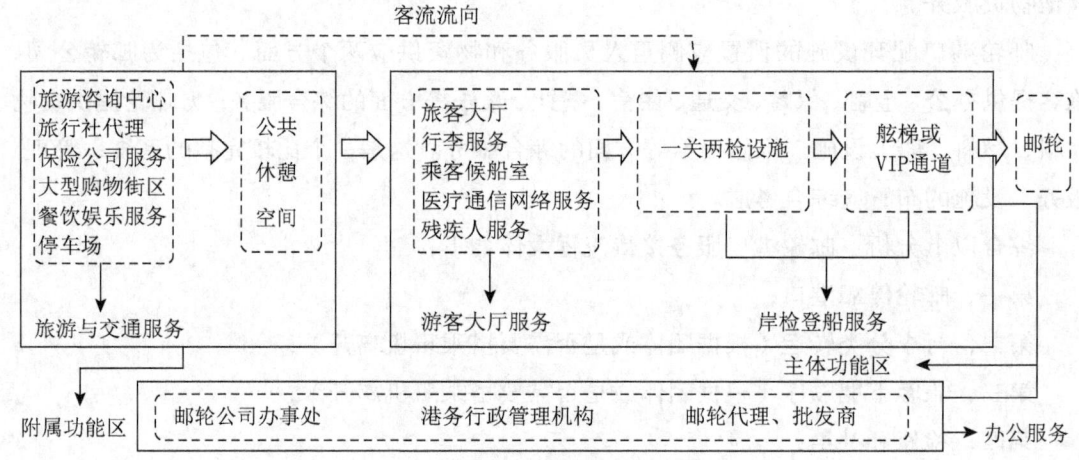

图4-1　邮轮母港游客登船服务流程

资料来源：叶欣梁，黄燕玲，丁培毅. 中国邮轮母港旅游服务接待质量与标准体系探析——以上海吴淞口国际邮轮港为例[J]. 北京第二外国语学院学报，2014（11）：29-36.

3. 离船服务流程

每个邮轮航程结束的前一天晚上，要求旅客将行李置于船舱门口，并由邮轮工作人员在晚间将所有的行李整理好，以便邮轮靠岸后先行卸货。邮轮工作人员会在旅客准备下船时将之分组以区分下船时间，以此减少离船高峰的阻塞。等候下船的旅客在大厅集合，旅客大约在靠岸1.5小时后开始下船。

另外，有其他既定游览行程或者搭乘航班的旅客可优先下船。在等待下船的同时，要求旅客完成报关表，登记所有在旅游期间购买的物品，报关时向官员提交所有文件供检查。完成后至行李传送带提取行李。此部分程序与乘航班相同。

客运大楼出口备有等候区。

离船流程主要包括邮轮靠泊、游客离船、游客通关、行李分类转运服务、游客离港交通服务、游客餐饮及酒店服务等。邮轮母港游客离船服务流程（见图4-2）。

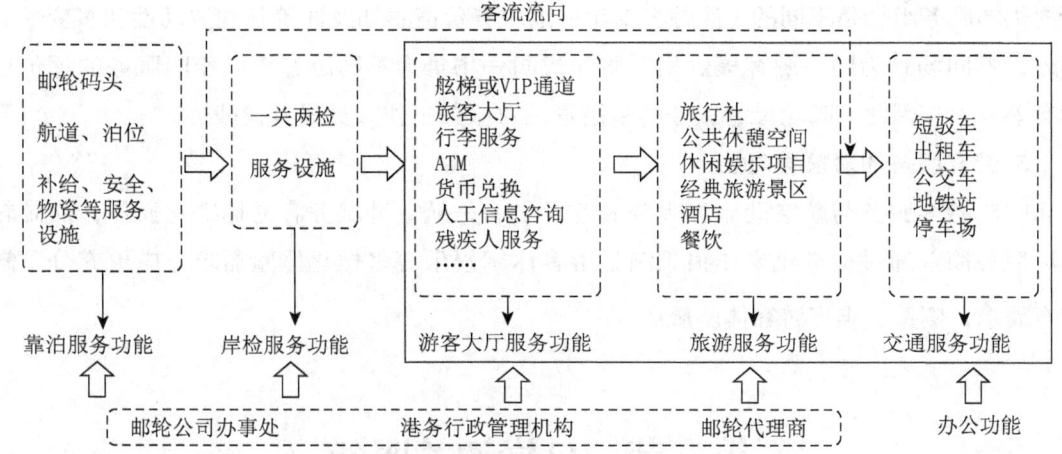

图 4-2　邮轮母港游客离船服务流程

资料来源：叶欣梁，黄燕玲，丁培毅. 中国邮轮母港旅游服务接待质量与标准体系探析——以上海吴淞口国际邮轮港为例［J］. 北京第二外国语学院学报，2014（11）：29-36.

三、邮轮港口的服务特点

邮轮母港的主营业务属于服务业，提供的是无形产品，其服务价值增值主要源于游客体验过程。邮轮港口服务特征与航空港服务特征既有一定相似性，也有作为旅游服务的独特性，邮轮母港游客服务特点主要体现在以下几点：

1. 游客服务的复杂性

邮轮母港既是交通枢纽，也是重要的旅游目的地，所提供服务既有车站/航空港的客流疏散功能，也有游客休闲娱乐等旅游服务功能，因此服务内容庞杂，体现出复杂性。

2. 游客服务的无形性

邮轮母港游客服务不同于一二产业，其不直接产生物质产品，为游客提供的是服务体验，具有不可见性和不可接触性，游客只能凭借与期望服务对比或与以前类似服务对比做出评价判断。

3. 游客服务的同时性

服务产品的生产和售出是同时完成的，邮轮母港为游客提供的服务亦是如此。邮轮母港服务产品生产与游客接受服务发生在同一时间过程，因此游客对邮轮母港服务评价也是发生在该时间过程中，且形成的主观评价不易发生改变。

4. 游客服务的多情景性

邮轮母港为游客提供的服务项目是基本确定的，但基于不同时间、地点、环境、游客，所提供的服务组合是不同的,使游客邮轮母港服务价值感知及评价呈现波动性和多变性。此外,不同场景为同一游客提供相同服务或同一场景为不同游客提供相同服务的评价也具有差异性。因此,邮轮母港服务的多情景性对服务工作人员具有挑战性。

5. 游客服务的需求导向性

邮轮游客服务与航空港旅客服务的差异之一是航空港服务容易标准化操作,而邮轮母港服务简单通过标准化操作很难满足游客休闲娱乐等多样化体验需求,应更充分了解游客需求,侧重于丰富游客体验服务。

第二节 口岸通关服务

口岸原意是指由国家制定的对外通商的沿海港口。但现在,口岸已不仅是经济贸易往来(即通商)的商埠,还是政治、外交、科技、文化旅游和移民等方面的外来港口,同时口岸也已不只设在沿岸的港口。随着陆、空交通运输的发展,对外贸易的货物、进出境人员及其行李物品、邮件包裹等,可以通过铁路、公路或航空直达一国腹地。因此,在开展国际联运、国际航空、国际邮包邮件交换服务以及其他有外贸、边贸活动的地方,国家也设置了口岸。改革开放以来,我国外向型经济由沿海逐步向沿边、沿江和内地辐射,使得口岸也由沿海逐渐向边境、内河和内地发展。现在,除了对外开放的沿海港口之外,口岸还包括国际航线上的飞机场,山脉国境线上对外开放的山口,国际铁路、国际公路上对外开放的火车站、汽车站,国际河流和内河上对外开放的水运港口。

因此,口岸是由国家制定的服务于对外经贸、政治、外交、科技、文化旅游和移民等往来,并供往来人员、货物和交通工具出入国(边)境的港口、机场、车站和通道。简单地说,口岸是指定对外来往的门户。

一、邮轮口岸的基本概念

1. 邮轮口岸的概念

根据口岸的定义可以推出,邮轮口岸是指具有一定的水域和陆域面积,具有水陆联运设备和条件,并且可以供邮轮安全进出和停靠以及旅客安全上下的运输枢纽。

根据定义,可以看出:

第一,邮轮口岸虽然具有口岸的特点,但是又与口岸有着些许的不同。其一,邮轮口岸主要为旅客上下服务，为旅客的安全考虑，不需要一些复杂的货物装卸设施。其二，邮轮作为"海上的移动城市"具有大型化的特征，因此对邮轮码头的泊位、回转水域等方面有较高的要求。

第二，邮轮口岸具有便利的陆上交通设施、国内外空中航线和海上航线。在邮轮码头附近应该有足够的停车位置和通道；公共交通线路、轨道交通站和出租车待客区应尽可能靠近候船大楼，力争实现交通的零换乘；具有通达腹地著名旅游景区的高速公路或铁路路线；在对外交通上，具有到达主要旅游目的地和客源地的国内外空中航班和海上航次。

综上所述，邮轮口岸应能够为邮轮旅客提供有利的集散环境和安全保障。

2. 邮轮口岸的作用

（1）邮轮进出和停靠的场所

邮轮港口的主要作用在于为邮轮的安全进出以及停靠提供最优服务。邮轮口岸应该具备为多艘大型邮轮停靠及其进出服务所需的综合设施设备条件，邮轮可以在此进行补给、废物处理、维护与修理等服务。

（2）旅客安全上下的场所

邮轮口岸要为邮轮提供完善的配套设施服务，服务的核心是为旅客提供便捷的上下船方式，以确保旅客能够安全上下船。而可采用的邮轮码头上下船工艺方式主要有以下几种：一是舷梯工艺；二是固定式登船桥工艺；三是组合式登船工艺；四是顺岸式邮轮上下船工艺。

（3）旅客查验的主要场所

旅客上岸旅游观光前要在邮轮港口进行相关通关查验，譬如安检、边检、检验检疫等环节，以确保每一位旅客的安全。

（4）游客休闲消费的场所

为旅客提供航空服务、旅行社代理服务以及满足旅客休闲消费需求的主要场所。当旅客通关后上岸时，就要进行衣食住行的打算，这时邮轮口岸要为旅客提供宾馆住宿、旅游路线询问与规划、相关旅行代理服务，还要尽可能满足旅客的休闲消费心理需求。为旅客提供最满意的服务，做好旅客的后方保障。

 知识链接

上海水运口岸边检部门积极应对大雾天气邮轮延误

日前，因受长江口大雾影响，原计划于2016年4月13日上午7时和9时靠泊的"海洋水手"号、"大西洋"号邮轮实际入境时间分别延误6小时、9小时。上海边检总站浦江边检站第一时间启动应急预案，积极应对，为 1 万余名旅客、2 千余名船员顺利办妥入出境边防检查手续。一是指挥中心与代理随时保持沟通联系，于当日 6 时后多次发布船舶入境预报信息，便于执勤队提前调整勤务安排。二是执勤队针对当日"一船抛锚在内锚地、一船抛锚在外锚地"的情况，迅速调整警力部署，安排部分警力在执勤现场待命。在确认邮轮到港时间后，又逐一通知其余执勤人员，确保警力到位。三是该站延长通关时间，在入境简化手续结束后立即开足出境验证通道，以最快速度为登船心切的旅客办理出境手续，确保通关顺畅、高效。四是增加台外引导、咨询警力，提高自助通道使用效率，引导旅客快速通关，并做好解释安抚工作，化解旅客因长时间候检导致的情绪急躁等情况。

（资料来源：上海市政府网，http: //www.ccyia.com/news/xingyexinwen/2016/0426/3044.html；2016-04-26.）

二、邮轮口岸的管理机构

从一个国家或地区的国土保护和主权保障角度出发，在各国或地区安置对应的口岸监察、检验检疫与通关放行等管理机构是非要有必要的。邮轮口岸主要管理机构是：国家海关、国家出入境检验检疫和出入境边防检查。它们行使的权力与职责均体现了国家的法律与主权效力。

1. 海关监管部门

中国海关是致力于监管交通运输工具及旅客行李、货物等进出境物品的管理机构。海关还负责对进口货物征收进口增值税、消费税以及征收货物的关税。除此之外，还有查缉走私毒品、出土文物、武器、濒危动植物等违法犯罪活动的职责，而且要与相关部门合力遏止骗汇、制假售假等恶劣经济犯罪活动。最后是编制海关统计数据，并定时进行我国国际贸易基本统计数据的对外发布工作，定期向联合国统计局、世界贸易组织、国际货币基金组织以及其他有关国际机构申报我国国际贸易的统计数据情况。

 知识链接

海关发布关于暂不予放行旅客行李物品暂存有关规定

根据《中华人民共和国海关法》《中华人民共和国海关对进出境旅客行李物品监管办法》（海关总署令第 9 号）等规定，现就海关暂不予放行旅客行李物品暂存有关事项公告如下：

1.旅客携运进出境的行李物品有下列情形之一的，海关暂不予放行：

（1）旅客不能当场缴纳进境物品税款的；

（2）进出境的物品属于许可证件管理的范围，但旅客不能当场提交的；

（3）进出境的物品超出自用合理数量，按规定应当办理货物报关手续或其他海关手续，其尚未办理的；

（4）对进出境物品的属性、内容存疑，需要由有关主管部门进行认定、鉴定、验核的；

（5）按规定暂不予以放行的其他行李物品。

海关暂不予以放行的行李物品，可以暂存。

上述暂不予放行物品不包括依法应当由海关实施扣留的物品。

2.暂不予放行的行李物品有下列情形之一的，海关可以要求旅客当场办理退运手续，或者移交相关专业机构处理，因此产生的费用由旅客承担。

（1）易燃易爆的；

（2）有毒的；

（3）鲜活、易腐、易失效等不宜长期存放的；

（4）其他无法存放或不宜存放的情形。

3.对暂不予放行的行李物品办理暂存的，海关应当向旅客出具《中华人民共和国海关暂不予放行旅客行李物品暂存凭单》（以下简称《凭单》），旅客核实无误后签字确认。

4.交由海关暂存的物品有瑕疵、损毁等情况的，海关现场关员应当在《凭单》上予以注明，并应当由旅客签字确认。对于贵重物品或疑似文物等物品，海关可以采用拍照、施封等办法进行确认。

5.旅客办理物品的提取手续时，应当向海关提交《凭单》原件并出示旅客本人有效的进出境证件。旅客委托他人代为办理物品提取手续的，接受委托的代理人应当向海关提交《凭单》原件、旅客本人出具的书面委托书、旅客有效的进出境证件复印件，并出示代理人本人有效的身份证件。

6.海关暂不予放行的物品自暂存之日起三个月内，旅客应当办结海关手续。逾期不办的，由海关依法对物品进行处理。需要有关主管部门进行认定、鉴定、验核的时间不计入暂存时间。

（资料来源：海关总署，http://www.ccyia.com/news/xingyezhengce/guojiazhengce/2016/0331/3004.html；2016-03-31.）

2. 出入境检验检疫部门

所谓国家出入境检验检疫的职责就是监督出入境卫生检疫、传染病监测以及卫生情况，监管出入境动植物检验检疫工作，管控进出口商品检验流程，负责对本地区涉外检验检疫、鉴定机构以及疾病危害处理机构等进行监督，从而提高国内外传染病疫情和动植物疫情的搜集水平，并为出入境等人员提供全面的检疫信息询查服务。

 知识链接

天津检验检疫再推10项新举措

天津自贸试验区正式挂牌当天，天津检验检疫局启动了首批12项检验检疫创新制度，截至2015年7月29日，首批12项创新制度正好实施了100天，运行成效明显：

京津冀检验检疫一体化方面，通关时间较改革前平均每批货物节省0.5天，每标准箱为企业节约物流成本120元，口岸快速放行率达88%。

天津口岸直通方面，对符合条件的进口货物，在天津口岸只对集装箱实施箱表卫生处理，货物直运至目的地，由目的地检验检疫机构对该批货物实施后续检验检疫监管工作；对符合条件的出口货物，经产地检验检疫合格后，天津口岸直接放行，不再实施二次查验。在此创新制度支持下，货物在天津口岸的通关效率提升约75%。

行政审批一口受理方面，对现行8项行政许可，实行"通报、通审、通签"，企业可以在一个窗口办理所有行政审批事项，可以就近申报、就近取证。3个多月来共受理各类行政审批4100多批次，每批时限缩短3天以上，交通成本和人力成本大幅度降低。

检验检疫通关无纸化方面，天津口岸出口货物、产地证申领业务，进口非法检货物、进境木包装、集装箱和交通工具检疫业务都已实施无纸化报检，企业通关成本显著降低。同时，货物通关速度也大大提高。

出入境特殊物品卫生检疫方面，受理出入境特殊物品审批187批次，审批单有效期由3个月延长至12个月，并且施行分批核销，审批时限由20个工作日缩短为3个工作日，审批频次由逐批审批调整为年度审批，现场查验频次由逐批查验调整为抽查。

国际航行船舶电讯检疫方面，受韩国中东呼吸综合征疫情影响，根据质检总局要求，自6月15日起来自或途经韩国的入境船舶一律实施登轮检疫。即使如此，接受电讯检疫的船舶仍达95艘次，占从自贸试验区入境船舶总数的42%。如果排除疫情影响，电讯检疫比例可达53%。

第三方检验结果采信方面，该局首先对进口机动车第三方采信进行了实践探索，先后对1万多批次、13万多辆、53亿美元的进口汽车采信了第三方的检验结果,为企业节省费用1300多万元。

进境货物预检验方面,3个多月来,在天津东疆港片区对进口食品实施预检验619批次、4.3万吨、6400多万美元;在天津欧贸城对进口服装实施预检验13批、28.5万美元,极大地降低了企业的物流成本和流通环节费用。

检验检疫分线监管方面,按照"方便进出、严密防范质量安全风险"的原则,对进入特殊监管区的货物实施"入区检疫、出区检验"。对首农项目进口饲料原料实施分线监管,对4批、3000多吨入区玉米实施了检疫,对3700多吨出区饲料实施了检验,货物入出区流程时限大大缩短。

动植物及其产品检疫审批负面清单方面,初步建立了动植物及其产品进境检疫审批负面清单,近期即将上线运行。

在首批12项创新制度基础上,天津检验检疫局结合天津自贸试验区定位需求和天津口岸实际特点,加大研究力度,积极向质检总局争取政策支持。近期,经履行相应程序,又形成了10项支持天津自贸试验区建设和发展的创新举措。

这10项创新举措分别是:保税展示交易/租赁、出入境邮轮检疫、国际航行船舶食品供应、国际航行船舶无疫通行、进境饲料原料加工、进境动植物检疫审批正面清单、进口机动车第三方检验结果采信、一次性使用卫生用品检验便利化、电子商务模式进口服装检验监管便利化、进口服装(面料)质量安全预评估。

(资料来源:天津网,http://www.ccyia.com/news/xingyexinwen/2015/0805/2443.html; 2015-08-05。)

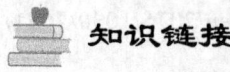 知识链接

厦门检验检疫出自贸新政

2015年10月28日从厦门检验检疫局获悉,该局改革检疫通关机制的多项新举措即将全面推行,从而带来出入境交通工具通关速度提升,以借此促进厦门国际航运、邮轮、游艇和帆船等业态发展。

入境邮轮通关耗时只有过去的1/6,"小三通"客轮和出入境飞机航班可以方便地进行电讯检疫,出入境船舶检疫周期更是从半天缩减到半小时,这些都是改革检疫通关机制带来的便利。

厦门检验检疫局人士介绍,积极参与"单一窗口"建设,实现出入境船舶申报、放

行无纸化和监管结果互认即是其中一项新机制。"单一窗口"意味着检验检疫、海事、边检和海关等联检部门可以"信息互换、监管互认和执法互助"。同时，这一新机制改变过去"一船一报、纸质报检、纸质放行"的窗口模式，只要企业"足不出户，轻敲键盘"即可。

一位船代企业人士告诉中新网记者，一条干线船舶，一天的租金就在3到5万美元，检疫周期从半天变成半小时，干线船舶和物流企业都可以获得改革红利。

邮轮热在中国方兴未艾，厦门正在打造国际邮轮母港，今年前九个月出入境邮轮即达110航次，进出人流23.69万人次。检验检疫人士告诉记者，新举措中包括试点国际航行邮轮卫生管理方案。这一方案借鉴欧美先进管理经验，对出入境邮轮实施分类管理。在有效防控风险的同时，从2到3个小时压缩到半小时以内的通关耗时无疑也大大增加了对邮轮游客的亲和力。

自2015年11月1日起，厦金"小三通"航线客轮简化申报手续的新举措也将全面推行。届时，不需要申办交通工具卫生证书，符合要求的船舶就可以凭借相关有效文件申请电讯检疫。较之传统的登船检疫，电讯检疫大大压缩时间，便利两岸人员往来。

从2016年1月1日起，福建自贸试验区厦门片区也将开始试点出入境航空器电讯检疫。经过风险评估、分类管理以及动态管理，检疫风险等级低且没有特殊情况报告的航空器，就可以百分百实施电讯检疫。这一举措也缩短了检疫时间，大大便利旅客。

此外，从11月1日起，在福建自贸试验区厦门片区，出入境游艇帆船也可以一律免办《船舶免予卫生控制措施证书/船舶卫生控制措施证书》，大大简化了入境申报手续。

检验检疫人士表示，希望通过改革促进出入境交通工具通关便利化，进而促进国际贸易和人员往来的通关便利化。

（资料来源：中国新闻网，http://www.ccyia.com/news/xingyexinwen/2015/1030/2631.html；2015-10-30.）

3. 出入境边防检查部门

出入境边防检查的职责就是负责维护国家主权以及安定社会秩序，其最有效的一般做法就是对所有出入境人员的护照等有效证件和运输工具进行严格监察。如果经监察后被认定是入境后可能危及国家安全、社会秩序的人员或者是无法出示有效护照、签证的人员，边防检查站就会阻止这类人员入境。而对出境人员来说，如果经监察后被认定是涉及相关刑事案件的人员或者无法出示有效出境证件的人员，边防检查站同样也会阻止这类人员出境。

2016年11月17日，"蛇头"龚某某在上海吴淞口国际邮轮港落网，上海边检机关成功破获一起29名中国公民企图乘邮轮出境并在境外非法滞留的重大案件。该案系上海邮轮口岸有史以来查获人数最多、影响最大的一起偷渡案件。11月17日，吴淞口国际邮轮港迎来"海洋量子"号和"钻石公主"号两艘邮轮靠岸，当日共有近1.6万名中外旅客出入境。当日13时许，旅检大厅与往常一般热闹非凡，人头攒动，近五千名旅客排队等待办理通关手续，准备乘坐豪华邮轮"海洋量子"号出境前往韩国仁川旅游。在办理出境边检手续过程中，浦江边检站执勤民警发现有几名旅客神态异常，他们左顾右盼，脸上透出焦虑与不安，边检民警结合先期摸排工作，对他们展开了有针对性的询问，发现江西籍旅客陈某某、涂某某有境外脱团非法滞留的嫌疑，遂请示值班队领导。审查过程中，起初两人仅供述赴韩旅游，拒不交代真实目的。经民警反复做工作，在边检机关掌握的事实和证据面前，他们对想乘坐邮轮出境后在韩国登陆并滞留打黑工的事实供认不讳。

 知识链接

中国游客乘邮轮赴日本可免签

中国游客乘坐邮轮赴日旅游将可享受免签政策。早报记者3月18日从歌诗达邮轮公司及沪上多家旅行社处获悉，日本对华邮轮游客免签新政已经落地，首批获得免签许可的包括歌诗达维多利亚、皇家水手号等11艘邮轮，不过真正实施至少还要到一周以后。"边检部门关于邮轮免签后的乘客登船、离船的具体操作细节还没出来，另外近期乘邮轮赴日的游客此前早办好了签证。"旅行社业内人士称。

根据中日两国出入境管理局的最新通知，3月17日起开始实施船舶观光登陆许可证制度，允许乘坐日本法务大臣事先指定的客船的外国游客，以观光为目的在停靠港免签入境，但该外国旅客须在所搭乘客船离港前返回客船。目前，日方指定了中华泰山、歌诗达维多利亚等11艘邮轮（中华泰山、歌诗达维多利亚、歌诗达大西洋、歌诗达赛琳娜、处女星、千禧年、海洋水手、娜蒂卡、MS Albatros、海洋之梦、宝瓶星）主要从天津、上海、厦门、舟山、烟台等5个港口出境赴日本。其中，今年以上海为母港出发的邮轮主要有5艘：中华泰山、歌诗达维多利亚、歌诗达大西洋、歌诗达赛琳娜、海洋水手。

携程、上海青旅等沪上多家旅行社均表示，已经收到歌诗达邮轮关于免签新政的公告，具体操作流程还须与相关政府部门确认。携程旅游相关人士表示，"可以预测，免签的实施对旅行社而言，可以推出更加丰富的邮轮线路，有更充裕的销售周期，同时降低客人出行成本，方便游客做出出行决策。"

中国游客随邮轮赴韩国的首尔、釜山等地，此前就已经享受免签政策，游客只需要通过旅行社在边检部门办理一个"登陆许可证",不需要前往领馆办签证。业内人士介绍,此前游客办理日本签证,领馆收取的成本费为 200 元,时间大约一周;此后免签证,这笔签证费用可节省,只需留出办理登陆许可证的时间及相关成本费用。

业内人士介绍,邮轮免签后,一些必要的程序还是少不了。按照上海浦江边检部门的要求,旅行社需按附件要求填写游客报备名单并通过电子邮件发送至浦江边检进行申报。登船当日,旅行社领队必须携带有效团队出境名单原件(旅委四联单),并且准备好所有团队成员的旅行证件(护照、船票)前往办票柜台办理相关手续。

"我们已经接到相关政府部门的通知,19 日将开会沟通具体操办细节。"沪上一家旅行社相关人士预测,该项新政能进一步有效拉动日本港口流量,是日本与韩国争夺中国邮轮游客的重要一招。

[资料来源:http://news.163.com/15/0319/09/AL2G8LOQ00014AED.html;2015-03-19;东方早报(上海).]

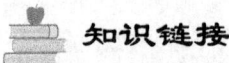

知识链接

中国游客乘坐指定邮轮可免签入境韩国

韩国签证新政策:韩国政府出台针对中国游客的利好政策,韩国政府将在 2016 年 10 月至 2017 年 3 月 6 个月试行免签政策,乘坐指定邮轮赴韩旅游的中国游客可免签入境。

中韩人力网获悉,韩国法务部 14 日表示,政府指定的邮轮为主要往返于中日韩三国的歌诗达赛琳娜号(Costa Serena)、蓝宝石公主号(Sapphire Princess)以及海洋量子号(Quantum of the Seas)。以上邮轮的主要乘客为中国人,因此免签政策将集中适用于中国游客。

目前中国当地指定旅行社组织的旅行团搭乘邮轮赴韩旅行时,可得到 3 天的免签上陆许可。新政策实施后,自由行游客无须通过旅行社,可直接购买邮轮旅行产品并享受免签待遇入境韩国本土。

据韩国法务部消息,釜山港与仁川港已经分别于 11 日、12 日开始试行此政策。

韩国政府新出台的利好政策旨在吸引更多中国游客来激活国内旅游经济。旅行业界也表示随着入境门槛的放低,邮轮游有望成为业界新宠。

据悉,已实施免签入境的济州地区中国人犯罪事例激增,有观点认为应该进一步加强出入境方面的管理。据中韩人力网了解,2016 年 4 月乘坐海洋量子号邮轮经由仁川抵达韩国的 5 名中国游客入境后便销声匿迹,对此有声音指出新政策或成为非法入境的又一手段。

韩国政府方面表示,最近国际邮轮游是市场发展的趋势,6个月的试行期结束后将根据结果判断是否全面实施此项政策。

（资料来源：http://www.cn-kr.net/news/article_9859.html；2016-10-14;中韩人力网-出国签证法规.）

三、邮轮口岸的服务项目

邮轮口岸的主要功能是为到达邮轮以及邮轮上所载旅客提供服务,服务主要包含邮轮旅客的通关服务、旅客餐饮住宿、旅客航空服务、旅行社代理服务、旅客商品购置和娱乐服务等,还包含邮轮的相关服务,分为邮轮到港的服务,如进出港拖轮和引航、泊位停靠、必需品等物资的采购、邮轮垃圾处理服务等,还有对邮轮本身的服务,即邮轮的维修、装潢以及邮轮相关设备的供给服务等。

1. 邮轮口岸的服务流程

邮轮港口服务流程：邮轮进出港引航服务,邮轮旅客上下船服务,邮轮旅客通关服务,邮轮自身维护、补给、垃圾处理等服务,邮轮旅客的消费和娱乐服务等。

2. 邮轮口岸的服务内容

口岸通关服务是指海关、边防检查、检验检疫局在旅客出入境的特定区域内进行检查时提供的服务,该特定区域是封闭、独立的,旅客必须在特定区域内接受安全检查、检验检疫、海关检查（行李、违禁品等）和边防检查（护照、证件等）方可出境。口岸通关服务水平的高低,也是港口邮轮运输服务水平的一个重要影响因素。

出入境旅客在旅游中通常会携带行李并购买大量的商品,在"一关三检"之前,为旅客办理行李托运,码头将托运的行李集中处理,用传送带和叉车等运输模式将行李运送到船上,为旅客通关提供了较大的便利,大大缩短了旅客的通关等待时间；旅客到达码头的时间具有随机性,现场能否合理组织排队,维护好现场秩序,减少旅客排队的时间,也是对现场工作人员组织能力的考验；关区的满意度也体现了检查主体服务质量的高低。

邮轮旅客通常来自各个国家的不同地区,每个地区的政策不一,且港口登轮的时间有限,在有限的时间内,提高通关速率,减少旅客的通关时间,减少等候时间具有重要意义。因此,邮轮口岸通关过程的通关环境,包括旅客通关等待时间、工作人员组织能力、关区满意度、行李托运质量成为影响口岸通关服务水平的因素。

上海作为中国邮轮旅游发展实验区,先试先行,借助上海航运中心建设及自贸区的有利条件，为了加快通关，将团签人数降至 2 人，对部分国家的公民实行 72 小时过境免签，实施日本免签的优惠政策等。2012 年，上海经批准，允许外资邮轮公司设立旅行社，提高了邮轮公司在中国发展邮轮经济的积极性。天津航运中心建设和旅游发展实验区的设立，为天津邮轮发展提供机遇，不过在通关政策上，仍有待突破，天津国际邮轮母港位于东疆保税区外，未能享受到保税区的优惠政策。为了提高邮轮检查效率和服务水平，边检管理模式不断创新，上海、三亚实行"随轮检查"的新模式，通过边检人员在邮轮抵达前登轮办理入境等相关手续，方便旅客快速通关，基本实现了"通关零等待"，大大提高了通关效率。与国外相比，行李托运服务质量并不高，包括设施和托运模式等方面，如迈阿密等著名的邮轮港口，行李托运十分人性化，旅客在登船前办理行李托运，行李与旅客分开通关，工作人员会将行李准确无误地送到房间，一方面减轻了旅客的负担，另一方面提高了通关速率。中国的行李托运业务也按着这样的模式运营，不过其中涉及旅客信息登记等环节，包括行李通关、输送等问题，需要逐步完善。

 知识链接

上海邮轮口岸正式启用自助通关

据《劳动报》报道，今天起，上海邮轮口岸正式启用边检自助通关通道了，市民在通关时不用排队、不用盖章，只需要刷护照、按指纹即可（见图 4-3）。

"不排队、不盖章、刷刷护照、按按指纹就能通关，真快！"昨天，中国居民陈先生在边检民警的指导下，从第一关刷护照到第二关采指纹、比面相，用时不到 15 秒顺利过关。据悉，这仅是邮轮口岸边检自助通关开启前的一次试点，该绿色便利通道将在今天起正式启用。

据上海边检总站介绍，在浦东国际机场入境口岸现场设立了 15 条自助通关通道后，为缓解当前上海邮轮口岸日益增长的旅客出入境通关压力，从 2016 年 1 月 1 日起，在上海港国际客运中心、吴淞口国际邮轮港正式启用 26 条自助通关通道，便利乘坐邮轮旅客通关。

不少旅客特别是中老年旅客对自助通关流程不熟悉。为此，浦江边检站友情提醒广大旅客：可在出境办票柜台领取《边检自助通关指南》，在排队等候安全检查时注意观看自助通关宣传片，同时在边检候检大厅留意自助通道指引标识。在读取证件时，将证件正面朝上平放；在面对摄像头拍照时，要摘下眼镜、口罩、帽子、围巾等饰品；在比对指纹时，要均衡用力地按压拇指指纹。

第四章　邮轮港口服务管理

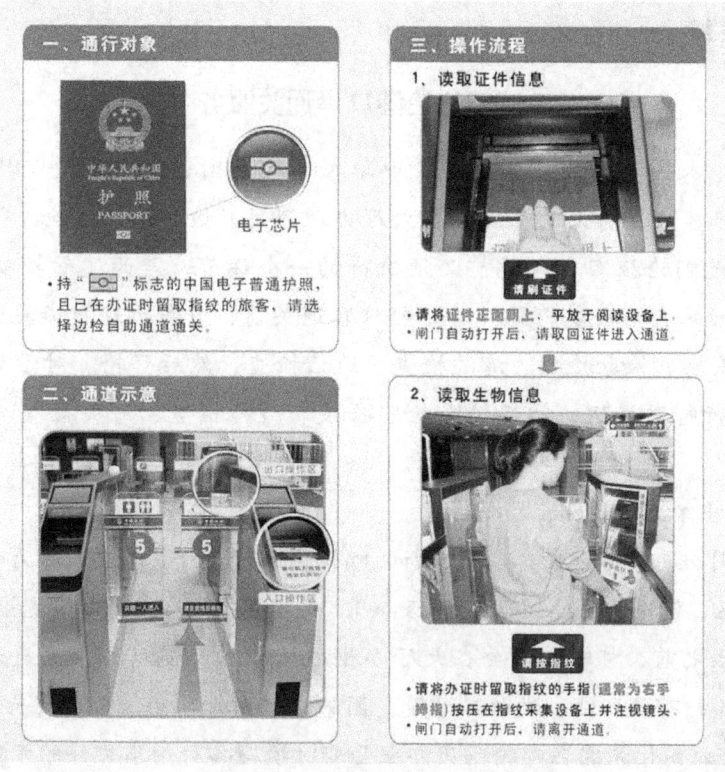

图4-3　上海邮轮口岸自助通关图

据了解，自助查验通道有前后两道闸门，旅客走到第一道闸门前，根据提示标识将护照放在右手侧的护照阅读器上，等待数秒后第一道闸门就打开了。旅客进入通道后，根据提示标识将手指（通常为右手拇指）伸入指纹比对仪，同时把脸部对准摄像头（按指纹时稍微用点力），再等待数秒后第二道闸门就打开了，整个通关过程也就完成了。

浦江边检民警提醒广大邮轮旅客注意以下几个方面：一是不要用力推闸门，指纹信息和面相比对需要数秒时间，切莫着急，请耐心等候。二是大家千万不要拿错护照，亲朋好友三五成群结伴出行的情况不在少数，兴奋之余不要误拿了别人的护照，否则无法通过自助查验通道。三是在把脸部对准摄像头时，要摘掉眼镜、帽子、口罩等饰物，否则影响系统对于人像脸部的识别比对效率。四是有些旅客，特别是上了年纪的旅客，指纹磨损无法识别时，可换成左手拇指再试试，确实无法识别可寻求边检工作人员帮助。

（资料来源：http：//news.online.sh.cn；2016-01-01 08：07；劳动报.）

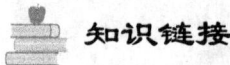

厦门邮轮港口岸通关服务

根据《中华人民共和国海关法》《中华人民共和国出境入境边防检查条例》等法规规定，邮轮旅客应在特设的旅客检查大厅办理海关、边防、检验检疫等出入境手续。邮轮口岸通关是邮轮旅客出入境前必须执行的一个环节，是为了管控安全而对旅客及其行李物品进行的安全检查。厦门港登船旅客通关前，首先办理行李托运和check in手续，随后接受安检、检验检疫、海关检查、边检检查，然后登轮。对于离船旅客，则是首先在船上进行行李托运，然后接受检验检疫、边检检查、海关检查，然后办理行李领取。

（1）登轮手续办理（check in）

2014年7月，厦门邮轮中心启用了新的邮轮出入境大厅，二层大厅为旅客出发大厅，设有旅客候船区、登轮手续办理区（check in）、安检、海关检查、出入境检疫查验通道等。在进行一关三检之前，邮轮公司会在大厅办理check in。check in主要是为了提前检查邮轮旅客登船的各种有效证件、发放房卡等，团队旅客由带队的旅行团团长负责。

check in可以简化旅客在邮轮码头办理登船时填写各种烦琐文件的步骤，节省登船排队等候的时间。邮轮大厅现有安检机（X光机）3台，海关检查区域设有1个海关检查通道（不含外交礼遇通道）、10个边检口、4个体感检疫通道以及11个check in登轮手续办理窗口。

（2）行李托运业务

2014年9月23日，"海洋航行者号"从厦门母港出发，邮轮中心首次试点"关前托运"行李，旅客和行李分开通关，实现旅客和行李的无缝对接，行李可直接送到船舱内，该业务的推行，为旅客提供了极大的便利。旅客在通关前，凭房间号至行李托运点办理托运，由码头的工作人员负责行李的安检，安检时的图像会和海关的系统同步，若出现问题，海关会通知码头工作人员查验，查验结束后让旅客在通关时领取，待行李安检和海关检查全部结束，由码头工作人员通过传送带，将行李运至码头前沿，利用牵引车、普通叉车以及专用行李叉车将行李装上船。通常邮轮上都会配备行李升降设备，受潮差及船体自身结构的影响，有时，邮轮行李舱口或高或低于码头面，利用自身的升降设备就可将行李提至码头面上进行装卸。同样，在旅客下船时，利用叉车等设备卸下行李，运至海关查验，查验后人工将行李分类，待旅客通关结束后搭电梯到一层行李处理区按编号领取行李。

（3）团进团出通关模式

邮轮旅客类型分散客和团队旅客两种，致使签证也有个签和团签之分。对上海、天津港口出发的旅游团队，中国边检机关要求通关时要团队进出，即所有办理团队签证的团队游客必须由该团队领队整团领至边检办理出境手续。这种方法可以大大缩短旅客通关时间，便于边检查验。邮轮中心现场工作人员在组织旅客通关进入检查大厅时发现，游客团进团出的方式比游客散进散出的方式要快捷得多。事实上，游客团队放行模式可以大大节省通关时间，减少拥堵和混乱。当然，这对旅行社带团的导游和工作人员的现场组织能力要求较高，需要导游和现场工作人员一起配合。

（资料来源：陈玲玲．港口邮轮运输服务水平评价研究——以厦门港为例［D］．集美大学，2015.）

本章小结

邮轮港口的服务设施布置根据港口具体情况不同而有所不同。为了实现邮轮港口的功能，邮轮母港应当包括水域及码头、泊位、客运大楼、上下船设施、物资补给、行李处理、对外交通、停车场和住宿等9个组成要素。邮轮港口相关服务内容包括拖轮、引航、代理、货物搬运、旅客上下船、仓储以及其他物资服务。邮轮港口配套设施的设置应侧重人员服务和物资供应两个方面。邮轮港口服务接待具备一定的流程，其中最核心的服务是登船服务与离船服务。邮轮母港游客服务具有游客服务的复杂性、无形性、同时性、多情景性、需求导向性等特点。

邮轮口岸是指具有一定的水域和陆域面积，具有水陆联运设备和条件，并且可以供邮轮安全进出和停靠以及旅客安全上下的运输枢纽。邮轮口岸主要管理机构是：国家海关、国家出入境检验检疫和出入境边防检查。邮轮港口服务流程：邮轮进出港引航服务，邮轮旅客上下船服务，邮轮旅客通关服务，邮轮自身维护、补给、垃圾处理等服务，邮轮旅客的消费和娱乐服务等。口岸通关服务是指海关、边防检查、检验检疫局在旅客出入境的特定区域内进行检查时提供的服务。

思考题

1. 简述邮轮港口的主要功能及相应的基本设施。
2. 简述邮轮港口的服务接待流程。
3. 邮轮港口的登船服务流程和离船服务流程分别是什么？
4. 邮轮港口的服务有哪些特点？
5. 什么是邮轮口岸？它有什么作用？

6. 简述邮轮口岸的管理机构及其职责。
7. 简述邮轮口岸的服务流程。
8. 简述邮轮口岸的服务内容。

 案例分析

游客拒下船致邮轮滞留上海港口

2015年4月6日下午,上海市吴淞口国际邮轮港的候船大厅内人满为患,市民戚女士原计划于当日下午4点半乘坐"海娜号"邮轮出海旅游,可是却被告知无法登船,因为上一批的旅客不肯下船。

从"海娜号"船方了解到,由于天气原因,上一批游客出发时就严重延误并取消部分行程。4月6日上午8点多,"海娜号"返回吴淞口国际邮轮码头后,近400名游客拒绝下船,声称要求赔偿。经过多方调解,直到当天17时左右,邮轮上的游客才陆续离船。

候船旅客被迫滞留5小时

4月6日20时,吴淞口国际邮轮港内,"海娜号"仍停泊在港口,候船大厅里已经没有游客滞留。

记者随后联系到了即将乘坐"海娜号"出发的戚女士,她刚刚才登上船。

戚女士说,她乘坐的这班邮轮是在吴淞口国际邮轮港靠岸,原本计划4月6日16时左右出发,可是当日到岸的乘客不肯下船,"据说是旅游团对游客食言了,船上的游客觉得景点没有玩到位,服务质量也不好。"

戚女士说,到岸的乘客不肯下船,要登船的乘客排着队急着要上船,致使邮轮港候船大厅内人满为患。最后特警都出动了,他们才得以登船,"后来晚上登船时,可能是时间晚了,他们这边连安检的程序都没有走,就一路放行了。"

当日21时40分许,"海娜号"才再次出发。

前一批乘客出发推迟、取消福冈游

而原本应于4月1日登上"海娜号"出游的游客吴先生4月6日晚告诉记者,他们一行一共8人,是通过同程网预订的6天5晚"海娜号"游福冈、佐世保两地旅游线路。根据行程,他们应该在4月1日17时开始登船,可是,直到当日21时才开始登船。

"登上船以后,船方说预计4月2日凌晨1点离港,决定取消原定的福冈观光安排,问我们有没有旅客选择退订行程或继续行程。"吴先生透露,他和他妻子要求下船,而吴先生的父母选择继续行程。

吴先生的母亲王女士告诉澎湃新闻记者，直至4月2日14时，"海娜号"才正式起航。王女士透露，"海娜号"原本应于4月4日前往佐世保，计划游览时间为7至8小时，可实际游览时间只有4个小时。

"此次行程从出发起就一团乱。不仅违反了当初签署的旅游合同，取消了福冈这个主要行程，就连当初吸引我们的邮轮娱乐设施——游泳池、卡拉OK都不开放。"王女士说，自己待在船上的时间，除了吃饭就是睡觉，体验非常糟糕。

为此，在4月6日上午8点邮轮抵达吴淞港时，包括王女士在内的300多名旅客拒绝下船，试图和船方交涉赔偿问题。王女士透露，最终，"海娜号"船方与船上滞留游客方面在赔偿金额上达成共识，他们于6日17时许下船。

船方：天气原因致使行程变化

"海娜号"邮轮是海航集团旗下的豪华邮轮，最大可载客1965名。2014年4月，这艘邮轮开始以上海港国际客运中心码头为母港运营。

上海港国际客运中心有关人士6日晚间向澎湃新闻证实，当天因天气及泊位等原因，"海娜号"邮轮停靠吴淞口码头，6日登船的游客也得到通知由吴淞口码头出发。此前的4月2日，这艘邮轮由国客中心港口出发。

对于4月2日出发航次邮轮出发延迟及无法登陆日本福冈，海航负责"海娜号"邮轮的相关负责人表示，完全因为天气原因导致，并且在邮轮出发前，邮轮方面已通知所有游客。

"4月1日、2日，上海受大雾影响，邮轮接海事部门通知不得离港。"海航"海娜号"邮轮新闻发言人蒋宇燊介绍，受潮汐影响，当天大型邮轮从国客中心码头离岗只有凌晨2时左右及14时左右两个时间段。当天凌晨受耽搁后，"海娜号"于4月2日14时左右离港，中间耽搁12小时。

邮轮耽搁12小时，"海娜号"决定取消该趟行程原定的福冈登陆观光的安排。蒋宇燊告诉记者，尽管是不可抗力原因，考虑到游客的感受，邮轮还是通过广播等方式告知所有游客，允许游客选择退订行程或继续行程。

"退订行程的游客，邮轮公司及旅行社将退回游客除签证费以外的所有费用；继续行程的游客，邮轮公司退还其福冈的港务费，游客所在的旅行社负责退还其福冈的上岸观光费。"蒋宇燊介绍，4月2日当天，退订行程并离港的游客很少，1800多名游客继续行程。

承诺对后一批游客进行补偿

蒋宇燊告诉记者，4月6日8点多，"海娜号"返回吴淞口邮轮码头后，大约有近400名游客拒绝下船要求赔偿。

蒋宇燊称，对于受到影响的后面一批游客，他们深感抱歉，已承诺对他们进行补偿，登船后可从购物、服务等方面享受折扣或现金补贴，至于后续行程方面，"由于耽搁时间不长，通过邮轮加速等方法，后续行程基本能赶上。"

（资料来源：中国旅游新闻网，http://www.ccyia.com/news/xingyexinwen/2015/0407/2167.html；2015-04-07。）

结合案例思考以下问题：

（1）案例中的邮轮延误事件，根据我国目前法律规定应该如何处理？

（2）就邮轮延误导致纠纷的现象，提出你对于邮轮港口改善服务的建议。

第五章 邮轮设施与服务

📖 **本章导读**

邮轮旅游是一种全新的旅游方式，已是当今世界旅游休闲产业的重要组成部分。现代邮轮除拥有旅游酒店般的舒适船舱、多种风味的餐厅外，还有齐全的康体娱乐设施，因此拥有休闲、度假功能的邮轮自身就应该被视为旅游目的地。至于定点停靠，上岸观光，只能视为邮轮度假的辅助活动。本章主要介绍邮轮的基本功能和空间划分，邮轮服务的主要内容，邮轮服务人员的特点、素质和培养。

第一节 邮轮的空间划分

根据 CCYIA 统计快报，2016 年我国大连、天津、烟台、青岛、上海、舟山、厦门、广州、海口、三亚 10 大港口城市共接待邮轮 1010 艘次，同比增长 58%，其中母港航次 927 航次，同比增长 69%，访问港航次 83 航次，同比下降 8%。10 大港口城市接待出入境中外邮轮旅客 2 261 405 人（4 522 810 人次），同比增长 82%；其中，出境中国旅客 2 144 890 人（4 289 780 人次），首次突破 200 万人，同比增长 91%，入境境外旅客 138 715 人（277 430 人次），同比增加 8%。

CCYIA 常务副会长兼秘书长郑炜航在接受媒体采访时指出：中国邮轮行业正在蓬勃发展，但也要清醒看到行业的问题和隐患，不能光追求数量不顾质量，目前是"美丽冻人"，一方面数据喜人，年年高歌猛进，另一方面效益欠佳，三大主力板块（邮轮公司、邮轮港口、包船旅行社和OTA）都叫苦不迭，旅客体验度明显下降，经济贡献度十分有限。中国邮轮行业要持久健康发展，2017年是到了反思、梳理、纠偏、正本的时候了。

"邮轮不是简单的交通工具，而是漂浮于海上的度假胜地。"皇家加勒比国际邮轮北亚太及中国区总裁刘淄楠表示，皇家加勒比邮轮旗下量子系列的第三艘邮轮"海洋赞礼号"是专为中国市场"量身定制"的，不仅有甲板冲浪和甲板跳伞，还带来了360度摇臂支撑的北极星，在距海平面91米的高空，让游客将船、大海和目的地的风光尽收眼底。登上邮轮航行的过程就是享受邮轮服务与娱乐设施的过程，要满怀激情玩转邮轮，接受服务尽享邮轮，面朝大海放松身心，度过一段别样的海上时光。

豪华邮轮就像是一艘航行在海上的五星级度假饭店，包括客房、餐厅、酒吧、咖啡厅、迪斯科、商场、剧场、图书馆、影院、游艺厅、赌场、健身房、溜冰场、SPA、步道、迷你高尔夫、攀岩、水上滑道、冲浪池、游泳池、儿童俱乐部、医疗中心、教堂、阳光甲板等在内的设施一应俱全。游客在船上可以尽情吃喝玩乐，或享受碧海蓝天环绕的悠闲时光。

邮轮的空间可分为3类，即客房空间、公共空间、非公用（船上员工）空间。

一、客房空间

简单来说，邮轮舱房分为四种：内舱房（Inside Stateroom）、海景房（Oceanview Stateroom）、露台海景房（Oceanview Stateroom with Balcony，又称阳台房）和套房（Suite）。同种类型的客房，价钱也会有分别。邮轮公司会根据房间所在楼层，前、中、后位置，房间面积甚至阳台大小等因素，将上述房间分为A、B、C、D各个等级，然后以不同价格出售船票。这些房型通常可入住2至4名游客。当然，也有一些邮轮，一间舱房能容纳5人之多，比如嘉年华。但它是针对国外多子女家庭设立的，5人共住一间确实可以省下很大一笔开销。但国内出发的邮轮，一般最多允许4名客人同住一间。

邮轮客房通常极为小巧，是"微缩的饭店客房"。当今美国的一般饭店客房面积约为32~42平方米，而一些邮轮客房只有9平方米，只有少数超过23平方米。而长江三峡游轮通常客房的标准大小是8~16平方米（不包括卫生间），大多数客房面积为10~12平方米左右，房间面积最大的是"锦绣中华"，其次是"东方皇帝""东方皇后"（14平方米以上）。

邮轮客房主要有如下类型：

1. 内舱房

内侧客房在邮轮的内部，通常没有窗户，关灯后分不清白昼黑夜，但经常运用镜子、柔和淡色的明亮灯光，甚至假窗帘来使空间显得更开阔些。现在有些邮轮有虚拟内舱房，配备虚拟窗户，由液晶电视直播实时海景。

很多游客偏爱内侧客房，因为通常房间价格较外侧客房便宜。最底楼的内舱房离马达比较近，所以在所有内舱房中，它的价格也最低。位置的高低，面积的大小，都会直接影响到内舱房的价格。

2. 海景房

海景房配有海景窗，以及带淋浴、吹风机与梳妆区的私人卫生间和电视、电话、迷你冰箱。海景房位于邮轮的外侧，由于可以向外观看，海景房会令人感觉视觉更开阔。对于那些担心拥挤的游客而言再理想不过了。传统的邮轮有舷窗，现代邮轮则有更大的窗户。

海景房和内舱房的最大区别在于，海景房有窗户，内舱房没有。海景房窗户的形状或圆或方，但它们都是封闭的。海景房能够透过窗户看到船外的景色，但其面积并不比内舱房大多少，价格的话，同等级的海景房比内舱房贵上50至200美元/人不等。

在海景房当中，还有一种被救生艇遮蔽的海景房，顾名思义，这种房间的窗户被救生艇挡住了，几乎看不到外面的景色。这种海景房通常比普通海景房便宜不少，但是除非它的价格比同楼层的内舱房便宜，否则国内游客很少会去选择。

3. 阳台房

海景露台房，即带阳台的海景房，俗称阳台房，拥有落地玻璃移门以及3至5平方米不等的阳台，房间面积在20平方米以上。阳台房配有可观赏迷人海上景观的私人阳台，沙发，起居区，带淋浴、吹风机与梳妆区的私人卫生间及电视、电话、迷你冰箱。以5至7晚的航线为例，阳台房的价格通常比内舱房贵200美元甚至更多。阳台房的位置楼层通常都比较好，一般都在五六楼以上。阳台房看出去的风景当然也最佳，很多人选择阳台房就是看中它能够带给自己一片属于自己的海景。

4. 套房

豪华套房是邮轮上最昂贵的房间。其面积较标准间大，一般一艘邮轮只有少量的套房，但另一些豪华邮轮可能拥有一整层位居上层的、类似金钥匙酒店联盟客房楼层的甲板，由更大的客房/套房组成。以传统的定义来看，套房以共有一间起居室、一间卧室和一间浴室为特征，但在船上则不然，只有那些最大的套间才配备以上设施。

两层高的复式套房拥有全景海景。下层配有独立起居区和用餐区，独立影音区，独立浴室（带淋浴），起居室和影音区的沙发可变成双人床，每层都有壁橱。上层配有主卧和浴室，主浴室配有浴缸、淋浴、两个洗漱池。独立的主阳台设有造波池和用餐区，另有侧阳台。配有平板电视、吹风机、迷你冰箱、收音机及电话，提供礼宾服务。

套房和阳台房的区别在于，套房的面积更大，设施更齐全，有些套房还设有私人酒吧和钢琴，功能区的划分也更清晰。但套房的价格是所有房型中最贵的，而且楼层可能更接近顶楼的甲板，有时会感觉有些喧闹。

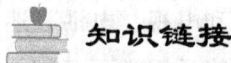 **知识链接**

邮轮选舱进阶指南

（1）舱型和面积。虽然一般邮轮只有四种舱型，但其实同一种舱型也有很大差别，比如皇家加勒比邮轮海洋量子号的内舱，就分为K、L、M不同的类型，虽然都是内舱，但是楼层和面积都有所不同。另外选择阳台房需要注意标示的面积是不是包括阳台，这也有很大差别。还要提醒的是新的邮轮不一定房间就大，现代的邮轮，由于有着越来越多的餐厅以及公共娱乐设施，即使是同一家邮轮公司，新的邮轮同类型舱房面积也未必有旧的大。

（2）遮挡阳台房。有一种阳台房会比其他阳台房售价便宜，那就是遮挡阳台房。选择这种阳台房要有心理准备，因为会有救生船或者其他设备阻挡你观景，如果你不在意的话也是一种性价比不错的选择。

（3）舱房的位置。邮轮菜鸟的一个标志是从来不看甲板图。而如果你喜欢晚上睡觉安静一点的话，舱房的位置就特别重要了。靠近体育馆、歌舞厅、自助餐厅的舱房就可能比较吵；靠近家庭套房的舱房如果住了过分活跃的孩子也会受影响；还有就是靠近舱房服务员的出入口的话，要考虑到他们会经常进进出出；另外就是最底层的甲板了，你可能听到邮轮引擎的嗡嗡声。

（4）注意个人隐私。大多数阳台房都是面对海洋的，所以隐私问题不大。但是有些大船是有中央大道的，如皇家加勒比的海洋绿洲号，皇家大道景观房的阳台是对着邮轮的内部的，这就意味着别人隔着玻璃门也能看到你房间，特别是楼层较低的房间。所以需要特别注意隐私，别忘了拉窗帘。

（5）晕船者注意事项。邮轮虽然很大很稳，但是不意味着就不会晕船，遇上大风大浪，特别是有晕船过往史的，还是有可能会晕船的。那么在选择船舱的时候，就要注意选择楼层较低的内舱，因为楼层越高，越靠近邮轮的边缘，摆动的幅度也会相对大一些。还有就是如果你盯着看海平线的起起落落，也会加剧你的晕船。另外船头的豪华套间虽然是最贵最好的房间,但是遇上风浪也是最颠簸的房间。

(6)其他。建议选择邮轮旅游还是提早预订,这样可以根据自己的情况挑选适合自己的房间。尾单虽然会便宜,但是没有太多选择机会。

(资料来源:邮轮课堂,2015-12-12,邮轮课堂微信号 youlunkt.)

二、公共空间

公共区域是游客会集的地方,主要包括以下部分:

1. 接待区

所有邮轮都有一个类似宾馆大堂的地方,设有事务长室(前台或接待处、问询处)。旁边通常设有岸上观光处或旅游问询处,游客可在那里咨询有关港口观光及活动方面的事宜,也可以进行岸上活动预订。在较新的邮轮上,接待区可能会设在称作透顶大厅的地方,这是一个跨越多层甲板的大厅。

图 5-1 天海新世纪号接待大厅

2. 就餐区域

餐厅是客人用早、午、晚餐的场所,较大型邮轮的典型特征就是拥有几个餐厅。

此外,大型邮轮还有非正式的、自助类餐厅以及比萨店或特色主题餐厅。客人们可以在室内就餐,天气好时还可以在室外(该区域通常被称作丽都甲板或露天餐馆)进行。一些邮轮也有可供选择的餐厅,比如比萨店或特色餐馆,全天开放或部分全天开放。分发快餐(比如:热狗和汉堡)的小店常常设在泳池甲板上。

图 5-2　天海新世纪号餐厅

图 5-3　海洋水手号餐厅

3. 演出大厅

娱乐活动通常每晚都有。白天在演出大厅可能进行邮轮旅游指南讲座、港口讲座、游戏、放映电影或举办其他专项活动。晚上，在演出大厅可举行各种表演（书法、武术、时装秀、康康舞等）。大多数邮轮通常还设有另外的娱乐区、酒吧以及迪斯科舞厅。

第五章 邮轮设施与服务

图 5-4　天海新世纪号魔都剧场

4. 泳池区

大多数邮轮都有一个或者多个游泳池，有些邮轮附近还配有浴缸。但是，这些游泳池通常不太大。因为如果容积巨大，会使邮轮失衡。泳池四周的甲板上通常有许多躺椅和桌子，也可能会有一个供儿童嬉戏的浅水池。在有些邮轮上，有一个玻璃天窗——magrodome，能够遮盖住整个泳池区。天暖时开启，以便使游客感受在露天环境下的凉爽海风；天冷或下雨时则关闭。

图 5-5　海洋水手号游泳池

5. 健身俱乐部

大部分邮轮都给游客提供锻炼的场地，配有健身区、固定自行车、健身踏步器和投掷器械。健身俱乐部常常与一个水疗区相连，那里提供面部按摩服务、桑拿、漩涡浴、芳香疗法，以及其他一些美容或与放松身心相关的服务。船上还可能会有慢跑跑道，篮球场和其他运动方面的设施。

图 5-6　天海新世纪号健身房

6. 礼品商店

礼品商店出售各种杂物、纪念品、免税商品、T恤衫等。纪念品通常以该邮轮为主题，一些游轮以拥有许多购物之处为特色，甚至构成了一条微型商业街。

图 5-7　天海新世纪号商业街

7. 医疗室

海事法规定，游客人数超过100人的任何船只都要配备一名内科医生，并常常由一名或多名护士做助手，配备相应的医疗设施。这些保健专家工作用的设备可媲美一所小型医院。

第五章 邮轮设施与服务

8. 电影院

很多邮轮都在剧场放映近期的电影。这些剧场经常兼作会议厅。然而在有些船上，在客房内安装有录像设备，因此就没有必要在船上设置电影院。

图 5-8 海洋水手号电影院

9. 照片陈列室

在游玩的重要时刻和风景优美的景点，有专业摄影师为游客拍照。之后这些照片被陈列在船上的照片陈列室里，游客可以从中选购自己喜爱的照片，价格合理适中。

10. 赌场

由于赌博在游轮上是合法的，因此大多数邮轮都设有赌场。游客可以在那里玩21点，轮盘赌，吃角子老虎机和其他一些游戏。由于法律限制抑或为了避免与岸上赌博竞争，赌场通常在邮轮靠岸停泊时关闭。

图 5-9 赛琳娜号赌场

以上是邮轮上最常见、最重要的公共设施。当然，还有一些其他的设施，比如婴儿看护玩耍区、药店、攀岩壁、吸烟厅、电子游戏室、水滑梯、自助洗衣店、图书馆、滑冰场、微缩高尔夫球场，等等。

三、非公用空间

非公用空间一般位于客房甲板之下的甲板上。其中包括邮轮员工用房、员工餐厅、员工娱乐场所和驾驶室（游轮控制室）、邮轮厨房和邮轮机舱等空间。

第二节 邮轮服务内容

一、邮轮基本服务

同一艘邮轮不同的舱房选择，船票费用可能相去甚远。不过，对一般需求的游客来说，这种价格的差别所导致的实际邮轮服务体验差距非常小，因为除却客房和服务等级的不同外，游客可享受到的餐食、娱乐、享受几乎都是一样的。世界上只有冠达邮轮公司皇后系列的三艘邮轮（玛丽皇后2号、维多利亚皇后号和伊丽莎白皇后2号）规定住什么级别客房的客人在什么样的餐厅吃饭、使用怎样的公共设施，除此之外，邮轮资源的共享大同小异。

1. 邮轮前厅服务

邮轮必须为游客提供具备集散出入和邮轮信息中心功能的前厅，包括总台、行李服务、商务中心等。

邮轮前厅部由以下四个部门组成：Reception（接待）、Embarkation（迎宾/登船）、Guest Relation（公关部）、Concierge（礼宾部）。主要职位有 Receptionist（前台接待员）、Embarkation Staff（登记员）、Guest Service（贵宾接待）、Bellman（行李员）。前厅部各职位要求员工具有相关的工作经验及良好的英文基础、善于处理人际关系，同时还需要掌握一定的办公设备使用技能及电脑操作技能。

（1）前台接待员（Receptionist）

在船上做前台接待员必须是个多面手，既要做接待又要做收银而且还要兼做接线员及广播员，必要时还要充当翻译。只有预定是由 Shore Embarkation 和 Ship Embarkation

共同完成的。由于这一职务算得上船上的 Office Lady，因此这一职位的性别比例是女性占绝大多数。

（2）登记员（Embarkation Staff）

主要负责游客在船期间证件的管理，协助处理港口的通关手续，输入游客预定资料等。

（3）贵宾接待（Guest Service）

负责船上重要贵宾的接待工作，为其快速办理 Check-in 及 Check-out，负责一日行程的安排，从一日三餐的预订到外出游玩车辆的预定等。

（4）行李员（Bellman）

负责船上客人行李托运。工作虽辛苦，但小费也可以赚到不菲。行李员必须要有一双敏锐的眼睛及良好的记忆力，还要有一定的公关能力能让游客产生好感。最重要的是能一眼辨别出什么样的游客会给小费，并能熟记下游客的姓名及容貌。

2. 邮轮客房服务

邮轮客房服务的岗位职责包括 4 个方面。

（1）迎客的准备工作

准备工作是服务过程的第一个环节，它直接关系到后面的几个环节和整个接待服务的质量，所以准备工作要做得充分、周密，并在客人进店之前完成。

第一，了解客人情况。为了正确地进行准备工作，必须先了解将要到来的游客到店时间、离店时间、从何地来、去何地、人数、身份、国籍、健康状况、性别、年龄、宗教信仰、风俗习惯、生活特点及接待规格、收费标准和办法等情况，以便制订接待计划，安排接待服务工作。

第二，房间的布置和设备的检查。根据游客的风俗习惯、生活特点和接待规格，对房间进行布置整理。根据需要，调整家具设备，铺好床，备好热水瓶、水杯、茶叶、冷水具及其他生活用品和卫生用品。补充文具夹内的信封、信纸、服务指南、游客须知和各种宣传品，补充冰箱的饮料。按照接待规格将酒店经理的名片放在桌上，如是重要游客还要准备鲜花和水果，表示欢迎。如果游客在风俗习惯或宗教信仰方面有特殊要求，凡属合理的均应予以满足。游客由于宗教信仰所忌讳的用品，要从房间撤出来，以示尊重。房间布置好之后，要对房内的家具、电器、卫生设备进行检查，如有损坏，要及时报修。要试放面盆、浴缸的冷热水，如发现水质混浊，须放水，直到水清为止。

第三，迎客的准备。游客到达前要调好室温，完成准备工作后，服务员应整理好个人仪表，站在电梯口迎候。

（2）游客到达的迎接工作

第一，梯口迎宾。游客由行李员引领来到楼层，服务员应面带笑容，热情招呼。如果事先得知游客的姓名,在招呼时应说"欢迎您!××先生(女士、小姐)",然后引领游客到已经准备好的房间门口,侧身站立,行李员用钥匙打开房门,请游客先进。

第二,介绍情况。游客初到邮轮,不熟悉环境,不了解情况,行李员应首先向游客介绍房内设备及使用方法,同时向游客介绍舱房服务设施和服务时间。

第三,端茶送巾。游客进房后,针对接待对象按"三到",即"客到、茶到、毛巾到"的要求进行服务。如游客喜欢饮冰水、用冷毛巾,也应按其习惯送上。

(3)住客的服务工作

为了使游客住得舒服、愉快,有"宾至如归"之感,日常的服务工作必须做到主动、热情、周到、细致。

第一,端茶送水。每天早晨游客起床后,要把开水送到房间。游客外出回来也要送茶和香巾。晚上一般不送浓茶,以防浓茶有刺激性,影响游客睡眠。游客自带咖啡需要沸水冲饮,要及时提供沸水,游客喜欢冷饮,要随时补充冰箱饮料,以保证供应。

第二,整理房间。按照游客的接待规格、要求和舱房"住房清扫程序"进行整理。上午要按照程序进行清扫,拉开窗帘、倒垃圾、换布巾、扫地板、擦家具和各种物品;补充房间的茶叶、文具用品和清扫、整理卫生间。客人午间休息起床后,进行小整理,倒垃圾、整理床上卧具、撤换用过的毛巾。晚上利用游客去餐厅用餐的时间,到房间做夜床并再一次小整理。

第三,委托代办和其他服务。要认真、细致、及时、准确地为游客办好委托代办的事项,如洗衣、房间用餐、访客接待和其他客人委托代办的事宜。

第四,安全检查。邮轮首先应对游客的生命财产负责,确保游客的安全是客房部的一项极其重要的职责。如果因措施不力或工作疏忽,使游客的人身或财物受到损害,不仅邮轮在经济上要受到损失,更严重的是邮轮的声誉也要受到严重影响。因此,必须在每个服务环节上采取必要的安全措施。

(4)离别结束工作

第一,做好游客离开前的准备工作。要了解游客离别的日期、时间,所乘交通工具的车次、班次、航次,所有委托代办的项目是否已办妥,有无错漏。问清游客是否需要提前用餐或准备饭盒餐。早晨离店的客人是否需要叫醒,什么时间叫醒。如房间有自动叫醒钟应告诉游客如何使用。最后还要询问游客还有什么需要帮忙做的事情。如果有的事情在本部门不能完成,应与有关部门联系,共同协作,做好游客离开的准备工作。

第二,定时的送别工作。利用游客就餐时间,检查游客有无物品遗留在房间,如有要提醒游客。游客离开楼层时,要热情送到电梯口,有礼貌地说"再见""欢迎您再来"。

第三,游客离开后的检查工作。游客离开后要迅速进入房间,检查有无客人遗忘的物品，如有应立即派人追送，如送不到应交总台登记保管，以便游客寻找时归还。同时，要检查房间小物品或其他手工艺品有无丢失，电视机、收音机等设备有无损坏，如有应立即报告主管。

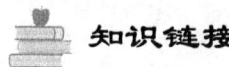 知识链接

为什么要选阳台房？

从经济性来说，坐邮轮选择内舱很不错，睡觉洗澡休息一切的需求都可以满足了，如果我们想呼吸一下新鲜空气，我们可以去甲板。阳台房？不需要！

但是，真是这样吗？为什么阳台房要比内舱房贵这么多还是很受欢迎？好吧，小编就来告诉你为什么，或许你下次邮轮之行就会毫不犹豫地选择阳台房了。

（1）新鲜空气。有时候，你在舱房里不一定是睡觉，当你需要在舱房里看书或看电影的时候，没有新鲜空气会让你昏昏欲睡，这时候你只需要打开阳台门就可以了。需要提醒的是你离开的时候别忘了把阳台门关上，否则会影响房间里的空调系统，也会把你舱房里的东西吹乱。

（2）风景。也许，每个海上的夜晚差别并不大，都是繁星点点的夜空。但是，在部分航线，白天是有非常美丽的风景的。例如通过巴拿马，你不要和一群人一起挤甲板，只需要在阳台上就可以看到邮轮慢慢通过这一著名的大运河。同样，在阿拉斯加，在挪威峡湾，也只要在阳台房，就可以足不出舱便可欣赏两岸的美丽风景而不是在甲板上和大家一起抢位置。

（3）安静享受阳光。如果你喜欢阳光，但是又不喜欢拥挤嘈杂的人群，那么阳台房是你最好的选择。你可以在阳光充裕的阳台上自在地看书和休息。值得注意的是阳台房也是有层次的，注意保护好自己的隐私。

（4）时间、日出和日落。住在内舱是无法感受外面的光线，不靠时钟的话根本不知道当下是几点钟。更何况海上日出和日落也都是美丽的风景，有阳台房的话你就随时可以期待最美的海上瞬间。

（5）户外餐饮和早茶。忘了在床上用小小的托盘吃早餐吧，你可以在清新的早晨，叫客房服务员把早餐送过来，然后在阳台上享用咖啡和早餐，你甚至不需要换衣服。其实这样的客房服务在任何时候都可以实现，只是你必须要有个这样的阳台才能享受如此惬意的服务体验。

（6）共享舱房的额外空间。如果你和别人一起拼舱，那么阳台为你提供了一个额外

的空间。例如他想睡觉，你不想睡，那么最简单的方式就是你可以在阳台上休息；如果他想看电视你想看书，也是一样。阳台房为你们提供了两块空间而不是必须踢一个人出来。

（7）港口抵达。如果你喜欢早起，那么有阳台的乐趣在于你可以最快地看到港口的风景，看邮轮慢慢靠近港口或离开，都是那么有趣，也可以提早做好离船的准备。

（资料来源：邮轮课堂微信公众号 youlunkt，2015-12-25.）

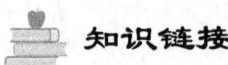 **知识链接**

选择邮轮套房有哪些"福利"？

邮轮套房是邮轮上顶级的房间，宽敞明亮，但也意味着比普通房间的价格更加高昂，让人望而却步。然而，邮轮套房客人也享有其他房型客人所没有的福利，包括：

（1）特色收费餐厅免费用餐。随着邮轮的体量越来越大，主餐厅也越来越拥挤，口味也众口难调。邮轮公司的对策就是增加更多的特色收费餐厅，而套房的客人就有免费享用部分收费餐厅的福利。还有些邮轮公司提供的套房专享餐厅，更加的清静和私密。

（2）管家和礼宾服务。选择最好的套房意味着你的海上生活可以舒适到不用动一根手指或者去和别人一起排长队，有套房专享的管家来帮你处理这一切，他们会帮你拿行李，安排餐饮，预定 SPA，安排岸上观光等。邮轮公司像丽晶七海和银海，聘请的管家是经过专业英语管家协会培训的（培训的管家服务于世界各地的王室家族），而 MSC 邮轮聘用训练有素的国际管家学院在荷兰的专业人士。

（3）优先办理登船和上岸。邮轮公司会尽量安排套房的游客与其他游客保持距离。比如优先办理登船手续和港口上岸，都有专属的 VIP 通道快速办理，而普通游客一般都是围坐在大剧场里等待叫号后陆续离船。

（4）免费饮料。邮轮上除了餐厅提供的咖啡果汁红茶等饮料外，像葡萄酒汽水等饮料都是收费的，还有船舱冰箱的小酒吧也是收费的。而套房客人则有机会享受免费的酒水饮料（各家邮轮公司政策有所不同）。

（5）贵宾俱乐部。如果你要求提供免费饮料、免费的食物和特殊服务，你需要确保其他的游客不能来凑热闹。许多邮轮公司提供专属的贵宾休息室（比如精致邮轮迈克尔俱乐部，荷美邮轮的海王星休息室，公主邮轮的贵宾休息室、皇家加勒比邮轮的礼宾俱乐部和地中海邮轮的 MSC 游艇俱乐部）。这些休息室都设有一切免费的小吃、美食和特色咖啡，以及电视、报纸和礼宾书桌。

（6）免费福利。邮轮公司还会提供各种免费的福利来吸引游客预订更加昂贵的套房，例如，皇家加勒比海洋量子号就会将收费的北极星对套房客人免费，通常会免费的福利还有 Wi-Fi，洗衣，套房内的电影等。即使你不一定会使用这些服务，但是它们会让你的邮轮之旅更加的轻松和自由，不用去想更多的费用问题，从而更好地享受自己的海上假期。

（资料来源：邮轮课堂微信公众号 youlunkt，2016-01-13.）

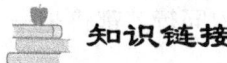知识链接

海洋量子号邮轮套房的"特殊服务"

皇家的套房在各大邮轮中也是雄踞榜首，特别是量子号上的皇家复式套房，是亚洲首次引入跃层套房。其中，皇家双层套房 Royal Loft，简称"RL"，是皇家在亚洲最大的套房，房间面积 152 平方米，阳台面积居然有 57 平方米，而且阳台上自带按摩浴缸和用餐区域。

金卡客人即是入住 GS 及以上房型的客人，包括：家庭套房、豪华双层套房、主人双层套房、皇家双层套房、标准双层套房、高级套房、主人套房、家庭套房。金卡客人尊享特权包括：

·位于 12 层的礼宾行政酒廊，24 小时为套房贵宾开放，提供礼宾管家服务；

·礼宾行政酒廊全天候供应现磨咖啡和各款茶饮；

·礼宾行政酒廊每日上午限时供应西式精致早餐，傍晚限时供应免费畅饮酒水饮料和精美小食；

·套房内首航日提供欢迎果盘和依云矿泉水、高级水疗浴袍及品牌洗浴用品；

·主餐厅菜单，套房宾客免费尊享三餐送餐服务（仅限餐厅开放时间，酒水项目照常付费）；

·套房贵宾专属正餐厅：位于 14 层的海岸厨房餐厅，供应早午晚餐（靠港日午餐关闭）；

·套房贵宾尊享位于 16 层专用日光浴躺椅；

·套房贵宾尊享礼宾管家服务，可优先预订游轮各类服务，如水疗中心和收费餐厅预订；

·套房贵宾尊享北极星体验专享时间并且可以免费体验一次，价值 20 美元；

·套房贵宾尊享皇家剧院、270 度景观厅演出贵宾座席（请提前 15 分钟到场）；

·套房贵宾尊享优先登船和优先离船服务。

（资料来源：音谱旅行微信号，邮轮实用攻略，2017-01-25.）

3. 邮轮餐饮服务

邮轮上一般有若干个正式主餐厅、自助餐厅、不同风味的特色餐厅和咖啡点心吧等。不仅如此，每天的菜谱都有花式翻新，足够满足游客们挑剔的味蕾。

自助餐厅和咖啡点心吧的开放时间都很长，几乎24小时开放，只要你想吃，随时可以享用。邮轮公司还会提供免费送餐点餐服务，一个电话美食就能送进房间。

在邮轮上就餐，其实远比在陆地上更加浪漫。湛蓝的海面配合落地窗全海景餐厅，或伴着微微晨曦，或沐浴金色夕阳。在这里，无论你是与恋人抑或家人同行，都将是一场浪漫的盛宴。

图 5-10　天海新世纪号特色烧烤餐厅

比如，"海洋量子"号拥有多达19家餐厅，如同身处任何一个国际大都市，您可以挑选自己喜爱的各种口味，更可以餐前预订座位。5家免费主餐厅、5家特色收费餐厅和9家休闲餐厅提供中式、美式、意式、欧式、日式、泛亚式菜品，国际风味、健康菜单、创意佳肴和中式菜单，更有比萨、中式面点、三明治等休闲风味美食，可供品尝。

 知识链接

地中海邮轮自助餐服务延长到一天20个小时

如今，地中海邮轮上的不间断自助餐服务已延长到每天20小时，从上午6点到凌晨2点供应免费的正餐和零食。

正统全熟早餐从早上6点半供应到10点，而起床较晚的旅客则可以从10点到12点享受到欧式早餐，包括点心、酸奶、冷盘肉和奶酪。

午餐时间从中午延续到下午3点半。从下午3点半到下午6点，旅客们可以从自助餐的比萨店、烧烤和沙拉吧取用小吃和休闲餐，包括汤、意大利面、蔬菜、肉类、水果以及甜点。

船上的自助餐厅从晚上7点到10点提供全套的晚餐服务，烧烤餐厅则是从中午一直开到晚上10点，比萨饼餐厅从中午一直营业到午夜。邮轮上还提供从午夜到凌晨2点的自助消夜。自助餐的时间依据航线和季节的不同会有半个小时的变动。

地中海邮轮提供24小时客房服务，但在某些时间需要额外付费。

（资料来源：Seatrade Insider：http://www.ccyia.com/tourism/news/2013/0218/997.html；2012-11-05.）

 知识链接

邮轮巨头竞相为中国定制船只，量身打造中餐厅

许多国际邮轮公司不再满足于把现有邮轮开往中国境内的母港或与中国旅行社合作包租整艘船只。他们谋求让自己的品牌打入如鱼儿爱水般热衷于乘坐邮轮旅行的中国市场，纷纷建造专门为中国大陆游客设计的新邮轮。

据美国《福布斯》双周刊网站2016年8月29日报道，国际邮轮协会的报告称，2015年中国大陆有98.6万人次乘坐邮轮，占2015年全亚洲邮轮市场规模210万人次的大约一半，大多数人是从邻近的母港出发在亚洲游弋。

据中国交通运输部预计，到2030年中国沿海邮轮旅客吞吐量将达到3000万人次。很显然，中国将成为全世界最大的邮轮市场，这就是为什么"以中国为中心"的船只越来越普遍。

报道称，这一趋势的另一个迹象是出现首位华人邮轮教母。荣获这一殊荣的是著名女演员范冰冰，她之前被任命为皇家加勒比海公司最新最先进邮轮"海洋赞礼"号的教母。

除了星梦邮轮的"云顶梦"号以外，"盛世公主"号目前正在意大利的芬坎蒂耶里造船公司建造，定于2017年5月14日驶往上海母港，将前往日本和韩国巡游。该船为适应中国市场而建，船身将印有她的中文名字，那是其母公司嘉年华集团的中国员工选定的。该船的排水量为14.3万吨，可载客3560人。

报道称，它将拥有其姐妹船"皇家公主"号和"帝王公主"号的诸多特点，包括海景步道"海上漫步"和以氪氙灯幕为宾客打造的私享用餐体验，但这艘船还发布了一些

专为中国游客设计的场所和体验。这其中包括与永利酒店"永利"中餐厅前主厨理查德·陈共同打造的粤菜餐厅、面食馆、点心吧、茶室和豪华私人卡拉OK厅。

此外，诺唯真邮轮公司中国区总裁戴维·赫雷拉表示，该公司新建的"诺唯真喜悦"号旨在"让我们的贵宾知道，我们不是简单地改装现有船舶，而是为中国市场特制"。

报道称，该船将于2017年亮相，以上海为母港，可容纳3850名游客，提供赴日本和韩国四日或五日游。它的船体画由著名的中国艺术家谭平设计，那是一只凤凰，在中国文化里象征着美丽和好运。

（资料来源：爱邮吉游邮轮微信平台，2016-09-22.）

4. 邮轮娱乐服务

邮轮娱乐服务是指在邮轮上向游客提供娱乐活动场所及在娱乐场所为游客进行娱乐活动提供的各种服务。

在邮轮旅行中，邮轮不仅是每天起居、用餐之处，还是主要的休闲、娱乐场所。邮轮上拥有非常丰富的娱乐设施，以下这些设施是绝大多数邮轮都会配备的：电影院、大剧院、赌场、舞厅、图书馆、青少年活动中心等。

当然每艘船都会有自己的特色，比如皇家加勒比的邮轮注重娱乐，配备极限运动设施，公主邮轮有太极训练，歌诗达陈列众多艺术品，天海邮轮最适应中国人的习惯。海洋量子号的高科技娱乐设施吸引了无数游客争相体验，甲板跳伞、北极星、甲板冲浪等，皆为此处独有。

图 5-11 海洋量子号甲板冲浪

想知道电影院、剧院的放映和演出安排，赌场、免税店的开放时间，网吧的收费，健身房的着装规定，SPA 套餐等信息？不需要跑遍邮轮一处处查找，船上每晚会准备一张《船上指南》放到游客的房间（如歌诗达邮轮、天海邮轮的"TODAY"，皇家的"COMPASS"，公主邮轮的"PRINCESS PATTERN"），所有信息都能在指南上查到。

5. 邮轮健康服务

大部分邮轮都给游客提供锻炼的场地，配有健身区、固定自行车、健身踏步器和投掷器械、游泳池、SPA 中心（SPA 需收费）。健身俱乐部常常与一个水疗区相连，那里提供面部按摩服务、桑拿、漩涡浴、芳香疗法，以及其他一些美容或与放松身心相关的服务。船上可能还会有慢跑跑道，篮球场和其他运动方面的设施。邮轮顶层甲板通常配有 2 个主泳池＋多个泡泡池，有的甚至把"玛雅水世界"整个搬上船不算，还创新了"自由落体"的滑水项目和海上平衡木，甚是刺激！

图 5-12　蓝宝石公主号 SPA 区实拍图

海洋水手号上的冰上演艺场、海上攀岩墙、瑜伽中心、篮球场、高尔夫推杆练习场，等等，只有亲自体验，才能知晓其中乐趣。

图 5-13　海洋水手号高尔夫推杆练习场

6. 邮轮购物服务

邮轮上有各种精品免税商店，无论是烟、酒、表，或者药妆、包包、衣服、珠宝、摄影器材，在邮轮上都能享受到特惠的价格，很多邮轮能保证商品售卖的价格绝对低于岸上免税店的价格。有些邮轮以有许多购物之处为特色，这些场所构成了一条微型商业街。

二、邮轮其他服务

除了以上邮轮基本服务之外，邮轮上还提供一些其他服务，包括：洗衣服务、医疗服务、摄影服务、通信服务、安全服务、老幼服务。

邮轮旅游是一个关联度很高的行业，一艘邮轮对经济拉动的贡献绝对不仅仅是卖船票产生的收益。随着邮轮旅游逐渐步入寻常百姓家，越来越多的人开始要求高品质的旅游体验。专家预测，未来邮轮旅游发展的主要方向之一就是研发特色主题活动，丰富游客的出游选择。各公司都在不断丰富邮轮旅游产品，不同航次的邮轮旅游产品主题也有所不同。比如，同程邮轮在业内首创"邮轮+"的模式，将各个细分市场的需求与邮轮旅游相融合开发出全新的产品线，先后推出了"邮轮+健康""邮轮+蜜月游""邮轮+亲子游"等创新产品，针对中老年群体推出了"海上养生会"，针对蜜月人群推出了"北极星之恋"，针对家庭亲子群体推出了"海上夏令营""小小航海家"等主题邮轮游。

1. 洗衣服务

邮轮一般都有两种洗衣服务，一种是自助洗衣服务，一种是房间洗衣服务。自助的需要自己去洗衣房，洗衣粉大概 0.5 美元/袋，洗衣、烘干大概各 2 美元/次。房间洗衣服务只需在衣柜里找到洗衣单，填好挂在门上，将脏衣服放在衣柜的布袋里，服务员就会将你的布袋和洗衣单收走。具体收费按照衣服的材质来算，大概在 1.6~3.5 美元左右。

2. 医疗服务

海事法规定，游客人数超过 100 人的任何船只都要随船配备一名内科医生，并常常由一名或多名护士来做助手。这些保健专家工作用的设备媲美一所小型医院。大部分邮轮上设有配备了基本医疗设施的医务室，他们致力于提供紧急救治和基本医护治疗，如超出船上医疗可治愈的范围，邮轮靠岸后会将游客/员工送到岸上医院进行相应治疗。一些邮轮公司已经与部分提供专业医疗咨询的机构建立了稳固的关系，他们可以提供包括网络或卫星电话在内的服务。

第五章 邮轮设施与服务

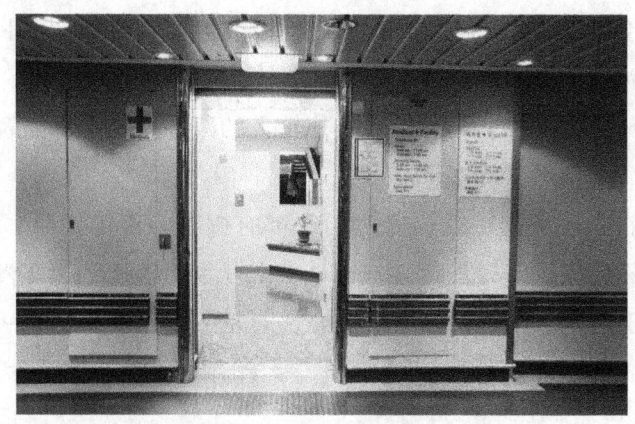

图 5-14　海洋水手号医务室

（1）医护人员的资质

目前绝大部分的邮轮公司旗下的邮轮船队都会配备至少 1 间医务室，每个医务室通常会配备 1~2 名医生，2~4 名护士，医生/护士秘书 1 名。他们精通英语（部分邮轮上也会配有会说中文的护士和会说中文的其他服务人员作为翻译），拥有当前有效的医疗许可证，而且具备至少 3 年的临床医学经验，其中包括动微小型手术的能力；护士需具备国际认可的国际护士证件，且境外医疗机构的临床护理经验至少 2 年。

（2）游客治疗及费用

邮轮上设有基本医疗服务中心，并配备合格医生、护士及医疗设施。但是所有医疗看诊服务都必须由游客另外付费，若是在航程中生病而医生无法在船上治疗时，船公司也将游客送上岸接受医疗，如在船上需要特别的医疗装置或协助（如轮椅），需要游客于订位时告知，具体费用以各邮轮公司规定为准。为了游客的安全考虑，如果自己有慢性疾病的话，要带药上船并且带好医生开的证明；带孩子的父母建议准备些常用的药物，以防不时之需。比如心脏病或者糖尿病患者每日定时的药一定要妥善带好，邮轮房间都设有冰柜，不用担心胰岛素等需要冷藏的药物没办法放置。一些感冒药、退烧药、胃药等常备药可以带一点，有备无患。

（3）突发情况的处理

如果一些突发症状无法缓解，可到船上前台，联系船医，进行一些紧急治疗。当然，这是需要收费的，国际邮轮收费都按照美元计算，视病情而定。一般相对比较贵，十几到几十美元不等。但一般都是紧急治疗，病情严重的，船方还是会根据情况建议生病客人转入岸上的医院进行更进一步的治疗。反正一切服务齐备，游客不用担心什么，只是自己别乱吃，必备药带好，一般都可以安全游玩，度过一个不错的假期。游客在进行健身等活动时，难免会发生一些肌肉拉伤、擦伤等小的意外事故。另外，由于邮轮上有不少老年游客及儿童游客，老年人的一些常见病情如高血压、关节炎、糖尿病等，以及儿童的疫苗注射、感冒发烧等常见病及诊治，邮轮上的医务室基本都能解决。

3. 摄影服务

大多数邮轮，在游客登船或欢迎晚宴时，都有摄影师帮忙拍照。这些照片冲洗后被陈列在船上的照片陈列室里或写真廊（Photo Gallerg），游客可以从中选购自己喜爱的照片，价格合理适中。对于游客来说，大方接受拍照，既是一种风度，也是一种礼仪。

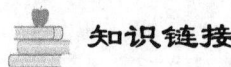 **知识链接**

最奇怪的邮轮纪念品诞生了

还记得邮轮上专门给你拍照的摄影师吗？拍完照去照片廊挑选自己的照片时的兴奋之情记忆犹新吧？但现在这个已经Out了。歌诗达邮轮近日为乘坐歌诗达皇冠号（Diadema）的游客设计了新的礼物，游客的形象可以通过3D打印技术打印出来，从而将欢乐永久留存下来。邮轮还为游客准备了各式各样的服装和装备供其任意挑选搭配。

歌诗达邮轮就如何制作一个游客专属的迷你人形玩偶进行了讲解，船上专家将利用手持式扫描设备，几分钟完成全身扫描，捕获游客从发型到胳膊姿势等身体的所有细节后，经软件程序生成文件，通过安全链接传送给位于巴塞罗那的Labs3D工作室。然后文件经过3D打印机处理，创造出一个迷你三维立体的游客人形玩偶。最终，游客的迷你玩偶，在游客航程结束后，也将被运送到家。

如果用户能获得自己的专属迷你玩偶，那不仅可放在桌上展示，还有更大的纪念意义。迷你人形玩偶纪念品目前向参加歌诗达皇冠号西地中海7晚航行线路的游客提供。

歌诗达邮轮提供三种玩偶规格供游客挑选。据悉，该3D打印产品可设置五种规格（由度量值转换），高分别为156cm、182cm、204cm、228cm和252cm。156cm玩偶大致的费用为96美元，其他更大的版本费用也相应更多。

值得注意的是，不仅仅是歌诗达邮轮提供3D玩偶，德国邮轮公司爱达邮轮（AIDA Cruises）也在其旗下的主力邮轮AIDAbella上安装了一个3D扫描亭，为邮轮上的游客提供3D照相服务。而AIDAbella也确定2017年将进入中国母港，届时中国人在中国母港就可以体验这项服务了。

这一全世界首个安装在邮轮上的3D扫描亭是爱达邮轮与柏林的3D扫描服务供应商Twinkind共同合作的结果。据了解，这个3D扫描亭被安放在船上的照相商店里，该装置配备了200个传感器以捕获照相者的3D数据,然后为其3D打印出相应的人像。由于预期该项服务会很受欢迎,AIDA建议用户可在线提前预订,或者在邮轮行进过程中通过其在线服务MyAIDA进行预订。

通过3D扫描捕获的数据将会被发送到Twinkind在柏林的办公室,然后由该公司使用专业的3D打印机将其打印出来。这项服务的起价为99欧元,之后根据打印尺寸的不同最高可达596欧元,以这个价格您将获得自己1/5大小的人像。该人像将邮寄到您的家中,这样,您旅游归来一到家就能看到它了。

(资料来源:邮轮课堂,2015-11-26,Youlunkt.)

4. 通信服务

由于邮轮一直在公海上航行,因此手提电话都没有信号。如果有急事需要联系,船上全天24小时提供卫星电话,费用为7.95美元/分钟(参考),每次通话最多10分钟,话费须使用信用卡支付。

邮轮上通过卫星连接互联网。游客可轻松上网,并可使用房卡(通行卡)支付费用。近年来,也有一些邮轮在船上安装了无线网络,可以使用自己的笔记本在指定区域上网,比如银海邮轮、地中海邮轮。

部分邮轮比如皇家加勒比"海洋神话"号和歌诗达邮轮"经典"号在公共区域还装有Wi-Fi装置。关于资费,以皇家加勒比邮轮为例,60分钟28美元、90分钟38美元、150分钟55美元。"海洋量子"号拥有非凡的卫星通信技术,提供高速上网服务,可在海上观看网络电影、听音乐、视频聊天、关注股票、下载文件、微信聊天等。连接至"Royal Wi-Fi"皇家无限网络即可享受极速的网上冲浪。所有全程Wi-Fi套餐中最低价为9美元/天(购买3个设备的海陆全覆盖Wi-Fi上网套餐,有机会获赠途鸽移动Wi-Fi设备1台)。

国际邮轮协会营销负责人Jim Berra表示,邮轮业正在努力改善科技,包括升级网络和扩展带宽。正在开发的APP可以让游客关注游轮上举办的活动,像在陆地上一样,通过短信和他人保持联络,不需要"担心漫游费用"。目前这些改善还没有完成,但已经投入建设,未来将会有更多的变化。

5. 安全服务

由于邮轮的特殊性,享受海上美景的同时,邮轮上还有一些安全小常识需要游客掌握。

(1)关于海上失事

泰坦尼克的时代已经过去了,游客完全不用担心这个,现代的船上有雷达声呐、GPS和卫星电话,还能调来直升机和航母救援,救生艇也是足够的。尽管如此,开船前半小时的救生演习也不能忽略,至少要知道救生站在哪里,出现状况后往哪儿跑。其实船上最常见的事故是火灾,所以一定小心用火和使用电器,遇到火灾时按照疏散路线逃跑。

(2)关于治安事件

根据海事公约,船长有权对闹事游客实行监禁,最底层(就是水下2或3层)还有禁闭室。当然大家都是来玩的,谁也不会轻易找麻烦。客舱有个保险箱,放上笔记本电脑和单反都没问题。不过船上闲杂人等比较少,相对比较安全,不锁也没关系。事故或犯罪引起的问题很罕见,至少比在岸上游安全得太多了。

(3)关于恐怖袭击

首先邮轮航行的海域都很安全,邮轮公司不会轻易开辟海盗容易出没的航线,如索马里旅游航线。邮轮最底层甲板在五层,以海盗的设备爬不上去,上去了也不可能取得全船的控制权。虽然邮轮很可能成为恐怖袭击的目标,但是至今为止还没有这样的先例。

(4)关于意外落水

邮轮甲板护栏有齐胸高,船又不怎么晃动,想要失足落水还是很需要经过一番努力的。不过,大型邮轮平均每年有两起以上的游客落水事故,大多是蹩脚的特技尝试者,也有人间蒸发下落不明的。比较现实的危险主要有滑倒跌伤和传染病,不过都不是很严重。

(5)关于晕船现象

对绝大多数人来说晕船不是问题,大游轮有重心平衡系统(通俗地说就是船两侧的大水箱)和水下平衡翼装置(可伸缩的水平翼),要是实在风浪太严重了,可以进行一些运动或者泡在游泳池里都可以减缓晕船,如果实在晕船厉害的话可以找服务台要些晕船药。

不过泊港时有些码头因为水浅不能直接靠岸,要用小渡船摆渡到岸上,这十几二十分钟的小船摆渡比较有挑战性,易晕船的游客尽量不要选有摆渡的线路。不过总的来说,最重要的还是选择较大的船,以及没有风浪的季节和航线。

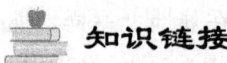 知识链接

统计学分析:邮轮是世界上最安全的旅行方式

我们常常认为飞机是世界上最安全的交通方式,但其实邮轮才是。据研究,邮轮游客的死亡率非常低,所以海上旅行是相对安全的体验,偶尔出现事故之后,整个行业的安全系数还会有很大的提升。

据悉,2016年邮轮产业的客流量将达2300万人次,并且邮轮产业运营记录良好,邮轮甚至比以安全而闻名的民航客机还更为安全。

据达斯皮特律师事务所（Daspit Law Firm）研究计算，邮轮的游客死亡率最低，每16亿千米的死亡率仅为0.08。而相比之下，火车为11.9，汽车和卡车为3.3，民航客机为0.8。因此，该律师所得出结论——海上旅行是相对而言较安全的体验。

当然，意外在何处都会发生。在船上也会发生导致游客伤亡的事故，而且伤亡数字往往也是成比例的。从有关海洋伤亡人数和污染数据（Marine Casualty and Pollution Data）的统计文件中，Daspit法律事务所总结出北美各邮轮游客伤亡的地点、时间和方式。

从2002到2013年，据文件记录，共有356人在邮轮上遇难，1060人受伤。其中包括2012年由于极其罕见的导航错误，使歌诗达协和号沉没所导致的32人死亡。那次事故之后，整个邮轮行业采取了更加安全的额外措施，确保未来邮轮的航行安全。

根据市场占有率报告，嘉年华邮轮占比29.5%，皇家加勒比游轮占比23.1%，挪威邮轮占比14.5%。船员和游客的死亡人数比例分布也基本与之匹配——嘉年华邮轮122人，皇家加勒比游轮68人，挪威邮轮63人。

在受伤人数方面，公主邮轮以522人居首，占总数的49%，挪威邮轮公司以213人排名第二，嘉年华邮轮以181人位居第三。然而，公主邮轮214位伤者都与2006年由于船员人工操作失误导致的船体倾斜事故有关，这也是一次罕见的死亡人数为零的事故。

事实上，在邮轮上最常见的伤情是跌倒（共596人）和与现有医疗条件相关的事故（共300人）。这提醒我们，无论邮轮有多么安全，都要注意周围环境，时刻抓好扶手，大意不得。正如船员在你上船之前要向你确认，你的健康状况足以登船。

每个人都应该知道，坐飞机比开车安全，坐邮轮比坐飞机更安全。

（资料来源：品橙旅游，2016-08-18，http：//www.pinchain.com/article/87226.）

6. 老幼服务

邮轮上有专为儿童设计的游乐场所（包括游泳、运动、游戏、电影等），并按照孩子的年龄段分组有专门人员负责教导及照顾，几乎不用大人们操心。

邮轮上为老年人准备了丰富的娱乐项目和休闲场所，他们可以在棋牌室进行智慧的较量，在专业课堂上学排舞，在图书馆神游书海，在日光浴场享受暖阳……邮轮旅行拥有旅途安全、不耗体力、宁静致远等特点，十分适合老年人，事实上早期的邮轮客群即以老年人为主。

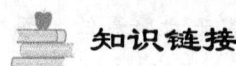 知识链接

柏文画廊全面进驻中国邮轮母港航季

全球最大的私人艺术品经销商之一美国柏文画廊（Park West Gallery）宣布在5艘以中国为母港的邮轮航线上举办丰富多彩的艺术品拍卖活动，与皇家加勒比国际游轮、公主邮轮等国际邮轮品牌联合，共同为中国宾客打造别具一格的海上艺术收藏体验。

中国邮轮市场迅速崛起，各大邮轮品牌不断推陈出新以提升宾客的邮轮度假体验。《2016—2020文化旅游业投资分析及前景预测报告》显示，中国旅游已经从传统"走马观花"式的观光游向以文化为导向的旅行转变。柏文画廊适时与皇家加勒比国际游轮以及公主邮轮倾力合作，将丰富多彩的邮轮艺术品拍卖活动融入以中国为母港的多条邮轮航线，使艺术品鉴赏成为中国宾客邮轮旅行中新鲜而独特的亮点。

在进入中国市场之前，柏文画廊在全球100余艘邮轮上举办艺术品拍卖活动，为逾190万艺术爱好者和藏家打造了别具一格的艺术收藏体验。柏文画廊开创性地将艺术与邮轮相结合，使宾客在搭乘邮轮期间，有机会参观画廊，聆听艺术讲座，体验激动人心的海上拍卖会。在教育与娱乐为一体的友好环境中，激发宾客对西方现代艺术品的关注与热情，为其提供丰富的精神享受。

邮轮与艺术的结合，在业内并不鲜见。如2013年起航的歌诗达邮轮·大西洋号，由知名空间装饰设计师Joseph Farcus构思设计，"大西洋"号作为歌诗达船队中的旗舰船，被业界誉为"艺术之船"。"大西洋"号的设计灵感源自意大利当代电影之父弗莱德里克·费里尼闻名于世的独特风格，不仅到处洋溢着威尼斯古典建筑风情，而且混合了梦境和巴洛克艺术，将梦想带入现实，将艺术带入旅行和海洋。

香港一家邮轮公司邀请波普艺术家蔡赟骅为其全新邮轮创作了名为"寻爱·启航梦之旅"的船身艺术品。蔡赟骅融合中西方艺术元素，编织了一个美人鱼与宇航员的动人梦幻爱情之旅，让邮轮成为移动的艺术品。

又如于6月开启首个中国母港航季的皇家加勒比"海洋赞礼"号邮轮，甲板上的巨型艺术装置"熊猫妈妈与宝宝"，成为合影率最高的明星，吸引游客驻足留影。此外，北京故宫博物院与皇家加勒比国际游轮合作，在停靠于天津东疆国际邮轮母港码头的"海洋赞礼"号上，通过专题讲座、故宫文创产品展示等系列文化活动，让故宫文化走出紫禁城，弘扬中国传统文化。

在与邮轮相结合的艺术活动中，柏文画廊的海上拍卖在业内可谓独树一帜。柏文画廊的邮轮艺术品拍卖不仅是普通的拍卖会，同时包含艺术品预览、艺术研讨会、现场拍卖、

贵宾之夜等丰富的艺术品收藏体验活动。

（资料来源：环球网；http://www.ccyia.com/news/xingyexinwen/2016/0614/3117.html，2016-06-14.）

 知识链接

这些新邮轮想用游戏吸引千禧一代

邮轮这个拥有300亿美元市场的行业正期望通过技术升级吸引到更多的游客。

据《财富》2016年1月4日报道，在继诸多邮轮公司推出高速的全球Wi-Fi之后，皇家加勒比邮轮公司在其"海洋赞礼"号上针对游戏玩家推出了"智能邮轮"的概念。在这艘邮轮上，游客能在海上使用其Xbox视频游戏厅玩线上游戏。

"如今，人们希望被连接，特别是千禧一代，"皇家加勒比IT运营副总裁施密特在接受《财富》采访时称，"他们希望在旅途中也能享受在家玩游戏的感觉。"根据Pew的一项最新研究显示，24%的青少年"一直在线上"。

针对这一需求，皇家加勒比在"海洋赞礼"号上建造了一个海上多功能运动馆，游客在这里可以体验篮球、溜冰、碰碰车、杂技等运动项目。Xbox休息室便位于这个多功能区域的正上方。

除了专门的游戏室，在皇家加勒比的邮轮上，各种尺寸的触摸屏设备已随处可见。要畅享船上的BionicBar，你可以在遍布于酒吧区的iPad上下单，上万种饮品将由麻省理工学院设计的两个机器人调配。

除了上述多功能的体验，在视觉享受上，"海洋赞礼"号还拥有一个用360度摇臂支撑的北极星，游客能在封闭的玻璃舱中，从距离海平面91米的高空360度俯瞰壮阔海景、目的地和船体。

据悉，"海洋赞礼"号为"海洋量子"号的姐妹品牌，于2015年4月22日投入市场，而第三艘量子级邮轮"海洋欢呼"号则将在2016年投入市场。上述邮轮均以高科技著称。

在通过技术吸引游客的同时，部分邮轮公司也正针对特定游客推出主题类的邮轮产品。在电影《星球大战》推出新一季的同时，2015年，迪士尼邮轮公司（隶属于迪士尼公司）就将星球大战的游戏，搬到了他们的"梦幻"号邮轮上。

华特·迪士尼的Imagineer团队在这艘邮轮上，创造了一个全尺寸复制的星球大战飞行器——千年隼号的驾驶舱。邮轮上的孩子们将体验虚拟驾驶"千年隼号"穿过数字空间，触发光速跳跃进入不同的星系。儿童还可以在大屏幕上观看新迪士尼XD动画系列《星球大战反叛军》（*Star Wars Rebels*），或参加游戏区的虚拟活动。

迪士尼还将在海洋探险家俱乐部（OceaneerClub）增设高科技互动空间，加入 DisneyInfinity 的电子游戏，为孩子们提供更多乐趣。在 DisneyInfinityToyBox 区域，孩子们可以一起参与虚拟体验和拟真活动。

此外，为了便于进行游戏活动，邮轮上还将设立互动屋，公开展示全套 DisneyInfinity 中的人物形象。儿童在参观这间仅设于 DisneyDream 的屋子时，可以开启 DisneyInfinity 游戏中的特殊关卡，回到家时还可以继续 DisneyInfinity 的关卡。

除了硬件配备足够契合星战主题，在邮轮内容上，梦幻号还为了星战迷们配备了《绝地武士训练营》（Jedi Training Academy），真实体验星战角色。

据了解，上述这些高科技邮轮仅占全球邮轮数量的 2%，目前还有大量邮轮急需升级。各个邮轮公司也正根据自身邮轮特点在涉及邮轮的各个环节进行科技化改造与升级。

此前，地中海邮轮（MSC）发布了一款预订引擎——MSCBook，旨在简化预订程序。代理预订时仅需四步：选择邮轮和客舱（能选择多至五个客舱）——寻找航班和酒店——增加预付特殊服务（如 SPA、岸上短途旅行、特色餐饮套餐等）——退房。

MSCBook 可将客户的行程加入收藏夹中，以便随时迅速查看。旅游代理可在预订过程中随时接收到快速报价或快速选项。此外，他们还可以通过搜索价格区间、目的地、出发日期或登船港口，来找到最佳邮轮选择。

挪威邮轮公司推出的 IConcierge，能帮助游客了解船上的各种活动，该应用也在挪威邮轮旗下船只上推行。挪威邮轮也在升级其品牌应用 CruiseNorwegianApp，以保障上船前的计划能无缝对接真实场景。

随着邮轮受众的年轻化以及科技的不断提升，未来邮轮之间的竞争或亦是科技之间的竞争。

"技术正在推动年轻人的发展，"皇家加勒比国际娱乐公司副总裁尼克威尔说，"他们的生活和技术是无缝的，所以在海上竞争的关键就是使用技术。"

（资料来源：界面，http://www.ccyia.com/news/xingyexinwen/2016/0105/2785.html，2016-01-05.）

第三节　邮轮服务人员

邮轮服务人员，顾名思义是指在国际豪华邮轮上为顾客提供各种服务工作的服务人员，也称为海乘，工作性质与空乘差不多。但由于国际豪华邮轮空间较大，同时集住宿、餐饮、休闲、娱乐、健身、旅游为一体，因此服务的范围和岗位远远多于空乘。这是最近几年出现的新兴职业形态。国际豪华邮轮主要由甲板部和酒店部两大部门组成，其中在邮轮酒店部工作的服务人员就是海乘。酒店部主要包括客舱、餐厅、前台、酒吧、商场、厨房、赌场、健身房、人事及证件管理、儿童护理、安全员、安保、岸上导游等下属部门。通常一艘邮轮配备的邮轮服务人员有800~2500人，是邮轮上工作人员数量占主体地位的普通海员。

一、邮轮服务工作的基本特点

1. 工作需要长期地在海上漂浮

邮轮服务人员是一个特殊的职业群体。他们需要长期在海上漂浮，每个合同6~8个月不等，期间不能回家，每次航程结束才能在岸上待几个小时。

2. 英语是主要的邮轮服务语言

目前国际豪华邮轮大部分是外国邮轮，英语是邮轮上主要工作语言和服务语言，因此邮轮服务人员需要具备较高的英语能力。

3. 邮轮服务人员来自不同国家

邮轮上的服务人员来自很多国家，堪称是"小联合国"。以加勒比邮轮公司旗下的帝王号为例，1艘邮轮上，除有中国乘务员之外，还会有来自菲律宾、马来西亚、印度、越南等六十几个国家的工作人员，他们在这样员工构成复杂的特殊社区工作和生活，除了要灵活运用语言和交际技能之外，还要对不同国籍同事的文化、习俗和观念有一定的认识，这样才能维持社区成员间较好的互动和交流状态，创造更好的契机融入邮轮这个多元化的国际小社区。

4. 邮轮服务工作强度大、时间长

国际豪华邮轮每次航程开始和结束都需要同时为两三千人提供各种接待服务，工作强度大，且时间长。

二、邮轮服务人员的素质要求

由于工作环境的特殊性，除了具备良好的专业知识和职业技能外，邮轮服务人员还需达到更高的素质要求。

1. 喜欢海上生活

作为邮轮服务人员大部分时间都在海上度过。海上的生活与陆地上的生活差别很大。首先，船员的合同期一般在8~10个月不等，期间都在海上漂浮着，不能离开邮轮，不能

回家与家人团聚；其次，长期在一个封闭的环境中工作，活动空间仅限于整个邮轮；最后，邮轮上的船员来自全世界不同国家，船员之间在信仰、习惯、沟通等方面差异很大，如果不能适应这种工作环境，就会影响船员的工作水平。

2. 较强的服务意识

邮轮旅游的独特性体现在其服务水平上，船员与游客的比例越大代表服务水平越高，此外，还要求邮轮服务人员热情周到、亲切真诚、一视同仁，具备主动为客人提供良好服务的意识，这是提高邮轮服务质量的关键。较强的服务意识是邮轮服务人员的从业前提，也是最基本的职业素质之一。微笑服务是服务意识的最主要表现之一，也是邮轮对服务人员的最主要要求。

3. 流畅的英语水平

邮轮工作是高度国际化的工作，服务对象国际化、服务人员国际化、工作空间国际化，因此，较高的语言应用能力是邮轮员工的基本素质。目前，各大国际豪华邮轮上的通行工作语言就是英语。同时，语言应用能力越强，在邮轮上得到重用的机会就越多，升迁的可能性就越大，在同类岗位上的待遇也就越高。

4. 良好的身体素质

国际豪华邮轮的客流量集中、工作强度大，每个航次需要同时接待两三千名旅客上下船。工作时间长，有的邮轮服务人员的工作时间达到12小时，这就决定了邮轮服务人员必须具备良好的身体素质。客舱服务人员在每个航次结束之后，只有不到几个小时的时间为下个航次的旅客准备客舱。餐厅服务人员每天需要准备早、中、晚三餐所需的餐桌摆台，进行席间服务，有时需要同时端几个餐盘，对服务人员的臂力要求较高；同时还要在顾客用餐完毕后收拾餐桌。

5. 较强的沟通能力

邮轮服务人员需要处理好与旅客、同事及上下级之间的关系。在邮轮上，不管服务人员抑或旅客都来自不同国家，人际交往中，既有文化的冲突，又有利益的关联，这就需要邮轮服务人员掌握旅客和同事所在国的文化习俗，具有较强的沟通意识，掌握人际沟通的原则，具备良好的沟通交流技巧与能力，积极地进行交流。

6. 团队合作精神

邮轮服务人员需要具备良好的团队合作能力，与同事、上下级相互支持、相互协作。邮轮工作的一大特点是一人多岗，根据工作需要，在特殊时段里跨部门合作是邮轮上常见的现象，尤其是娱乐部，因为员工比较少，遇到大型活动必须得到其他部门员工的援助；而在上下船娱乐部比较清闲的时候，需要帮助上下船专员维持秩序、引导接待等。

7. 特定的职业技能

作为邮轮服务人员必须具备特定的职业技能。餐饮服务人员必须具备西餐服务的技能；客舱服务人员必须具备客舱清洁、做床、毛巾宠物等技能；前台员工必须掌握结账收银、外币兑换、投诉处理、总机转接等技能；酒吧员工必须具备调酒技能；赌场员工必须具备发牌、心算等技能；商店员工必须具备销售技能；娱乐部员工必须具备主持、唱歌、跳舞、运动健身等技能。

三、邮轮服务人员的心理特征

1. 邮轮服务职业对心理的影响

国际邮轮服务人员长期生活在大海这个特殊的自然环境和船舶这个特殊的人造环境中，工作和生活环境与陆地有着非常大的区别。生活圈范围被缩小，人们的活动范围也随之缩小，导致邮轮服务人员心理易压抑、乏闷。

国际邮轮的客流量集中、工作强度大，邮轮在港停泊时间长短不一，方方面面的检查频率高，进出港、接受检查、值班、清洁保养等连续工作时间长，缺乏睡眠、低质睡眠（作业噪声、时差、无规律等影响）使人疲劳，加上高度紧张的工作，容易产生烦躁、抑郁、焦虑的情绪，不利于邮轮服务人员心理调节。

2. 邮轮工作环境对心理的影响

在邮轮上工作，邮轮服务人员要经受许多与常人不同的复杂因素的影响。如海上的自然环境、水文和气象的复杂变化、湿度大、风浪多；邮轮的机动性大，在不同的海域中作业，停靠不同的港口码头；邮轮的环境特殊，不但固定，且空间狭小，既有噪声、振动、颠簸、高温、空气污染，又与家庭、社会分离；生活单调，获得信息少而迟缓，新鲜食品蔬菜供应受限；邮轮工作时间呆板，机械且紧张度高，值班时间多而时间安排特殊，劳动强度和体力消耗大等。所有这些因素都严重影响邮轮服务人员的身心健康，再加上海上作业以及随时都可能发生的不可预测的各种特殊情况及事故，对邮轮服务人员的心理影响更是显而易见的。

3. 不同工作岗位对心理的影响

邮轮服务人员工作竞争激烈，不同工作岗位受到重视不同，收入差别很大。尤其是清洁员，压力大，工作强度大，晋升途径相对不畅，收入和受重视程度相对要低，就不容易调节心理。而餐厅、酒吧服务员则较受重视，收入也较高，容易调节心理。

4. 不同邮轮航线对心理的影响

由于受传统教育的影响，大部分邮轮服务人员喜欢距离自己国家近的航线，这使邮轮服务人员有一种归属感，不会有过多身在异乡为异客的孤寂感。反之，如果邮轮服务人员的航线距离自己的国家较远，心里的思乡情结会日益加重，这也会对邮轮服务人员的心理带来影响。之外，不同航线的客人也会有极大的反差，相较而言欧美航线的客人注重细节服务，而亚洲航线的客人则比较随意，这对邮轮服务人员的心理要求也颇高，需要随时调整不同心态应对不同客人。

5. 不同人员素质对心理的影响

接受教育多、技术高、遵纪守法等自控能力强、整体素质好的邮轮服务人员，心理素质相对较好。

四、邮轮服务人员的心理问题

1. 紧张综合征

邮轮服务人员平时工作量大，压力也大，要随时应对各种严格的安全检查，有时还会遇到突发事件。这些都需要他们付出很大的努力去适应，有时甚至超出他们所能达到的适应能力，使邮轮服务人员在较长时间内始终处于心理紧张的状态，从而出现反应迟缓、无所适从、惊慌失措等心理障碍。

2. 情绪波动大

邮轮服务人员情绪波动大，并随着在船工作时间的延续表现越加明显。一般情况下，外派三个月以后，有些邮轮服务人员就会产生情绪不稳定、生理活动指标下降、易急躁、睡眠障碍、能力下降、对家庭思念加重、职业倦怠感明显等现象。个别服务人员甚至会表现得缺乏理智，乃至为了一些鸡毛蒜皮的小事而拔刀相向、大打出手，事后又追悔莫及。还有些邮轮服务人员则表现为沉默寡言、心事重重。

3. 矛盾心理

在整个职业生涯中，邮轮服务人员虽然职务可以得到不断的升迁，但工作、生活的环境几乎不变。这种职业的特殊性导致不少邮轮服务人员在从事邮轮业 2~3 年以后逐步丧失原来由理想支撑的职业兴趣，甚至产生厌恶、恐惧的心理，试图离开这个职业，但又感觉没有其他基础，难以走出去，陷入了欲罢不得、欲干不愿的矛盾苦恼之中。有些邮轮服务人员从邮轮上回来后就又想回去，上邮轮工作了一段时间后又产生厌倦感，寻找种种理由想回来，不仅自己十分苦恼，也影响到了邮轮的稳定和其他服务人员的情绪。

五、我国邮轮服务人员的培养

近几年,中国邮轮旅游市场迅猛发展,各大邮轮公司纷纷进入中国开发邮轮旅游市场。为了满足中国游客对中国籍员工的需要,邮轮公司急需大量的中国籍员工进入邮轮船队中。美国皇家加勒比邮轮海洋航行者号邮轮餐饮总监表示,希望在未来的5年中,中国籍员工能占员工总数的85%以上。国内许多高等院校及培训学校纷纷开展邮轮服务人员的教育和培训工作。我国邮轮服务人员应从以下几个方面来培养。

1. 英语听说能力

目前制约中国籍员工进入邮轮工作的主要原因就是英语水平较差,无法满足国际豪华邮轮的英语工作环境需要。许多中国籍员工无法得到晋升,很大一部分原因与员工英语听说能力差不无关系。英语听说能力的培养不难,关键在于培养他们的自信心,让他们敢于张口,不怕犯错,多加练习。

2. 心理适应能力

船上生活与陆地生活大不相同,来自世界各个国家的员工,文化、生活习惯、思维方式和信仰等差异对初次上船的邮轮员工来说会造成巨大的心理冲突;同时,邮轮上的饮食以西餐为主,中国籍员工很少能吃到中餐,这对中国籍员工的身体素质是巨大的考验。

3. 沟通技巧

邮轮上,一个合同期限为8~10个月,期间一直在邮轮上度过,只有合同期结束才能回到陆地的家中休息几个月。长期在一个封闭的环境中工作和生活,信息闭塞,工作单调重复,周围可交流谈心的人太少,容易产生孤独感。只有那些善于沟通且性格外向的人才能体会到邮轮工作的快乐。

4. 微笑服务

国际邮轮服务是服务行业,邮轮是高端旅游产品,其服务质量要求比岸上的酒店要高,服务意识也更为鲜明。服务质量是邮轮公司的信誉和成功的关键因素,在邮轮上,所有的邮轮工作人员,无论是部门主管或经理,还是一般的服务工作人员,都必须训练有素,必须发自内心地以邮轮游客为中心。据美国皇家加勒比邮轮面试官反馈的结果,中国籍员工普遍比较冷漠,为旅客提供服务时笑不出,不能提供发自内心的真诚的微笑服务,这其实是服务意识的范畴。被称为贵族享受的邮轮旅游最注重的就是邮轮服务人员提供的服务,不会微笑,就无法让旅客感受到来自邮轮的真诚。

5. 职业自信心

很多邮轮公司反馈,中国籍员工初上船时普遍比较害羞、不主动,缺乏自信心,不善于表达，不善于沟通，且安于现状。邮轮酒店部门的工作与游客高度接触，尤其是前台的接触更多，良好的自信心能让游客对邮轮产生信任和依赖感。

总之，中国邮轮服务人员培养的前景乐观，只要我们从英语能力、沟通能力、心理适应能力、微笑服务、自信心等方面加以培养，一定能培养出符合国际豪华邮轮服务要求的服务人员。

本章小结

豪华邮轮就像是一艘航行在海上的五星级度假饭店，具有旅游交通运输功能、游览和休闲度假功能、前台功能、后台功能。邮轮的空间可分为3类：客房空间、公共空间、非公用（船上员工）空间。客房空间的邮轮舱房分为四种：内舱房、海景房、露台海景房和套房。公共区域是游客会集的地方，主要包括以下部分：接待区、就餐区域、演出大厅、泳池区、健身俱乐部、礼品商店、医疗室、电影院、照片陈列室、赌场。非公用空间一般位于客房甲板之下的甲板上。其中包括：邮轮员工用房、员工餐厅、员工娱乐场所和驾驶室（游轮控制室）、邮轮厨房和邮轮机舱等空间。

邮轮基本服务包括前厅服务、客房服务、餐饮服务、娱乐服务、健康服务和购物服务。除了以上邮轮基本服务之外，邮轮上还提供一些其他服务，包括：洗衣服务、医疗服务、摄影服务、通信服务等。

邮轮服务人员是指在国际豪华邮轮上为顾客提供各种服务工作的服务人员。由于工作环境的特殊性，除了具备良好的专业知识和职业技能外，邮轮服务人员还需达到更高的素质要求。国际邮轮服务人员长期生活在大海这个特殊的自然环境和船舶这个特殊的人造环境中，邮轮服务职业、邮轮工作环境、不同工作岗位、不同邮轮航线、不同人员素质都会对邮轮服务人员的从业心理产生影响。邮轮服务人员常见的心理问题有紧张综合征、情绪波动大、矛盾心理，邮轮服务人员可以从英语听说能力、心理适应能力、沟通技巧、微笑服务和职业自信心等几个方面来进行培养。

思考题

1. 简述邮轮的基本功能。
2. 邮轮空间有哪些部分？
3. 简述邮轮有哪些基本服务。
4. 邮轮除了提供基本服务之外，还可以提供哪些特殊服务？
5. 简述邮轮服务人员的素质要求和心理特征。
6. 简述邮轮服务人员的心理问题及培养方式。

案例分析

国际邮轮：争相打造"以中国为中心的"邮轮市场

将现有船只的母港部署在中国，或与中国的旅行社合作将邮轮出租都已不足以让当今许多国际邮轮公司感到满足。为了让钟爱邮轮旅行的中国人爱上他们的品牌，这些邮轮公司正心心念念地为中国大陆游客建造新船。

以下是品橙盘点的专为中国制造邮轮的国际邮轮品牌名单，星梦邮轮（Dream Cruises）的"云顶梦"号（Genting Dream）未算在内。

1. 公主邮轮的"盛世公主"号

"盛世公主"号目前正在意大利蒙法尔科内（Monfalcone）芬坎蒂尼船厂（Fincantieri shipyard）进行建造，将在于日本和韩国进行为期一年的巡航之后，于2017年5月14日抵达上海母港。

为凸显该邮轮是专为中国市场而建，这艘邮轮将在船身写上它的汉语名字"盛世公主"号，该名字是由公主邮轮母公司美国嘉年华邮轮集团公司（Carnival plc）的一名中国职员所取，寓意"盛大的世界"或"盛大的精神"。"盛世公主"号总吨位14.3万吨，可载客3560人。

"盛世公主"号和她的姐妹邮轮"皇家公主"号（Royal Princess）和"帝王公主"号（Regal Princess）有很多相似的特征，如"海上漫步廊"（Sea Walk）和灯光环绕游客的私人用餐体验。除此之外，本航线刚发布了许多专为中国游客量身打造的新式船上会场和独特体验，包括和永利轩（Wing Lei，北美地区第一家被授予米其林星级标志的中国餐厅）前主厨Richard Chen联合打造的越式餐厅、面馆、点一龙（dim sum bar）餐厅、茶室和豪华私人卡拉OK包房等。

2. 挪威邮轮（NCL）的"诺唯真喜悦"号

挪威邮轮的中国区总裁David J. Herrera表示："该船是正在为我们尊贵的中国客人打造的一艘轮船，我们不是简单地改造现有轮船，而是专门为迎合中国市场而设计了这一艘轮船。我们希望首次进入中国的邮轮能配得上中国的VIP们。"

"诺唯真喜悦"号（Norwegian Joy）将于2017年亮相，常年停泊在上海，8月和9月将前往天津，主要提供4至5夜的日本和韩国航行。"诺唯真喜悦"号可容纳3850名游客，是挪威邮轮第二艘"逍遥号＋"（Breakaway Plus）级别的轮船。

挪威邮轮进入中国市场并本土化的品牌名为"诺唯真"，这个中文名称代表了承诺、定制与可信赖。作为挪威邮轮第二艘Breakaway Plus级别的邮轮，其载客量为3900名。

在量身打造中，也参考了许多中国合作伙伴的意见，从美食体验到免税购物再到船上的娱乐表演，这款诺唯真邮轮将延续"Feel Free"的风格，使游客畅享海上巡游的乐趣。"诺唯真喜悦"号特点包括：配有包含多个休息区域的家庭式小木屋和一个共享的公共空间，来满足中国人流行的旅游方式，即一家老小全员出动；专为中国游客设计的餐饮场所和场地；各种新式娱乐节目；所有直接接待游客的船员都会讲普通话；大多用汉字书写的标志牌。

目前 NCL 邮轮在亚洲的航线有新加坡至泰国、越南、马来西亚、印度、斯里兰卡、阿拉伯地区的航线，以及中国香港至中国台湾、越南、柬埔寨、泰国等地的航线，由"Norwegian Star"邮轮执行此航线。在未来"诺唯真喜悦"号将开辟更多以中国城市为母港的航线，品橙旅游将持续关注关于此邮轮更多的细节。

中国著名艺术家谭平正在为这艘船设计船体，船体上画了一只凤凰，在中国文化中象征着美丽和吉祥。

3. 歌诗达邮轮的两艘新船

每艘船约重 13.5 万吨，容纳 4200 名游客，将分别于 2019 年和 2020 年启航。该订单只是母公司嘉年华邮轮集团公司与芬坎蒂尼船厂签订的订单的一部分，订单的全部内容是，在 2020 年之前，芬坎蒂尼船厂要在位于意大利的蒙法尔科内和马格拉分厂建造 5 艘新邮轮。这一订单为许多意大利人提供了工作。

"它们是歌诗达集团最大的轮船，"歌诗达集团亚洲区总裁 Buhdy Bok 说，"这两艘量身打造的轮船同样是以'海上意大利'（Italy at Sea）为灵感而开办邮轮假期，并专门针对中国的邮轮市场而定制，因此会展现一些在其他船上不存在的新元素，进而完美平衡欧洲生活方式和中国人口味。更多细节将及时予以公布。"

"歌诗达大西洋"号 2015 年在中国首次从上海出发的全球航行中创造了历史。

4. 地中海邮轮的"抒情"号

地中海邮轮虽然目前还没建造新船，但也已为中国市场做了重新配置。

地中海邮轮的"抒情"号在 2015 年 5 月 1 日开始了她的处女航，船上主要是中国大陆游客，航线围绕中国、韩国和日本。大部分航程会持续 3~4 晚，2017 年 1 月将开启为期 9 晚的远距离航行。

"注意到文化和价值观上的差异，我们对船上的各个方面进行了改进，以保证每位旅客都能够享受到一流的服务，获得一次难忘的经历。"地中海邮轮商务服务主管 Achille Staiano 说。

例如：专门为符合中国游客味蕾定制的餐饮选择，与世界知名主厨 Jereme Leung 合作打造餐厅，由本地服务提供商训练的当地会讲普通话的员工，以便传达中国特定的服务传统,并改变购物体验,囊括了更多为中国游客喜欢的欧洲品牌。

5.皇家加勒比邮轮

尽管皇家加勒比邮轮还没有为中国定制船只,不过该公司宣称与中国携程共同创建了第一艘专为中国人设计的轮船"天海邮轮新世纪"号(SkySea Golden Era)。它的前身是1955年建造的"世纪名人"号,皇家加勒比邮轮将其卖给了携程的分公司Exquisite Marine。该轮船可载客1814人,于2006年进行了升级,增添了"数以百计的新阳台"。海天邮轮公司进一步将其加以改变以适应中国游客:更明亮的油漆,新的大楼梯,用LED照明的枝形吊灯,更为现代和宽敞的零售展示区,赌场里出现更多的桌面游戏来吸引喜欢团体娱乐的中国人,新增2家亚洲餐馆,传统的茶室和新式按摩中心。

(资料来源:品橙旅游,2016-09-01,http://www.pinchain.com/article/89358.)

结合案例思考以下问题:

(1)根据以上材料,分析一下上述邮轮针对中国游客进行差异化设计的主要特点。

(2)未来邮轮在提供基本服务之外还可以提供哪些差异化服务?

第六章 邮轮服务定制与主题开发

 本章导读

企业面临着顾客个性化的压力,即顾客不但要求企业尽快完成他们的订单,还要求得到高度个性化的产品和服务。旅游产品需要个性化设计和创新性服务模式,而创意度高的产品更符合年轻人的消费需求,易于被他们所接受。产品专业化、品质化和精致服务是高消费人群最看重的标准。邮轮产品的定制是基于邮轮所服务的目标客户群的特殊需求,为满足目标客户群而在邮轮硬件和软件方面所做的针对性设计。

第一节 邮轮设计与服务定制

随着个性化旅行的风生水起,邮轮旅行定制服务已成新趋势。现在游客更多地关注旅游体验,追求的是精神上的满足,希望能通过旅行留下美好的回忆,而旅行定制服务能够更好地满足游客的特殊需求。

在大海龟产卵的季节带着孩子到塞舌尔群岛去度假,想入住阿拉斯加德纳里国家公园面对麦金利山的私人lodge,预订一顿美国纳帕山谷的晚餐,到印度听一次佛学大师的讲座……随着旅游市场和人群的细分,定制旅游应运而生,近几年,一些为中高端消费者进行主题定制旅游的俱乐部和公司相继成立,传统旅行社也开始涉足定制旅游业务。目前定制游的主要消费群体是有一定收入,对旅游体验有高要求,并且愿意为服务付费、对专业能力有要求的群体。目前市场上主要的产品形式是旅行主题定制，即按照旅游消费者的旅行目标，设计并实施具体的行程计划，例如以购物、美食、品酒、摄影甚至美容、医疗、宗教等为主要旅行计划的旅游产品。

一、邮轮设计定制

邮轮旅行定制服务的发展源于游客对于个性化旅行的追求，找寻更棒的旅游体验。旅游体验是一系列特定体验活动的产物，这种特定的体验活动是旅游者在一个特定旅游地花费时间来游览、参观、学习、感受所形成的，是由众多复杂因素构成的综合体，这些因素包括个人感知、地方印象以及所消费的产品等。以"体验"为经济提供物的体验经济是继农业经济、工业经济和服务经济之后的新经济形式。在体验经济时代，随着旅游者旅游经历的日益丰富，旅游消费观念的日益成熟，旅游者对体验的需求日益高涨，他们已不再满足于大众化的旅游产品，更渴望追求个性化、体验化、情感化、休闲化以及更加美好的旅游经历。

在华运营的国外邮轮公司，近来都有计划针对中国大陆游客定制建造新船，这其中包括挪威邮轮"喜悦号"、公主邮轮的"盛世公主号"、皇家加勒比邮轮的"海洋赞礼号"等新船。

二、邮轮服务定制的内容

1. 航程定制

针对中国目前的休假特点，最长的一般也就是国庆节或春节七天长假，邮轮公司和旅行社设计的线路，通常只能限制在6天以内。像欧美国家等地的邮轮旅游产品，最受欢迎的航游线路是5至12日游，其中以7日游最为普遍，长可达数十天，这在中国市场需求较小，操作起来有些困难。目前在中国比较畅销的线路都是4~6天的近程线路。例如日韩航线、越南航线等，大部分中国游客乘坐邮轮属于"尝鲜"式消费，花费的时间金钱都相对较少。

2. 航线定制

开发多条线路，针对不同人群推出不同线路。例如：商务旅游，蜜月旅游，银发旅游等等。不同人群的需要不同，针对其特有的需要，开发相应的旅游产品，会得到更高的认可度。例如：蜜月旅游的游客更愿意接受地中海航线的产品。

3. 船上娱乐定制

就目前来说，大部分邮轮的所属公司大都分布在欧美等一些发达国家，当这些邮轮面向中国市场时，就自然出现了产品需求上的差异，例如高尔夫球、酒吧，中国游客对这类娱乐设施的需求并不是很强烈，邮轮本体在设计时，应当充分考虑娱乐方式的"中国特色"，并且进行娱乐消费的引导。如饮食口味及习惯、娱乐及生活方式都应当积极配合中国人的需要。

在特殊的节假日或者庆典活动，邮轮公司都会相应调整自己的娱乐项目，以增进节日和庆典活动的氛围。比如邮轮上的婚礼庆典。在上海或北京等大城市，每年分别有近12万对新人喜结良缘。婚礼市场近年发生了一些变化，人们已经不满足于在酒店摆宴席的传统婚礼，开始追求更为时尚和新颖的形式庆祝终身大事。在这样的背景下，邮轮婚礼充分迎合了个性化婚礼服务的需求。今年，皇家加勒比将在欧美市场颇受欢迎的"海上婚礼"引进中国，在中国母港航行的"海洋水手号"上推出教堂仪式、船长证婚、甲板或目的地婚纱摄影、婚宴等，供消费者选择与组合。

4. 岸上观光线路定制

一艘现代邮轮可接待几千名游客，而不同游客群体有不同的观光需求，邮轮公司需要对游客进行市场细分，针对不同的游客需求设计不同的岸上观光线路。一方面可以实现游客的分流，避免过度拥挤，另一方面可以满足游客需求。

5. 邮轮管家服务

提到奢华邮轮，常常是指一些中小型的邮轮，他们的邮轮设施未必非常先进，但是会提供极高的乘客空间比，让游客保持空间上的舒适。另一个优势就是我们下面要说的管家服务。

说到管家，你可能会想到《唐顿庄园》里刻板的英式管家的形象，认真严谨，一丝不苟。但是邮轮上的管家可不是这样，他们为你提供称心如意的微笑服务，让你如沐春风。他们可以帮你收拾行李，为你整理衣柜，为你准备咖啡和下午茶，熨平你的衬衫，等等。邮轮管家可以做的事没有大小之分，但是我们有必要知道哪些服务他们是可以提供的。

钉纽扣和修拉链：贴心服务，当你的晚礼服或者衬衫掉了纽扣，管家可以用针线来帮你搞定。Noly Millena 来自菲律宾，是冠达邮轮玛丽女王 2 号上顶级复式套房的管家，他笑着说这事交给我你绝对可以放心，我绝不会毁掉一件价值 1 万美元的礼服。

擦皮鞋：你的皮鞋会一直光亮如新。Millena 说他不一定要等待客人吩咐才去做这件事，他喜欢让他们感到意外。

处理特殊的要求：乘客可能会有些特殊的要求，比如叫你帮他使用 iPad 或者拿一份指定日期的报纸，还有些更古怪的要求。Priyesh Chowdhari 来自孟买，在银海邮轮上做银灵管家，他记得有个女人睡觉需要六个枕头，还有的客人早上喝的牛奶需要指定的原百利爱尔兰牛奶，而不是供应的普通牛奶。

帮助举行庆典：Raju Mathew 来自班加罗尔，是丽晶七海邮轮上的领班管家，他回忆，当他知道一对夫妇这次邮轮旅游是来庆祝结婚周年的，等他们岸上游览后回到船上的时候，他在船上安排了一个私人舞会派对。到了晚上，这对夫妇发现自己的床上也已经铺满了玫瑰花瓣，还放着一桶冰香槟。管家还给他们的周年庆典活动安排蛋糕和气球装饰。

整理清洁：你送到洗衣房的衣服，管家会帮你挂到衣架上；你的内衣，管家会帮你叠得整整齐齐并放好；下船之前管家会帮你打包行李；管家 Chowdhari 说，当他注意到客人的眼镜有污迹，他还会帮忙清理掉。

安排私人鸡尾酒会：水晶交响乐号顶级套房的客人，可以让管家来安排私人鸡尾酒会，并且可以邀请其他客人参加。管家不仅帮你布置奢华的酒会场地，安排酒水和零食，也会穿戴燕尾服白手套全程为你们提供服务。

晚宴服务：管家还可以提供晚宴服务。套房客人会有一个专属餐桌，这时候你的管家肩负了酒保、服务员和调酒师的职能。冠达邮轮上的 Millena 说，管家需要知晓邮轮上的菜单、食物以及酒水知识。

给你惊喜：如果你乘坐的是银海邮轮的顶级套房，当你经过漫长的一天从岸上返回的时候，发现浴缸里已经放好了温度宜人的热水时不用感到惊讶，尽管他们不知道你什么时候回来，但却总能够提前做好这些并保持水的温度刚刚好。

情同好友：管家常常是从客舱服务员岗位上提拔上来的长期员工，他们很多已经同经常乘坐邮轮的客人非常熟悉了。Mathew 说很多客人都非常好，有些人还会邀请他们去家里做客。

聊聊名人趣事：冠达邮轮吸引了一些著名的乘客，尤其是邮轮上的顶级套房。管家会和你分享他知道的一些名人逸事，如果你也感兴趣的话。

6. 节庆服务定制（略）

7. 其他服务定制

公主邮轮在 2016 年阿拉斯加和欧洲部分航线上推出全新的"亚洲宾客专享（定制）服务"，包括皇冠公主号、皇家公主号、帝王公主号 3 艘邮轮。

全新"亚洲宾客专享服务"特色项目内容包括：

（1）增设专为中国宾客服务的"海外邮轮服务专员"；

（2）中文版"公主日报"；

（3）简体中文版的 Princess@Seal 活动和邮轮信息网站，包含免费的船上手机短信服务，日文呈现的船上信息和材料、邮轮主餐厅在每日午餐和晚餐中加推一道亚洲风味菜肴等；

（4）简体中文舱房介绍、港口指南、邮轮地图等重要信息；

（5）地平线餐厅自助餐将提供中式早餐；

（6）自助餐厅将提供与邮轮餐厅一致的精选亚洲特色菜品；

（7）所有餐厅都备有简体中文和日文版菜单供宾客索取。

三、邮轮定制存在的不足

从目前情况来看，各国际邮轮公司在产品定制方面面临着以下五大短板问题：

（1）邮轮美食

虽然游客能在邮轮上24小时不间断品尝欧美西式美食，但国内消费者的"胃"却不能全盘接受，特别是中长途航线。如有些邮轮消夜点心提供红酒加奶酪，但中国人始终无法品味和适应。如何能改良餐食，令其既能适度保持欧美美食传统精髓，又能加入中国美食元素以留住国人的"胃"，进而享受更长的邮轮假期，是面对的一大挑战。

（2）目的地岸上观光

作为邮轮产品刚刚兴起的新兴市场，目的地观光仍然是国内消费者极为看重的出游动机，但目前岸上观光项目在项目选择、语言服务、运作模式等方面都不能满足国内消费者的需求。

（3）语言服务

目前的邮轮服务人员大多来自菲律宾、印度尼西亚等地，且仅提供英文服务，中文服务人员大多仅出现在以中国为母港的航次，如果从人员数量或国际远程航次来看，中文服务是远远跟不上需求的。而菜单、船上每日活动日程表等重要资讯内容也是欠缺中文版本的。

（4）购物

国内消费者喜欢出国购物，近年来出境游市场购物需求尤为突出，但邮轮上所提供的商品无论在品种、档次等方面都有一定的滞后性，满足不了目前消费者在购物方面的期望，也使邮轮公司丧失赚钱商机，实属败笔。

（5）娱乐节目

大多数邮轮公司目前还是保留比较西式的做法，如娱乐节目脱口秀、拍卖、品酒、珠宝等方面讲座，都带有极为浓郁的西方文化色彩，国人也因文化差异对此难以理解体会，感受不到更多活动体验的附加值。

四、高端邮轮服务定制

高端邮轮往往定位于金字塔尖的消费群，定制化产品也应贴合奢华市场的需求，小型奢华邮轮可以根据客户需求定制航线、娱乐活动、餐厅菜肴、会议接待、景点观光等内容，更好地展现邮轮旅游产品的丰富性和灵活性，更好地促进邮轮旅游市场的繁荣发展。

五、高端服务定制案例：银海邮轮

意大利人对每样东西都有着极大的热情，他们喜欢追求生活的品质。在这种传统的影响下，罗马 Lefebvre 家族成立了一个具有创新性意义的公司——银海邮轮（Silversea Cruises），为客人提供一种私人的卓越环球航海旅行。

1. 银海邮轮简介

银海邮轮公司拥有的 6 艘奢华轮船，每一艘都是雅致、宽敞、超五星级酒店般的客房给人的感觉就和温暖的家一样，友好而又亲切。银海的成功归因于以下几个因素：私人定制以及迎合每位客人独一无二的需求。这支精致的船队专门为少数的客人量身设计，邮轮上专业的工作人员为你提供最高级别的私人化服务，同时也让你拥有了更大的私密空间。银海邮轮提供大多数带有私人阳台的全海景套房供客人选择。作为奢华邮轮旅行的先行者，银海邮轮以其创新卓越的一价全包式体验以及由全球最知名奢华品牌提供的顶级产品，很快成为现代富有旅行者的不二选择。

2. 极致的奢华体验

邮轮上任何你触手可及的物品都是世界顶级品牌：进门时你能看到客厅里摆放着戴高乐将军最爱的 DRAPPIER 欢迎香槟，温馨舒适的卧室大床上铺着 FRETTE 的床单，洗手间充斥着 BVLGARI、FERRAGAMO 等顶级品牌的卫浴用品；当你在优雅的餐厅用餐时，除了能品尝到世界顶级餐饮组织罗莱夏朵（RELAIS & CHATEÂUX）主厨为你精心烹制的美食之外，你所使用的餐具也都是顶级品牌，如 CHRISTOFLE 的银器、SCHOTT ZWIESEL 的玻璃器皿都将为你的邮轮美食体验锦上添花，凸显你高贵的气质和品位；享用完美餐，你可以坐在奢华的皮革沙发中，只需支付少许费用就可享受尊贵的 DAVIDDOFF 雪茄，更可以品鉴来自世界各地顶级酒庄的精选葡萄酒。这些对于你来说都是最美好的生活体验。

3. 环球精选航线

银海邮轮素来被公认为奢华邮轮界的创新者，为拥有丰富旅行经验的宾客呈献小型精品邮轮度假体验。银海邮轮所巡游的线路独具匠心，每一条航线所经过的港口均为精心挑选，更可轻易造访非热门地点或一般难以进入的港口，如伦敦塔桥、摩洛哥海港及欧洲各岛屿。银海所经过的每一个港口城镇都各具特色，即使航行在同一区域，线路也基本不重复，让你的邮轮度假旅行充满新鲜感。在属于银海的邮轮假期里没有拥挤和等候，相反，可拥有更多私人空间和自由时间。

4. 身份的体现

在俄罗斯圣彼得堡庆祝建市 300 周年时，银海邮轮旗下的银影号被包下作为布什参加领袖峰会的专用居庭，而普京等国家元首以及其他各国要人也曾是银海邮轮的尊贵客人。现在乘坐银海邮轮不仅成为一种奢华的时尚，更是一种身份和地位的象征。

5. 高品质的一价式全包

（1）全海景套房，85% 以上配有私人柚木阳台。拥有同等级邮轮中最宽敞的全海景套房，在雅致的氛围中带来无与伦比的奢华享受。

（2）免费的私人管家服务

银海所有船舰上的全部房型均配有免费的专属私人管家，你的私人管家将会为你提供无微不至的服务。

（3）全天候免费酒水饮料

银海邮轮在船上的"酒窖"中为你准备了各种免费的优选酒饮，你可以在泳池边或餐桌上惬意地享受葡萄酒、香槟以及鸡尾酒。

（4）无须支付任何小费

所有服务的小费已经包含在你的船费中，不需要再支付任何费用。

（5）不限时限位提供用餐

不设固定的用餐批次和座位，你可以随心所欲地和朋友在餐厅里享用美食。

（6）每天补充套房中的橱柜饮料

第一次登上邮轮时，除了银海为你准备的欢迎香槟和盛着冰块的酒杯外，每间套房里还存放了一个有着各式饮料的橱柜，每天按照你的喜好不断补充饮料。

（7）24 小时免费客房点餐服务

24 小时提供正餐和点心，同样不需要任何额外的费用和小费。

（8）丰富多彩的娱乐活动

你可以欣赏精彩的爵士乐表演、古典音乐会、具有当地特色的娱乐节目或在顶层甲板看一场露天电影。银海的大多数航线均有当地知名历史学者、驻地大使、各国政要、作家及地理学者等做客席演讲，与宾客慷慨分享他们在当地的宝贵经历及真知灼见。Viking 烹饪学校的主厨会教你如何创造世界顶级的美食。

（9）免费的城市穿梭巴士

银海邮轮在大多数港口为你安排了免费穿梭巴士往返码头至城市中心，让你自由体验不同城市的魅力。

（10）全海景套房

经过一天令人兴奋的猎奇之后，你的私人套房已经准备好让你得到彻底的放松。躺在偌大的浴缸里舒缓一天的疲劳，或者让你的私人管家为你在房间里安排一顿浪漫的晚餐。步上私人阳台，举起香槟看着渐渐消失的地平线，在闪烁迷人的星空下等待下一个精彩的目的地。

（11）套房设施

- 周全的私人管家服务
- 欢迎香槟
- 饮料柜按喜好补充
- 鲜花鲜果
- 大理石浴室、大尺寸浴缸和独立淋浴设备
- Bvlgari，Ferragamo 等顶级卫浴用品
- 意大利名牌床上用品、亚麻布床单、舒适豪华的枕头、可选枕芯
- 长毛绒浴袍和拖鞋
- 宽敞的步入式衣帽间带大尺寸衣帽镜
- 写字台、个人定制书写用品
- 免费电影频道
- 每天两次客房服务

（12）服乘比接近1∶1的私人化服务

每一艘银海的轮船都为你呈上最细致和专业的管家服务，这将让你的旅程充满超乎想象的尊贵同时又不失友好亲切的氛围。当你登上银海的船舰，手带白色手套的工作人员将热情地迎接你，你手中沉重的行李将会被换成一杯诱人的香槟，而这仅仅还是你神奇旅程的开始。这些从世界顶级酒店集团（The Leading Hotels of the World）毕业的工作人员会为你安排好一切，甚至有时不用你开口也能预知你的需求。

（13）登船日

- 奉上欢迎香槟
- 展示各种卫浴用品
- 提供如天鹅绒、防过敏或理疗功能等枕头选择
- 指导套房内娱乐设备的使用方法
- 为你打开行李，将衣物等有序地挂在衣橱内
- 提前将你喜爱的饮料放在冷藏柜内
- 根据你的特殊餐饮要求，与厨师讨论设计菜单

- 为你预约用餐时间
- 安排健身课程

（14）整个航次
- 确保你的套房完美无瑕
- 提供早餐建议和点餐服务
- 擦拭并保持皮鞋干净整洁
- 安排洗衣和干洗服务
- 饮料柜按你喜好填续
- 更换冰桶
- 每天两次客房服务
- 整理行李及衣物

（15）美食与美酒

银海邮轮的名厨为每位贵宾准备了饕餮美食，免费提供来自世界各地的名酒供每位贵宾品鉴。你可以品尝由法国著名的饮食集团罗莱夏朵（Relais & Chateâux）主厨为你献上的有其专署签名的30道美食。邮轮上私密优雅的餐厅邀请你在这里认识新朋友或在此举办一个小型的庆祝派对。每一个餐厅都拥有惬意温馨的氛围，没有固定的座位，没有固定的时间，你完全可以在乐意时与朋友来任意一个餐厅共享美食。银海邮轮上提供多元化的饮食选择，包括 The Restaurant（主餐厅）、La Terrazza（意大利露台餐厅）、Le Champagne（高雅葡萄酒餐厅）、Pool Grill（池畔餐厅）、24小时免费客房点餐；银神号新增 Seishin Restaurant（日式餐厅）和 Stars Supper Club（繁星俱乐部）。

1）"The Restaurant" 主餐厅

"The Restaurant" 主餐厅为邮轮上的宾客提供优雅的用餐环境和无可挑剔的服务。每个夜晚，每位客人都可以在这里品尝由 Relais & Chateaux 主厨精心烹制并有其专署签名的30道美食。这里每天还提供清淡、低卡的素食以满足素食主义者和有特别餐饮要求的客人。

——早餐/午餐/晚餐（自选式菜单）

——每日清淡、低卡素食菜单

——Relais & Chateaux – La Collection du Monde "蓝绶带" 主厨菜单

——一系列免费精品美酒及饮料

2）"La Terrazza" 意式露台餐厅

你也可以选择在"La Terrazza"享用自助式早餐和午餐，晚上则可以尝试一下地道精美的意大利菜肴。正宗的食谱、新鲜的原料加上厨师们对于美食料理的天赋和激情，让这些佳肴成为了银海独一无二的财富。

——西式自助早餐及午餐

——正宗地道的意大利晚餐（需提前预约）

——一系列免费精品美酒和饮料

3）Le Champagne By Relais & Chateaux 高雅葡萄酒餐厅

你只有在银海邮轮上才能找到 Relais & Châteaux 的海上葡萄酒餐厅，任凭自己沉溺于一个美酒以及特色风味菜肴相伴的夜晚。船上的精品美酒均来自世界上最著名的酒庄，一定让懂得品酒的你流连忘返。高雅葡萄酒餐厅为客人营造了一个舒适浪漫的环境，非常适合举办私人宴会。

——由于座位有限，需提前预约

——仅提供收费名酒

——需支付入场费用

——可举办私人派对（有人数限制，通常设最低消费）

4）Stars Supper Club 繁星俱乐部 / Seishin Restaurant 日式餐厅

银神号新增繁星俱乐部为你提供更为轻松惬意的用餐环境，时鲜菜肴、现场音乐秀、舞蹈、私人会所式的氛围让你流连忘返；同时为满足更多亚洲客人的口味，银神号特别增设了全新亚洲餐厅，提供日本寿司、神户牛肉等亚洲美味。

——私人会所氛围晚餐（繁星俱乐部）

——日式精致晚餐（日式餐厅需提前预约且收取适当费用）

5）Pool Grille 池畔餐厅

在这里你可以在阳光下享受新鲜、可口的美食和饮料。

无论是开胃的午间小吃、美味的夜宵还是正式的晚餐，都可以告知你的私人管家或 Room Service 部门，你的管家会将美食一道道送进你的套房或私人阳台内。24 小时房内点餐不失为一个省时省力的好选择，而且这一切全部免费为你提供。

（16）六星邮轮设施

除了精致的餐厅外，你还可在邮轮上找到所有自己喜欢的娱乐设施，比如赌场、SPA 水疗中心、健身中心和提供夜间娱乐表演的剧场。

The Show Lounge 剧场

船上所有客人都可同时欣赏体验邮轮上的高雅艺术表演、讲座、现场烹饪课程、船长欢迎酒会及电影。

The Panorama Lounge 全景休息厅

提供免费下午茶，现场音乐表演和宽敞的舞池让你放松身心。

1）The Observation Lounge 顶层观海厅

在航海日观赏浩瀚海景的同时为你营造放松惬意的气氛。

2）The Bar 酒吧

晚餐前后免费鸡尾酒、现场钢琴演奏、迪斯科及乐队歌舞表演。

3）Poolside 露天泳池甲板

在露天泳池甲板上有鸡尾酒、月光和轻柔的海风，还有地道特色舞蹈和星空下的露天电影。

4）The Casino 赌场

提供轮盘、21点、扑克及电动老虎机。

5）The Connoisseur's Corner 雪茄吧

可品尝高级白兰地、大卫多夫及古巴雪茄。

6）SPA / Beauty Salon 水疗及美容中心

无论你希望松弛神经、排毒养颜或焕发身心，受过专业训练使用最新科技的SPA美容及按摩理疗师，都可以提供一系列疗程及服务选择，务求满足每位宾客的需要。这里亦设有干湿桑拿室、美容发廊。

7）The Fitness Centre 健身中心

健身室配备含举重器械的健康舞室、先进跑步机、心肺锻炼仪器、楼梯步行机、划艇机、健身单车、健身球、踏步积木及瑜伽垫等。

8）The Boutiques 时尚精品店

提供各种免税商品，如服饰、珠宝、手表、纪念品等。

9）The Library 图书室

可免费借阅各种书籍报刊、DVD。

10）Internet Café 网吧

多部17寸液晶电脑可提供收费上网和发送接收邮件服务、传真和打印服务。

11）Card Room 会议室 / 棋牌室

提供各种牌类消遣，并提供小食和饮料；也可打通召开小型会议。

（17）奢华的套房体验

乘坐六星级奢华邮轮——银海，感受与众不同的尊贵享受。全海景及阳台套房，一价全包式的完美假期包括全天候24小时名厨餐饮、精品酒水饮料、丰富的娱乐活动、1：1专属管家服务。正是一些微不足道的细节使乘坐银海邮轮的过程不仅仅是一次旅行那么简单。为了帮助你更好地安排海上假期，每天你都会在套房内收到免费的银海快讯以及每日新闻简报。银海快讯包括当日港口信息、邮轮上的活动安排、健康保健贴士、晚间娱乐活动预告及衣着提示等，另外还包括船上设施的服务信息以及开放时间。每个套房都可以通过卫星电视接收到CNN、BBC和FOX新闻或收看各类电影，你还可以从图书馆免费借阅经典影片在套房内观看。

（18）尽享海上惬意生活

在船上，你没有日程安排，每天的活动由自己选择计划。早餐后你可以悠闲地在金色的阳光下作画，作为一天的开始；或许你也可以享受我们独一无二的海上SPA；或者逛一下设计师的精品小店。你也可以在按摩泳池里舒展一下身心，享受一场水中排球赛；或仅仅在泳池边品味一本好书来放松自己。到了晚上，夜色迷人，整个邮轮随着娱乐设施发出的闪烁灯光而一下子活跃了起来。你可以在剧场里观赏经典演出和歌舞表演或者在赌场里小试身手，抑或和刚认识的朋友在私密的酒吧里聊天。银海的宾客一直在寻求生活中最美好特别的体验，期望以最好的美食来满足自己挑剔的味蕾。在雪茄吧里，我们为你提供最好的Davidoff和古巴雪茄，还有收藏家梦寐以求的上等白兰地和葡萄酒，不管是内行还是新手，你都会被其深深吸引。当然我们还会提供世界上最好的鱼子酱供你品尝。

（19）完美的海上健身体验

银海邮轮为你提供心灵、身体、精神上的极致放纵，当然我们也知道我们的客人对健康和富有都有着开明的态度。船上的健身中心为你提供循环重量训练、健美操、跑步机等健身项目，也拥有蒸汽室和桑拿房等设施。我们还提供普拉提和瑜珈健身课程训练，并配合个人化的健康饮食计划。

（20）全球目的地

银海航行区域遍布120多个国家、400多个港口，将近200条从不重复的线路满足喜爱探索未知、渴望拥有与众不同旅行体验的你。从俄罗斯圣彼得堡的中心到南美亚马孙河，穿过伦敦塔桥去看挪威壮丽的美景，银海让所有旅行爱好者体验下龙湾的文化魅力、见证南极大陆宏伟的冰山、横渡令人惊叹的巴拿马运河以及到访只有小型邮轮才能抵达的天堂岛屿。

1）每年在航线中增加新港口，为银海的常客提供不断变化的新奇度假体验。

2）银海航线提供的特色港口是其他豪华邮轮航线的近两倍，并且可直接驶入大型邮轮无法直接停靠而需要接驳的港口。

3）许多航线会在世界上最具魅力的港口过夜停靠，让你能在港口尽情享受迷人夜晚。

4）航程从7晚到126晚不等，满足不同客户的各种需求。

5）每个港口都提供了一系列由银海组织的可选岸上观光活动。

6）除了常规的7~15天航线之外，银海还提供25~92天不等的越洋和环太平洋航程，让喜欢乘邮轮游世界的客人拥有更多选择。

（21）优惠（会员）政策

银海提供一系列让你心动的优惠政策，提前预订就能享有大部分折扣，让你的旅程更显价值。

1）Silver Savings 早预订优惠：提前预订大部分航线在全价基础上最高可享受4折的折扣（折扣比例会根据实际情况有所调整）。

2）Onboard Savings 船上预订优惠：在航程进行过程中，预订另外一条航线，享有船上预订优惠，最高可享5%的额外优惠。

3）Extended Voyage Savings（EVS）延长行程优惠：选择两个或两个以上的连续航程，可享受每个航次5%的额外优惠。

4）Venetian Society Savings 威尼斯人尊尚会籍：当你第一次完成银海的航海旅行时，就成为了银海威尼斯人协会的一分子。所有热衷于环球奢华旅游的旅行家都可以成为其会员，同时享受到会员独有的特权和优惠。

5）会员独享

• 部分航线额外享受5% 邮轮旅程折扣

• 邮轮参观特权

• 威尼斯人时事通讯

6）里程回报

• 满100天：5%的额外折扣和免费洗衣服务（不包括干洗和熨烫）

• 满250天：10%的额外折扣

• 满350天：赠送7天阳台套房的邮轮行程

• 满500天：赠送14天阳台套房的邮轮行程，之后每满150天赠送7天阳台套房的邮轮行程

（22）会议及奖励旅游

不管是为团队旅游预订房间还是租赁整艘邮轮，银海将尽力满足宾客的一切入住要求。从一个目的地再到另一个目的地，在银海邮轮的伴随下，你会全程享受到安全、私密、人性化的服务，就像在体验一次世界一流的高尔夫运动一样。与一些奢华旅游目的地相比，银海的航程线路提供了更好的价格，其一价全包的方式使你轻松削减了自己的预算。每艘银海邮轮都配有一个带有视听设备的会议室，以及一个为公司客户展示销售产品的多功能展览厅，在晚上更有一系列的娱乐活动可选择。邮轮上也配有可以欣赏到美轮美奂的全海景景观的多功能厅，以及两间六星级的餐厅。邮轮上也提供各种各样的设施，其中包括桑拿房和蒸汽室，提供普拉提、瑜伽和有氧健身运动及力量训练指导的健身中心。

还有配备 DVD 及各种书籍的图书室，宽阔的泳池甲板，两个按摩泳池和一个池畔酒吧。银海邮轮可以为会议旅游和奖励旅游的团队客人提供报告说明会、鸡尾酒会和会议等服务。银海邮轮以其私密性的特点而著名，它既适合 20 人以下的小型团队，也适合 100 人以上的大型团队甚至包船。不管你需要的是什么样的会议服务，银海都可以为你量身定制一次难忘的体验。

不管是团队旅游或是租赁整艘邮轮，客人都可以在船上享受超一流的一价全包式品质服务，包含酒、酒类饮料和香槟、小费以及港口税的所有费用。同时，你也可以享受到真正独一无二的高档设施带来的优质服务。每艘银海邮轮上的会议和棋牌室都可以通过可移动墙拼凑成一间或者独立的两个房间。你可以按照喜好将它们设置成剧院或者教室风格。

视听设备：
- 24 寸的 PAL/NTSC 多系统电视
- 可携带扩音器和演讲设备
- 1.5 米的可移动投影屏幕
- 投影仪
- 双卡式播放机 / 录音机
- 可翻卷屏幕
- 可携带的音响系统
- 白板
- CD 播放机
- 挂图

银海邮轮的每个观景多功能厅和全景观光室都配有一系列的视听设备，方便为公司客户举办报告说明会和典礼仪式。大多数公共区域都配有麦克风，使你可以轻松地照顾到每一位客人，受过专业训练的员工可以帮助你调试任何视听设备。乘客可以在配有电脑的网吧和公司保持联系，收发电子邮件。同时也可以获得传真和长途电话服务。

第二节　主题邮轮产品开发

我国巨大的市场潜力吸引着国际邮轮企业纷纷进入我国抢占邮轮市场，邮轮企业之间的竞争愈演愈烈。加之邮轮产品同质化问题严重，已不能完全满足游客更加多元化、个性化的需求。很多邮轮公司充分把握邮轮旅游业蓬勃发展的机遇，不断开发内涵丰富的邮轮主题产品，在激烈的市场竞争中寻求竞争优势。邮轮主题产品的开发，为提升市场竞争力、解决产品同质化问题、满足游客个性化需求等方面提供了新的发展思路。

一、主题邮轮产品的内涵

为吸引公众的眼球、拓展新的客源市场，很多邮轮开发商致力于在产品的差异性、独特性上狠下功夫，开发出特色鲜明的邮轮主题产品。本书认为，邮轮主题产品是指邮轮开发商通过发掘、利用或创造某一主题素材，通过邮轮的外观展示、氛围营造、航线设计、服务设施、娱乐活动等的供给，为游客提供满足其需求的难忘体验。它最大的特点是赋予邮轮以某种主题，围绕既定的主题来设计产品，使主题刺激旅游者产生消费行为。从邮轮产品需求的角度看，邮轮主题产品是一次难忘的体验；从邮轮产品供给的角度看，邮轮主题产品是通过主题化设计为游客提供难忘体验的一系列活动。

邮轮主题产品与一般邮轮产品的区别在于：第一，邮轮主题产品是一种专项产品。与传统的观光、休闲、度假等产品不同，它是围绕某一特定的主题素材将诸多旅游活动组合在一起而形成的一种体验性、参与性、文化性更强的旅游产品。第二，邮轮主题产品的时效性较强。由于该产品的主题可围绕某事件、某社会热点、某节庆活动等加以策划，因此具有一定的周期性或季节性。第三，邮轮主题产品的客源市场具有针对性。邮轮主题产品是以某一素材为主题，其客源市场往往集中于对该素材具有特殊偏好的群体。

二、邮轮主题产品开发的原则

1. 市场导向原则

现代营销学之父科特勒指出，产品是提供给市场并引起人们的注意、获取、使用或消费，以满足某种欲望或需要的任何东西。产品的基本特征就是要满足顾客的需要。因此，邮轮主题产品的开发不能盲目，一定要在对市场进行认真的调研、分析和预测的基础上，以游客的需求为出发点，开发出既满足市场需求的特色产品，又能被游客所接受的价格适宜的产品。也就是说，在进行邮轮主题产品开发时，必须以市场为导向，发掘、凝练、创造主题，开发出具有特色的主题产品，从而引导开拓邮轮市场。

2. 文化性原则

具有文化内涵的产品才有生命力，因此对邮轮主题产品的开发必须坚持文化性原则。所谓文化性原则是指在开发邮轮产品时，要根据所发掘的文化亮点，如地域特色、历史文化、节庆活动、社会热点、名人文化、艺术特色等，进行深层次的挖掘，凝练出最具特色的主题文化，再使邮轮的设计、建造、内部装修、产品开发、经营管理、服务等方面以此为主线进行打造。总而言之，邮轮主题产品开发核心就是要选定主题文化。

3. 体验性原则

随着体验经济时代的到来，邮轮旅游者并不是单纯地追求邮轮观光、休闲、度假，他们更希望在此次邮轮旅行中获得一些新奇的体验。为此，在开发邮轮主题产品时，邮轮企业应该围绕既定的主题，从邮轮的舱房、餐饮、音乐、灯光、活动、品牌形象等方面着手，使其满足游客物质和心理方面的体验需求。具有体验性的邮轮主题产品既能充分地调动游客参与的积极性，又能为游客提供一个值得回忆的有价值的旅程。

4. 差异性原则

当前，随着邮轮旅游的持续升温，邮轮旅游市场竞争日趋白热化。邮轮企业要在激烈的市场竞争中脱颖而出，就要开发出具有特色、差异性的邮轮产品，从而抢占客源市场。所谓差异性原则就是邮轮企业凭借自身的优势，开发出在服务、形象、活动等方面优于竞争对手的产品。与市场上现有的邮轮产品相比，差异化的产品更能满足邮轮旅游者个性化、多元化的需求。可以说，邮轮产品的差异化竞争已成为现代邮轮企业成功运营的关键。

三、邮轮主题产品开发的建议

1. 明确目标市场，找准市场定位

邮轮旅游活动的参与者带有极强的群体性特征，如银发市场、家庭市场、蜜月市场、商务市场等，不同的群体对于住宿、餐饮、参与性活动和场地设施等需求都不同。对任何邮轮企业来说，要满足所有类型游客的需求偏好是不可能的。因此，邮轮主题产品的开发不仅要正确选择目标市场，而且要做好目标市场的定位。首先，邮轮企业需要对客源市场进行认真的调研分析。其次，按照游客的个性特征、偏好、需求等变量进行市场细分，寻求适合自身的目标市场。最后，再对选择的目标市场进行市场定位。例如：2012年，为纪念泰坦尼克号沉没一百周年，英国一艘名为"巴尔莫勒尔"号的邮轮推出了"泰坦尼克号纪念之旅"。该艘邮轮从泰坦尼克号当年始发地英国南安普敦出发，重历泰坦尼克号当年的航程，造访其沉没地点，让乘客们亲身感受当年的场景。通过市场细分，邮轮公司选择了泰坦尼克号幸存者或遇难者的后代、历史学家、小说家和泰坦尼克号粉丝作为目标市场。该主题产品推向市场后，船票提前几个月售完。可以说，邮轮主题产品开发的成败，关键在于市场定位是否正确。

2. 精心提炼主题，注重文化内涵

邮轮主题产品的核心是主题，文化内涵则是主题的灵魂。因此，邮轮主题产品的开发，不仅要有合适的主题，而且要注重产品文化内涵的挖掘。只有这样，邮轮主题产品才更具有自己的特色。目前，邮轮产品主题的类型已呈多元化发展的态势：有历史文化型、地域特色型、节庆活动型、社会热点型、艺术特色型等。对邮轮产品主题的选择应考虑目标客源市场的人口特征、需求、喜好等。除此之外，选择的主题一定要有创意，避免与其他产品的主题雷同，从而确保在市场上的新颖性、独特性。例如，歌诗达邮轮公司结合地域特色，以"意大利风情"作为主题，深入挖掘意大利文化，将"海上意大利"的形象表现得淋漓尽致。旗下的邮轮不仅外观、内部的装潢弥漫着意大利气息，而且船上纯正的意式餐饮、休闲娱乐活动等都体现了古老优雅的意大利文化。它推出的"威尼斯狂欢节""ciao,意大利欢迎你"等主题航次，更是将意式浪漫发挥到了极致。乘坐歌诗达邮轮的乘客可以尽情享受热情、神秘的海上意大利之旅。

3. 营造主题氛围，提高游客参与性

游客除了对邮轮产品本身进行体验外，更重要的是对主题环境、氛围的感受。2015年是中国动画《喜羊羊与灰太狼》十周岁生辰，歌诗达邮轮与深受中国观众喜爱的《喜羊羊与灰太狼》进行全方位合作，推出"喜羊羊"主题航次。主题航次期间，歌诗达邮轮公司为展现主题，在每艘邮轮上营造主题氛围，如精心布置"喜羊羊"主题房间；扮成喜羊羊、美羊羊等动画角色与游客进行互动；推出各式的主题餐饮；发售"喜羊羊"限量版纪念品，等等。该主题产品将欧式文化与中国文化进行了创新性融合，给游客留下了美好的难忘体验。因此，邮轮企业一旦确定了主题，就必须通过营造邮轮的环境、氛围来全面展现主题。在硬件设施方面，邮轮的外观、内部装修、背景音乐、设施等方面要与主题和谐统一；在软件要素方面，邮轮的经营管理、服务、主题活动要体现主题的文化内涵。主题氛围的营造不仅能给游客带来视觉、听觉、味觉、嗅觉、触觉等感官和各种情感要素的体验，而且能激发游客参与的兴趣与热情。

4. 适时更新主题，提升吸引力

随着市场的变化，旅游者的需求也在发生变化，加上同行竞争者的模仿，邮轮的主题很容易失去吸引力，这就需要适时对产品的主题进行更新。邮轮主题的更新可从以下两方面着手：一方面，可将邮轮的主题进行延伸。所谓延伸是指当主题还具有开发价值，而产品已不能满足市场的需要时，选择与原有主题相关的主题或素材进行扩充，以便挖掘新的吸引力。另一方面，可将邮轮的主题进行创新。所谓创新是指当主题已不能满足市场需要时，重新选择主题。例如：MSC 地中海邮轮公司为满足市场的需求，适时更新产品的主题，推出差异化的邮轮产品。2011 年 2 月，MSC 地中海邮轮公司与 AC 米兰足球俱乐部正式联手，同年 6 月推出了"地中海邮轮 AC 米兰主题航次"，赢得了中国广大 AC 米兰球迷的追捧。2013 年 4 月，MSC 地中海邮轮公司又推出了"MSC 地中海邮轮自

行车主题航次",受到了北欧冒险之旅的乘客们青睐。

5. 打造主题品牌,扩大知名度

随着邮轮旅游的飞速发展,邮轮旅游的竞争常常表现为邮轮企业的竞争,而邮轮企业的竞争又往往表现为邮轮品牌的竞争。由于品牌具有强大的影响力,对产品鲜明个性的塑造、价值的体现、知名度的扩大、竞争优势的形成等有着极其重要的作用,因此主题产品品牌的打造必须引起邮轮企业的高度重视。邮轮企业可以通过邮轮产品主题的塑造,吸引公众的注意,深化游客的记忆,从而形成自己的品牌。同时,邮轮企业还应重视品牌文化的挖掘、品牌形象的识别、品牌的推广与扩张,从而提升邮轮企业的形象和核心竞争力。1994年,迪士尼集团凭借主题乐园、酒店管理的经验进军邮轮产业。1998年,迪士尼邮轮正式成立,主要针对亲子家庭旅行者,提供短期的海上度假体验。迪士尼邮轮沿袭了迪士尼"浪漫梦幻"的主题特色,其船身的设计、舱房的设施、内部的装饰、精彩的主题表演和丰富的游行活动,使整个旅程充满欢乐、奇异和幻想。迪士尼邮轮将两个红色烟囱涂上白色米奇头像作为 Logo,更易于游客对迪士尼品牌的识别。迪士尼邮轮所传递的"梦幻""快乐""童真"的品牌形象受到众多家庭游客的青睐。

四、国外主题邮轮的开发

在国外,主题邮轮旅行可以有三种不同的举办方。

第一种最常见的就是邮轮企业,如嘉年华、皇家加勒比、公主邮轮、地中海邮轮等。在诸多邮轮企业中,地中海邮轮在主题邮轮领域成绩突出,举办了多个主题的邮轮旅行活动,例如地中海邮轮的自行车主题邮轮巡航和足球主题邮轮巡航。

第二种主题邮轮是由特殊的组织、团体举办,他们自行设定一条邮轮航线,为组织、团体内部的人员服务,若有多余的舱位,则会出售给那些对此次航线感兴趣的人群。

第三种是邮轮的承租人,他们自行设计邮轮的航行,然后出售舱位。在美国威斯康星州有一对夫妇组织了主题为摩托车的邮轮旅行。这个邮轮航行是专为摩托车爱好者设计的,人均需要花费 900 美元,为期 7 天。邮轮上的游客都穿着短袖衬衫、牛仔短裤或者皮裤,就连邮轮上的服务员也是这个打扮。这趟主题为"摩托车"邮轮每年吸引近 50 万名摩托车爱好者。另外,还有"猫王邮轮"上的游客大多都是猫王的歌迷。这趟邮轮从新奥尔良出发,终点为墨西哥的科苏梅尔,为期四天。邮轮上的游客兴趣、爱好一致,人们互相攀谈、气氛十分愉悦。而且邮轮上还会提供与主题相关的活动,更加增强了邮轮的吸引力。

五、主题邮轮策划案例

1. MSC 地中海邮轮 AC 米兰主题航次

作为意大利辉煌和品质的代表,MSC 地中海邮轮已于 2011 年 2 月正式携手 AC 米兰足球俱乐部。2011 年 2 月 17 日,欧洲邮轮市场领袖——地中海邮轮与世界上最成功的足球俱乐部之一 AC 米兰足球俱乐部在米兰签署了长达 3 年的战略合作协议。

地中海邮轮与 AC 米兰足球俱乐部这两个具有同等意大利风格的伙伴将通过战略合作,在意大利和全球范围相互推广对方品牌。

为此,地中海邮轮将于 2011 年 6 月 5 日在旗舰邮轮 MSC 辉煌号的西地中海经典航线上安排 AC 米兰主题邮轮航次。史上首次"海上红黑军团"将于 2011 年 6 月 5 日从意大利热那亚起航,途径意大利、西班牙、法国,进行为期 7 天的海上巡游。

在这次业界首创的豪门足球俱乐部主题邮轮上,MSC 辉煌号将会招待许多来自 AC 米兰的著名球员,并将为年轻的球迷们安排特别培训班及一系列难忘的娱乐活动。在预订船票的同时,通过购买 200 美元的特别"MILAN"活动包,即可在船上与 AC 米兰球星一起互动,参加包括"5 对 5 足球对抗赛""MILAN 足球训练营""MILAN 实验室运动课程"等在内的一系列精彩活动,还可获赠主题邮轮特别 T 恤。

8 天 7 晚			
行程	港口	到达	出发
周日	热那亚(意大利)	—	17:00
周一	那不勒斯(意大利)	12:00	19:00
周二	巴勒莫(西西里岛/意大利)	8:00	17:00
周三	公海	—	—
周四	帕尔马(巴利阿里群岛/西班牙)	14:00	—
周四	帕尔马(巴利阿里群岛/西班牙)	—	00:30
周五	巴塞罗那(西班牙)	9:00	18:00
周六	马赛(法国)	8:00	19:00
周日	热那亚(意大利)	9:00	

本次主题邮轮是业界首创,将为中国广大的 AC 米兰球迷提供机会,搭乘全球十佳豪华邮轮,与喜欢的球星亲密接触,与世界各国球迷一同狂欢,同时还能饱览地中海美景,享受精彩难忘超值的梦想旅程。地中海邮轮公司还为中国客人准备了完善的线上服务功能。MSC express 网上登船功能,可以通过线上预注册帮助乘客实现码头登船绿色通道;通过

MSC CLUB 会员俱乐部线上申请,所有中国客人可以方便地成为地中海邮轮会员,享受各种会员超值优惠和积分;通过新闻获取登记,可以第一时间收到地中海邮轮官方新闻。

2. 天海邮轮——中国好声音

2015年12月,天海邮轮与国内知名娱乐节目"中国好声音"宣布合作,在业内率先推出"邮轮+"概念,旨在用音乐打造"与快乐同行"的邮轮新体验,为游客提供全新的邮轮旅游模式。

作为最了解中国游客"旅行口味"的邮轮公司,天海邮轮很注重在餐饮娱乐与旅行特色中融入"中国元素"。2015年,新世纪号在首航后短短半年,先后举办了环球小姐、世界小姐大赛、荷尔蒙音乐节等主题活动,丰富了中国游客在邮轮上的旅行体验。

针对中国游客习惯在公共假期出游、日本邮轮线路颇受欢迎等特点,2016年,天海邮轮在高性价比的基础上,推出"海上过大年""日本过春节"等特色邮轮游体验项目,并进一步优化了餐食品类,增加了热食、本帮菜的品种和数量,更迎合了中国人爱吃火锅的偏好,创新推出了"海上捞"自助火锅等特色餐饮,拉近了海上旅行与"中国胃"之间的距离。

十一期间,天海邮轮结合市场特点,把广受瞩目的"G20餐桌"搬上了邮轮,在新世纪号上推出了"G20系列菜品",让所有游客都能在船长晚宴上免费体验到"国宴的味道"。消息放出后,国庆航次的几千个名额在短短几天内就全部售罄,受欢迎程度可见一斑。

在当前中国邮轮旅行市场高速发展、境内外邮轮公司竞相入驻的大环境下,天海邮轮精研中国游客需求,创新推出"邮轮+"旅行模式,在激烈的市场竞争中收获了满满人气,也为亚太邮轮行业未来的发展指明了道路。

3. 春秋旅游携手百合网打造11.11相亲主题邮轮游

2014年11月11日,国内最大规模的相亲邮轮——"邮·于爱"脱单主题邮轮将从上海母港心动起航。春秋旅游携手百合网、歌诗达邮轮、春秋航空限量提供400个尊享脱单名额,盛情邀请单身人士来到歌诗达大西洋号共度5日4晚,在享受邮轮舒适度假生活，体验日韩两国美景之余，还可以通过贴心定制的主题活动，寻找有缘的"TA"，共同演绎一场"怦然心动"的邂逅之旅。

（1）卓越服务，舒心抒情

此次春秋旅游凭借"专业、专享、专用、专心、专号"的五专邮轮服务及春秋航空在全国33个航点、包含3条港澳台航线的资源优势，打造"海陆空"全新脱单模式，让你想单身也难。

异地订购春秋"相亲航班＋主题邮轮"套餐，单身人士本人不仅可以有机会享受春秋航空机票免票优惠，还可以尊享春秋旅游提供的上海11月10日一晚免费住宿，并参加独家的预热见面会，让你比其他人更早一步"脱单"！

而带着父母或者闺蜜好友出行的单身人士也完全不用担心冷落他们，拥有数百名"歌诗达邮轮专业领队"的春秋旅游，会以累计高达97%的服务满意率，给你的家人朋友带来一个悠闲舒适的邮轮假期。

（2）百合助力，预见幸福

中国实名婚恋网开创者百合网倾情助力，主办方特邀优质单身男女，作为本次活动的"民星"男神及女神，给你实实在在的可预见的幸福。例如已报名的西班牙籍男神费尔南多，目前在上海一家高档卫浴品牌市场部工作，希望可以找到中国籍的女朋友！此外，还有春秋航空的美女空乘和帅气的飞机维修师参与脱单之旅。单身人士只要有兴趣，就可以通过 coffee time 约见男神、女神共进下午茶。

除此之外，百合网首席婚恋专家、国家高级心理咨询师周小鹏女士也会亲自坐镇，为各位单身人士解答单身择偶、婚前辅导、恋爱矛盾等问题。

（3）超值礼遇，独家盛宴

十年修得同船渡，能有机会登上同一艘邮轮，本身就是一次难能可贵的不解之缘，而主办方精心策划的丰富主题活动，更能让报名此次邮轮的单身男女迅速邂逅良缘。

惊喜启程："脱单祝福包"及"起航礼遇"，带给单身人士相随一路的美好心情并开启充满期待的脱单之旅。

"一见倾心""再见倾情""白衣派对"三大主题派对：脱单人士专属的脱单盛宴，在优秀表演团队营造的浪漫氛围中，在婚恋专家贴心打造的专场活动中，爱情不知不觉持续升温；特别是在11月13日，所有的单身人士身穿白衣，以精致的妆容出席白衣派对，行走 Love AT Sea 大道，回顾航次温馨镜头，还可参加 Dancing Queen/King 选举，亲吻心仪对象，大胆秀爱！

（4）定制岸上观光路线

浪漫深秋，漫步在济州蜿蜒迷人的偶来小道、新奇独特的爱情公园，寄爱于福冈东瀛风情中，更能在福冈塔挂上象征永结同心的爱情锁，边走边爱的旅途定会增加牵手概率。

集章换礼：单身男女可与心仪异性共同完成各项游戏活动收集印章，凭印章和任务卡换取神秘礼物。在12个月内注册结婚，还能获得春秋旅游赠送的蜜月礼包！

（5）邂逅之旅，早订优惠

"邮·于爱"11.11脱单主题邮轮采用阶梯式的价格制度，早订优惠更多。针对参与主题航次的单身人士，限量400个名额，9月20日前报名可享受3799元/人起的超值优惠价。同时，春秋旅游也推出了满足不同单身人士需求的优惠组合，让你自在享受一个充满"亲情""友情""爱情"的年终邮轮假期。

本章小结

经济全球化和消费升级，使得人们的消费观念发生了很大的变化，更加注重个性化的消费，缺乏个性的旅游产品和服务已经不能满足他们的需要。随着人们需求的个性化和市场竞争的日益激烈，邮轮相关企业需要以最佳的生产效率和成本水平为个性化的旅游者提供定制化的邮轮产品和服务，把产品和服务定制化作为一项战略性的需要，提高企业自身的竞争力。

思考题

1. 简述邮轮旅游定制的产生背景。
2. 邮轮服务定制的内容有哪些？
3. 邮轮定制存在哪些不足？
4. 说一说邮轮主题产品开发的原则。
5. 策划一个主题邮轮航次，主题自选。
6. 说一说外国邮轮进入中国做了哪些设施和服务改进。

第七章 岸上观光服务

本章导读

我国游客通常把邮轮目的地看得很重要,他们似乎更关心去哪里观光而非乘坐哪艘邮轮,但邮轮产品最大的特点是,以船上休闲为主导,岸上观光为辅助,岸上观光起到锦上添花的作用。邮轮旅行几乎百分之八十的时间都在船上度过,而现实是中国乘客几乎百分百都要下船观光。

第一节 下船准备工作

在中国母港运营的邮轮,岸上旅游基本上全部由包船旅行社主导,邮轮上的旅游部主要起配合作用。通常情况下,船方都会提前一日通过广播或者每天的日志通知客人第二天下船观光的集合时间和集合地点。包船旅行社会每天晚上召开领队会议,由总领队通知第二天的工作流程和注意事项。会议结束后,各个领队会在睡觉前通知自己的客人第二天的集合时间和地点,领队也会在第二天提前十五分钟到达集合点等候客人。

由于一条船上有几千名客人,下船一般只有两个通道可以开放,因此船方会将客人分散为不同时间不同地点集合。待船方与目的地港口所在的国家移民官交接完手续后,每个团队会根据指令由领队带领按照顺序下船通关。但是,由于最近偷渡风险较大,日本、韩国为了加大巡查力度,会时不时安排船上面签(手持护照原件进行面试)。当客人下船后,地接社安排的相应导游手持团队号码在码头等候,与领队进行行程确认和客人信息对接后,带领客人上车进行岸上行程游览。在整个半天或一天的岸上观光行程中,地接导游都会跟领队一起配合完成接待任务。

岸上旅游行程结束后,地接导游会将客人和领队送回至码头,再依次排队上船。在岸上旅游过程中,游客购买免税商品都须出示护照复印件,而在整个上下船的过程中,客人都必须出示船卡,所以客人有义务保证船卡不能遗失,一旦丢失,要赶紧通知船方进行补办。

下船(观光)服务流程:

1. 领队提前通知客人,确认集合的时间地点,通报天气预报;介绍行程安排、参观景点,再次提醒回船时间。如遇恶劣天气可能调整观光计划,及时解释、沟通。
2. 提醒客人下船携带所需材料及船卡。
3. 领队提前到达集合地点,并清点人数,按顺序下船、通关。
4. 领队须提前帮助客人填写入境卡、海关申报单,或者客人自己填写。
5. 通关后根据团号寻找旅游巴士。

第二节　航线与岸上观光线路设计

从国际邮轮产业的实践经验来看,深入人心的优雅邮轮文化和高水平的航线布局、优良的邮轮港口和优质的岸上观光服务是邮轮产业持续健康发展的重要保障。对邮轮产业来说,只有形成以邮轮港口为服务中心、以航线布局为辐射、以岸上旅游服务为支撑的"点—线"融合态势,才能充分发挥邮轮产业对区域经济的带动作用。

一、航线设计

母港邮轮的岸上线路设计是与邮轮公司的航线设计密切相关的。邮轮公司在设计航线时，主要考虑的因素包括：航线规划反映出战略和品牌发展方向；设计具体航线最大限度满足客人及最优化收益；研究新的目的地和竞争对手；把航线放到预订系统并进行沟通；改进已有航线等要素。航线设计的流程包括船、母港、停靠港选择—航线设计—长短搭配、往返程转港搭配—各地消化量—船上运营—船票销售等多个环节。在欧美地区，邮轮航线的设计主要由邮轮公司制定，而中国由于旅行社采用了包船模式，因此大多数航线都是邮轮公司与旅行社共同协商制定的。

航线设计出来之后，旅行社会根据到达港口的时间和停留时间设计岸上观光线路。目前，中国出发的母港邮轮，大多停靠在韩国的济州、釜山、仁川，日本的长崎、福冈、鹿儿岛、冲绳等港口城市。岸上观光行程分为半天和一天两种。但是，众所周知，邮轮岸上观光时间扣除上下船时间、码头至景点来回时间、免税商店提取时间后，所剩的游览时间非常有限。再加上邮轮岸上行程要考虑购物地点和购物时间，因此景点游览点和时间是不多的。通过对各大旅行社的调查显示，一个港口城市的岸上观光主要由景点＋免税店＋指定购物点三大部分组成。

访问港的岸上观光活动是邮轮旅行的重头戏，一般一条航线会有一个以上的访问港，长航线安排的访问港口会更多。而岸上观光最大的接待特点是短时间、大客流，对出行效率要求高，一旦出现接待方面的差错会影响全局，没有弥补的空间和时间，导致游客投诉而产生巨额损失。良好的车况、优质的导游、干净美味的餐厅、高水平的导购是做好岸上观光的物质基础，而在接待软件方面的统一指挥、统一调度、设立应急预案、备选方案、各环节衔接有序（交通、观光、购物、用餐、娱乐等环节）是岸上观光顺利实现预期目标的制度基础。

二、岸上观光线路设计

岸上观光是邮轮旅行重要的组成部分，中国游客对岸上观光情有独钟。目前日韩航线上岸观光比例接近100%，但岸上观光线路以购物为主，饱受诟病，游客投诉率很高，岸上观光体验差。

大型邮轮公司甚至需要构建岸上观光自主接待体系：成立独立的旅行社，或收购当地旅行社，组建旅游车队，培训优秀的导游服务团队，成立购物中心、餐饮和娱乐中心，专门接待邮轮船队和散客，实现岸上观光接待一条龙服务，实现邮轮旅游接待闭环，构建全产业链发展模式作为未来发展的目标。

1. 岸上观光线路的分类

根据访问港旅游资源的差异，岸上产品可分为 9 大类，包括休闲观光、探险之旅、美食之旅、演出与娱乐、野生动植物探索、沙滩与水上活动、浮潜与潜水、飞行观光以及高尔夫等。从国际邮轮岸上观光产品来看，休闲观光/城市旅游是邮轮旅游岸上活动的主导产品，再加上其他混合型活动，观光或城市旅游的占比可达 75% 以上。此外，沙滩与水上活动、演出与娱乐、探险之旅、野生动植物探索以及美食之旅也是重要的产品形式。从北美和欧洲的情况来看，具有休闲观光性质的产品 1521 个，达到了总产品数的 77%；具有沙滩与水上活动性质的产品 438 个，占所有产品的 22%；具有探险之旅性质的产品 335 个，占 17%，紧随其后的是占比 14% 的野生动植物探索类产品；带有演出娱乐、美食和潜水元素的产品各占约 6%，而高尔夫和飞行观光类产品的占比则极低。

岸上观光有很强的多样性，休闲观光、城市旅游、海滩与水上运动、探险与生态探索、节事与美食之旅是比较流行的岸上活动，其中观光或城市旅游占主导地位。因此，港口城市及港口腹地旅游资源的开发对邮轮航线布局具有重要影响。

2. 线路设计

从岸上观光活动的持续时间来看，岸上产品的平均持续时间为 4.73 小时，99.3% 的岸上产品持续时间在 14 小时之内。具体来看，66.5% 的产品时长在 3 到 8 小时，属于中长时产品；0.5 至 3 小时的短时产品占 25.1%，主要为乘坐直升机、马车、缆车、船等交通工具的短时游览；超过 8 小时的产品仅占 7.1%，其中仅有 7.0% 是超过 24 小时的超长时产品，此类产品涉及邮轮游客在挂靠港及周边城市的过夜问题，往往会受到相关法律法规的限制而通常难以达成。

目前购物要素在日韩港口的观光线路中所占比例过高而广受诟病，因此在线路设计时需要适度控制购物的时间比例，优化购物环境，分散购物时间，避免拥挤，以提高游客的整体度假体验度。

针对不同游客的需求差异，设计差异化的岸上观光特色旅游线路，供游客选择。由于岸上观光时间短，岸上停留时间有限，时间紧，任务重，在 8 个小时左右的岸上活动中，要安排往返交通、购物、观光、用餐等活动，时间管理非常重要，各环节的衔接需要周密安排，统筹策划。

（1）血拼购物之旅：购物作为主要内容，一般只安排一个或两个观光景点（多为免费区）。针对购物需求强烈的消费群体，此类线路价格便宜，甚至免费。

（2）亲子之旅：以家庭游客为主，安排参与性强的旅游项目，儿童乐园、博物馆、海洋世界等人造景区为主。

（3）自然风光之旅：以山、河、湖、海、林等自然风光为主要游览对象，亲近自然，适度安排购物活动。

（4）文化古迹之旅：以文物古迹为主要游览对象，包括各类博物馆，学生游客和老年游客为主体，购物一般。

（5）纯玩休闲之旅：针对高端顾客，不专门安排购物，但可在景区、餐厅附近留下充足时间让客人购物，客人仍有强烈的购物需求。此线路报价最高。

第三节 邮轮领队与地接导游服务

领队主要工作包括行前电话说明会、出发口岸报到服务、办理登船手续，船上的活动安排推荐，停靠港口的岸上观光，船上的安全注意事项及返程后相关服务等工作模块。地接导游主要工作是带领游客在当地游览，介绍景点，安排岸上行程活动等。在岸上观光行程过程中，邮轮领队要和地接导游共同配合，才能顺利地完成一天的岸上旅游工作。

通常情况下，邮轮领队带领客人下船后，与地接导游进行交接，核对行程与人数，签字确认，安排客人上大巴进行观光。在整个一天的观光过程中，主要由地接导游与司机、当地景点和购物商场进行联系。由于一条船下来的客人太多，地接社会根据情况将各个大巴分散开来，错峰错时进行当地景点游览和观光。邮轮领队要积极配合地接导游的工作，在进行游览过程中，邮轮领队要配合地接导游进行人数清点，行进队伍的整合和疏散，协调处理突发事件，并在当天游览结束后在车上告知客人第二天的安排和注意事项。

一、邮轮出发前的领队服务

领队是邮轮旅游产品的执行者，也是邮轮产品质量的重要控制环节之一。领队要面对各种类型的游客，包括各类企业管理者、旅游业同行、新闻媒体人、普通游客。无论什么身份，领队都应认真核对每位游客的信息和资料，不忽视任何细节。因为领队的疏忽大意，足以让众多同人的辛苦白费。领队的工作不到位，将影响企业的声誉。领队要有职业责任感、荣誉感，真诚服务是领队的职责所在。

1. 领取团队任务单

与OP做好交接，核对有关事项。认真核对查验出境旅游团队资料，其中包括团队名单表、出入境登记卡、海关申报表、旅游证件、签证、交通票据、住房名单表、接待计划书、通信录等。同时，了解有关访问港地接社和地陪的基本情况。

2. 领取团包

包括护照原件、挂牌套子、挂牌挂绳、护照复印件（这四样需由领队在码头制作合一）、旅客标签纸（在船上开完领队会议由领队帮客人填写后送到客人房间）、入境卡（领队在码头帮客人填写）、海关申报单（发给客人，一家一份，客人自行填写）、分团名单、出境四联单、领队值班表、领队信息表、出团通知书、工作马甲、对讲机、团队号码举牌等物品。

3. 行前说明会

散客一般不召开专门的现场行前说明会，但是会向游客发放"邮轮旅游行程表"，介绍邮轮目的地的相关事项及外币兑换、邮轮上的注意事项，强调安全、纪律和团结的重要性等，让游客也有一个准备。

4. 领队出发前的个人准备

其中包括带团必备物品，工作辅助物品，个人生活物品。

5. 做好接送服务和衔接

如果行程中包括码头接送服务，需提前一天确认大巴车接送时间。

6. 提醒服务

（1）所有乘客必须在邮轮正式启航前三小时办理登船手续，所有乘客准时登船。

（2）办理完登船手续后，每位乘客将会拿到一张船卡（邮轮登船卡上会显示游客所搭乘的邮轮名称、邮轮出发日期、乘客英文姓名、用膳餐厅名称、用膳梯次、餐桌号码、船舱号码及乘客记账卡号），这张船卡是游客的乘客识别证，游客不仅在登船、下船时需要它，还要将其在邮轮上当成钥匙和信用卡使用，因此它将伴随游客游览全程，请游客务必随身携带此卡。如有遗失，请立刻向服务柜台申办遗失，重办新的邮轮登船卡。

（3）登船当日将有一次紧急救生演习，请游客穿上紧急救生衣（放在衣橱底层或床底）至指定救生集合区集合。

（4）船上设有保险箱、自动制冰块机及晕船药等，均为免费。游客如有贵重财物，为了避免遗失，应将其放入保险箱内保管。

（5）邮轮上配备医务室及医务人员。

（6）相关注意事项。包括游客的身体条件、衣着打扮、文明礼仪等。

7. 讲解服务（略）

8. 告知义务

（1）邮轮行程时间的安排。包括出发的时间、抵达的时间，也包括抵港、离港的时间，让旅游者有一个大概的时间概念和认知。

（2）邮轮上设施设备的介绍。邮轮本身是核心的旅游产品，具有很强的吸引力，要对邮轮上的设施设备及相关的项目内容非常熟悉。

（3）价格信息。邮轮产品的价格主要由船票、港务费、邮轮服务费（小费）、签证费、保险费、自费的旅游景点和项目这几个部分构成。

（4）签证手续。旅行社的签证主要有三种。第一种，手续繁杂、收费较高的欧美、日本、申根签证。第二种，手续简单、费用较低的周边国家签证，如新加坡、马来西亚、泰国等。第三种，落地签。到达旅游目的地国后再进行签证，费用较低，手续简单，节省时间。

二、游客抵达出发港口的领队服务

大型邮轮团队基本上不需要担心抵达码头会发生找不到路的情况，一般码头都有专门的工作人员在指引方向，且有非常多的指示牌，领队只需将注意事项和须知在车上讲清楚即可，抵达码头领队就可下车，码头会有身着制服的工作人员引导。领队需要协助安排客人用船票换取船卡，领队自行前往柜台办理自己的船卡后过关上船。登船后领队可自行回房先查看行李是否送到房间，按之前约定的时间抵达约定的地点前往参加船上救生演习，结束后会由总领队安排布置工作。

1. 登船前为客人讲解乘坐邮轮须知

（1）根据事先分配好的舱位，引导客人依次上船，取得乘务人员支持，满足客人船上需求；

（2）客人务必见到领队后，与团队一同下船，绝不可随意下船；

（3）建议客人注意安全，夜间不要单独去舱外甲板活动；

（4）乘坐邮轮时，介绍房间设施、告知客人领队房间号及固定值班时间和地点等，以便客人寻找。

2. 领队对客服务流程

（1）认找领队。领队举旗迎客，手机保持畅通。游客抵达码头后，会按照团号寻找自己的领队，领取相关资料（包括护照原件、护照复印件、吊牌、电子船票、行李标签等）。

（2）托运行李。领取相关资料后，将有工作人员引导游客前往白色大棚内托运行李，请在行李上系好专用的邮轮行李标签。贵重物品、护照、电子船票、常用药物请游客随身携带。

（3）过安检。进入安检大厅，游客的所有随身物品将进行安全检查。

（4）办理离境。搭乘自动扶梯，携带好护照原件，依次排队至海关处办理离境手续。

（5）核对船票信息。进入廊桥后，船上工作人员将核对游客的船票信息，请将船票信息联展开后夹入护照原件中，以便快速通过。

（6）登船拍摄房卡信息照。进入船舱后，船上工作人员将引导游客进行邮轮卡信息照拍摄，请将船票信息联展开以便扫描。

（7）交护照原件和船票。拍摄房卡信息照后，船上工作人员将收取游客的护照原件和船票信息联，并交予护照领取单，请妥善保管。

（8）进房间。根据楼层标示提示，自行找到房间，游客的邮轮卡、用餐席位券、邮轮日报、"TODAY"，放在游客的床上。请确认房间内有船卡，此卡为实名制（每人一卡），兼作邮轮房间钥匙卡、邮轮消费卡、邮轮身份卡等多种用途，请每位客人务必保管好。请核实卡的背面，您的名字拼音和房号是否正确。

（9）信用卡关联/现金充值。一般在游客登船后24小时内关联信用卡或向邮轮卡内预存现金。未办理该手续，游客将暂时无法使用船内消费的功能。使用信用卡支付的游客，可以在船上的信用卡自动注册机进行注册。那些不选择注册信用卡的乘客，可以选择支付每人不少于150美元的消费保证金。为了避免账户出错，下船前48小时不得更改结账方式。

（10）参加登船说明会。为了使游客更快地熟悉邮轮设施、融入邮轮生活，各房间必须有一名游客参加登船说明会，具体时间地点详见邮轮日报。

三、邮轮上领队的主要工作

登船之后，团队客人就像自由的海鸥各自在船上活动了，各个团队的领队也将被总领队召集在一起临时开个简短会议，告知接下来几天的活动安排。对于一些在邮轮上面的细节，比如邮轮房卡与信用卡捆绑，邮轮上面每天定时发放的"TODAY"介绍新一天邮轮的日出与日落时间，白天与晚上的节目安排，以及一天五餐的安排时间都一一列明，而我们的团队客人基本都是第一次乘坐邮轮，所以对于细节之处，作为领队还是必须将注意的细节通知客人，能用电话联系的在电话中与客人沟通，若联系不上，可以用便利贴写好，给客人注明领队的房号，以及温馨告知细节问题。

在邮轮上领队几乎每天都给大家介绍娱乐项目，尤其是剧场的精彩演出节目，建议大家观看，用餐时还帮助大家点菜。

1. 组织游客参加救生演习

第一天上船，最重头的内容就是安全演习了。关于游客关注的安全问题，所有的邮轮都是根据国际海运组织、联合国和其他制定标准的行业组织所制定的严格标准来设计和运营的，其中有关安全的相关规定非常苛刻，如船上搭载的备份设备、导航和应急食物。所有的邮轮船员都接受过标准的培训和针对紧急状况的操作演练，这包括了怎样在紧急情况下疏散邮轮乘客。所有的邮轮上都配备了救生艇和乘客使用的救生设备。救生设备的数量能够保证每位乘客均能获得，这其中还考虑了额外增加的可能性等。对于游客来说，最重要的就是知道两件事：救生衣在哪里，逃生路线怎么走。

安全演习的要求很严格。船上工作人员穿着橙色的救生衣来催促游客集合，来到集合点后，所有人要拿着写着自己名字的红色救生演习卡，工作人员先清点人数，然后演示救生衣的用法，介绍救生船的位置等。演习的全过程大约有半个小时，比较详细地介绍了逃生集合点、路线等，还有救生衣在哪里、怎么穿之类的问题。逃生演习强制要求每位乘客必须参加，韩国客轮发生意外后，旅行社要求每一位领队强调安全演习的重要性。

建议逃生路线多走几遍。邮轮上所有客舱内都放置有救生指南，客舱门后还贴有救生通告和指引，安全演习时还会要求每一位游客都亲自前往紧急情况下的集合地点，每间客舱均备有救生衣，每个楼层都会有逃生门，领队会建议团队里的游客，一定要知道逃生路线怎么走，最好除了安全演习之外，自己也多走几遍。

2. 船上站岗值班

邮轮上一般会在大厅设置领队服务台。有些邮轮甚至每层设有服务台，领队被派往各个服务台进行引导和咨询工作。

邮轮空间巨大，领队每次通知客人要跑上下十几层楼，沟通较困难。通常40人的团跑一遍要一个多小时，工作量很大。由于客人对邮轮设施不熟悉，细节问题需要关照。能想到的都不是问题，出问题的都是意外。只有把意外问题处理好，才能得到游客的高满意度。有经验的领队会在登船前告知游客，他每天会固定在什么时间、什么地点跟游客会面，解答疑问，免去了游客找不到领队、领队找不到客人的情况。

四、岸上观光

岸上观光是邮轮旅游的重要组成部分。由于邮轮团队成员数量庞大，需要的导游数量也很多，不能保证每个团队的导游都经验十足，所以作为领队不应依赖每一团队都遇到一个优秀老练的好导游，不要把自己团队的服务质量完全建立在这样的未知数上。如果我们的邮轮产品在地接导游这个环节出现了不完美或者不满意，这也正是领队该充分发挥作用的时候。作为领队，虽然不能越俎代庖、代替导游的工作，但可以及时与导游沟通、协调，弥补他工作的欠缺和不足，凭敏感的职业眼光，及时发现问题、及时解决问题，把问题隐患消灭在萌芽时期。

要向旅游者讲明线路设计的科学性和合理性，增强消费者对旅游产品的客观认识。

（1）做好领头的作用，做好清点人数的工作，检查游客的相关证件，及时观察团队状况，注意及时提醒游客相关安全事项。

（2）领队和地陪的工作接洽。致辞，并向游客介绍地陪，开启良好的开端。双方商定日程，落实食、住、行、游、购、娱等各项服务内容。行程中与地陪分工和合作，确保行程的顺利进行。

（3）在游客购物时，提醒游客索要发票和免税单。还包括其他服务，如往返邮轮的确认，督促旅游计划的执行。

（4）积极应对处理突发事件。万一在旅游过程中，发生了自然、人为、不可抗力等因素导致的突发事件，应向游客说明，并立即处理，减少突发事件引发的游客不安情绪。

（5）及时与导游沟通、协调，弥补他工作的欠缺和不足，凭敏感的职业眼光，及时发现问题、及时解决问题，把问题隐患消灭在萌芽时期。当地接导游不尽如人意时，不抱怨，要认识到这正是发挥领队协调和弥补作用的机会，这也是领队的职责所在。有时交通状况不好、天气不佳，领队应与导游沟通，争取保证正常的游览时间，并用更好的服务去弥补。

五、离境与后续工作

（1）领队介绍办理离境的手续，填写离境卡，查验证件等。办理海关手续，了解是否有出境物品限制。办理购物退税手续。总体步骤是：安检，出关，登船。

（2）归国入境，接受卫生检疫、入境边防检查和海关查验。归还船卡（sea-pass），解绑信用卡。

（3）做好后续工作。与OP的交接工作（交接带团工作记录，工作总结，旅游服务质量评价表）。账目处理，领取酬劳，报清其他账目。维护客户关系。

六、优秀领队的素质要求

（1）良好的思想品德。

（2）领队要有过硬的知识，结合带团技能，通过实践，成为一名优秀的领队。具有合理的知识结构，包括语言知识、史地文化知识、政策法规知识、心理学和美学知识、政治经济社会知识、旅行知识、国际知识。

（3）业务熟练，具有丰富的出境经验。具备较强的独立工作能力和创新精神，独立执行政策和独立进行宣传讲解的能力，较强的组织协调能力和灵活工作方法，善于和各种人打交道的能力，独立分析、解决问题、处理事故的能力。领队首先要学会授权，始终保持最好的状态处理关键的事务，尤其是与地陪的关系，合理地分工和合作。一旦失了度，行程都是不顺利的。

（4）领队要有魄力。我们外出旅行，经常会有一些意想不到的事，队员们意见不统一，这时领队就该做决定了，态度一定要坚决，不能犹豫。犹豫可能使两种意见分歧得更加厉害，导致队伍内部的矛盾越来越激化。

（5）领队要勇于承担责任。对于队伍内部，领队主要负责协调沟通，为队伍所面临的事情做决策；对外界，主要是对自己的决策负责，承受外界对队伍的压力。

（6）领队是游客安全的捍卫者，要提醒游客有哪些潜在安全威胁和应对方法，即使问题出现了，也能很好处理问题。

（7）具有健康的身心。包括身体健康、心理健康、头脑冷静、思想健康。

 阅读材料 1

海外领队的职责与服务程序

海外领队的职责：

海外领队是经国家旅游行政主管部门批准组织出境旅游的旅行社的代表，是出境旅游团的领导者和代言人。因此，海外领队在团结旅游团全体成员、组织旅客完成旅游计划方面起着全陪、地陪往往难以起到的作用。其主要职责是：

1. 介绍情况、全程陪同

出发前向旅游团介绍旅游目的地国家或地区的概况及注意事项；陪同旅游团的全程参观游览活动。

2. 落实旅游合同

监督和配合旅游目的地国家地区的全陪、地陪全面落实旅游合同，安排好旅游计划，组织好旅游活动。

3. 组织和团结工作

关心游客，做好旅游团组织工作，维护旅游团内部的团结，调动游客的积极性，保证旅游活动顺利进行。

4. 联络工作

负责旅游团与旅游目的地国家或地区接待旅行社的联络与沟通，转达游客的意见、要求与建议乃至投诉，维护游客的合法权益，必要时出面斡旋或帮助解决。

领队服务程序：

一、服务准备

（一）研究旅行团情况

了解旅游团成员的职业、姓名、性别、年龄及旅游团中的重点旅游者、需特殊照顾的对象和旅游团的特殊要求。

（二）核对各种票据、表格和旅行证件

（1）核对旅游者护照和团队名单以及护照内签证。

（2）核对机票及行程。

（3）检查全团的预防注射情况。

（4）准备多份境外住店分配名单。

（三）物质准备

（1）准备好领队证，已核对好的票据、证件和各种表格。

（2）准备好机场税及团队费用。

（3）准备好社旗、社牌、胸牌、行李标签等。

（4）准备好国内外重要联系单位的电话号码、名片等。

（四）开好出国前的说明会

在办理好护照、签证、机票等有关手续后，领队要召集本团队旅游者开一次"出国旅游者说明会"，内容包括：

（1）代表旅行社致欢迎词（内容包括：表示欢迎，自我介绍，表明愿意为大家服务，希望予以合作，预祝旅游顺利成功）。

（2）旅游行程说明（包括出境、入境手续与注意事项，以及出游目的地的旅游日程）。

（3）介绍旅游目的地国家（地区）基本情况及风俗习惯。

（4）提出要求，讲清注意事项。

（5）落实有关分房、交款、特殊要求等事项。

二、全程陪同服务

（一）办理中国出境手续

（1）提前到达集合地点并准时集合、清点旅游团人数。

（2）带领全团办理出关手续和卫生检疫。

（3）办理登机手续，分配本团成员座位，协助团员托运行李。

（二）办理国外入境手续

到达旅游目的地国家（地区）后，带领旅游团办理好卫生检疫、证件查验和海关检查等入境手续。

（三）境外旅游服务

（1）抵达目的地后，领队应立即与当地接待社的导游人员接洽。

（2）清点行李与团员人数。

（3）安排团队入住饭店。

①负责办理入住手续并分配房间；

②宣布叫早、早餐、出发时间及领队、导游人员的房间号、电话号码等；

③检查行李是否已送到客人房间；

④协助团员解决入住后的有关问题。

（4）监督实施旅游计划，与当地导游人员商定日程时要注意以下两点：

①遇有当地导游人员修改日程时，应坚持"调整顺序可以，减少项目不行"的原则，必要时报告国内组团社；

②当地导游人员推荐自费项目时，要征求全体旅游团成员的意见。

（5）游览中，留意旅游者的动向，防止各种事故的发生。

（6）与接待旅行社密切合作，妥善处理各种事故和问题，消除不良影响。

（7）指导购物。

①出现当地导游人员过多地安排购物次数或延长购物时间的情况，领队要及时交涉；

②购物时，领队要提醒旅游者注意商品的质量和价格，谨防假货或以次充好。

（四）团结工作

维护旅游团内部的团结，协调旅游者之间的关系，妥善处理矛盾。

（五）保管证件和机票

（1）在旅游途中，最好将客人的护照、签证集中保管。

（2）保管好全团机票和各国入境卡、海关申报卡等。

（六）带领全团旅游者办理旅游目的地国家（地区）离境手续和中国入境手续

三、后续工作

领队在请旅游者填写征求意见表后，将表格收回。领队要详细填写《领队小结》，整理反映材料。与有关方面结清账目，归还物品。

领队还要协助旅行社领导处理遗留问题。

 阅读材料 2

日韩航线5天4晚　岸上观光线路

第1天　港口：中国上海。启航时间：17:00

登船

请您前往港口，办理邮轮登船手续，登上邮轮，开始您浪漫精彩的邮轮之旅！

第2天　港口：海上巡游

邮轮活动

今天迎来全天的邮轮海上巡游，让轻松舒适来开启您的邮轮之旅。您可以根据自己的喜好，享受船上的休闲娱乐设施及各式美食，体验丰富多彩的娱乐项目，参加特色的船上课程，邮轮每天都会让你惊喜不断；酒吧、咖啡馆、网络中心全天供您享用；还有来自全球各地的著名时尚品牌供您选购。一切服务只为让您和您的家人共同享受这无与伦比的邮轮假期！

第3天　港口：日本福冈。游览地：福冈。抵港时间：7:00 启航时间：20:00

岸上游览

费用：【总价已含】

岸上餐食：不含餐食

【福冈塔（外观）】福冈塔坐落于海滨，高234米，是日本最高的海滨塔，也是福冈的标志性建筑。

【大濠公园】它是仿杭州西湖，围绕福冈城的护城河修建而成。园内又以一座桥连接4个绿意盎然的小岛屿。池畔种满迎风摇曳的垂柳、花容秀丽的杜鹃，为整个公园增添不少美丽的气息。

【海鹰城购物休闲中心】位于福冈市北部海岸边，是一处包罗时尚品牌、杂货等商品一应俱全的大型购物中心。无论是年轻人还是全家出行，都能各得其乐，是福冈很具人气的观光景点之一。

【ALEXANDER & SUN 免税店】自由活动。

【博多运河城＋LAOX】日本最成功的大型商业中心之一。位于贯穿南北的运河中心，周围有各式各样的楼群鳞次栉比。

以上岸上观光行程安排可能因天气、路况等原因做顺序上的相应调整，请您谅解。

第4天　港口：海上巡游

邮轮活动

今天迎来全天的邮轮海上巡游，让轻松舒适来延续您的邮轮之旅。您可以根据自己的喜好，享受船上的休闲娱乐设施及各式美食，体验丰富多彩的娱乐项目，参加特色的船上课程，邮轮每天都会让你惊喜不断；酒吧、咖啡馆、网络中心全天供您享用；还有来自全球各地的著名时尚品牌供您选购。一切服务只为让您和您的家人共同享受这无与伦比的邮轮假期！

第5天　港口：中国上海，抵港时间：10:00

下船

迎着微微海风的吹拂，您将抵达终点港口。您可以凭海临风，看着邮轮缓缓驶入码头——结束这难忘的假期。

本章小结

岸上观光是邮轮旅游的重要内容。在我国邮轮旅游市场发育阶段,游客对邮轮旅游的认识并不深入和全面,而邮轮旅行短时间的岸上观光不能让游客足够尽兴,不能满足他们的观光需求。把岸上观光作为邮轮出行的主要目的,也是现阶段游客对邮轮旅游的认知水平与邮轮旅游产品本身的特征决定的。不断完善岸上观光产品的类型,满足不同游客的岸上观光需求显得非常迫切。

思考题

1. 邮轮的岸上观光接待与常规的旅行团接待有何区别?
2. 邮轮出发前的领队服务内容是什么?
3. 领队在船上还有哪些工作要做?
4. 优秀领队有哪些素质要求?
5. 如何提升邮轮旅行岸上观光质量?

第八章 邮轮旅游服务质量

本章导读

鉴于邮轮这一产业本身具有跨多个产业领域的复杂性,作为邮轮经济制度上层建筑的重要组成部分,以邮轮为核心的邮轮法律保障制度呼之欲出。邮轮旅游的安全问题涉及邮轮旅游的服务质量问题,也会引起邮轮旅游的纠纷。本章主要介绍邮轮旅游服务质量的基本概念、邮轮旅游服务质量控制体系和游客满意度与纠纷管理等内容。

第一节 邮轮旅游服务质量概念

邮轮旅游在美国、欧洲、大洋洲等地已经非常成熟。随着我国经济社会的发展,世界上一些著名的邮轮公司也纷纷在华开展业务,例如皇家加勒比国际邮轮、歌诗达邮轮、丽星邮轮、挪威邮轮、地中海邮轮等。但是,邮轮旅游也还存在一些问题,例如邮轮安全仍然是人们关注的焦点。2012年1月13日晚,隶属于歌诗达邮轮公司的最大、最长的"歌诗达—和谐号"邮轮在意大利海岸附近搁浅沉没,造成33人死亡。该豪华邮轮在2013年9月才被扶正,2014年7月重新浮起并被拖往意大利热那亚港口进行拆解。该轮船长弗朗西斯卡—斯凯蒂诺也于2015年2月因过失杀人罪被意大利法院判处16年有期徒刑。

不只是安全问题,由于邮轮在我国是新兴事物,其产业属性尚未界定清楚,现行的一些滞后的法律规定不可避免地成为阻碍邮轮行业发展的瓶颈，并产生了一些在我国独有的问题。如2013年9月13日隶属于中国海航集团公司的"海娜号"邮轮在韩国济州岛被法院扣留，"海娜号"该不该被扣押成为全民讨论的热点问题。一时间众说纷纭，显现出人们对邮轮本身法律属性认识的不一致。2013年4月13日，"维多利亚"号邮轮因取消行程问题在上海港遭到旅客霸船长达9小时，后续2000多名旅客不能如期登上邮轮。当时公共权力机关遭遇管辖权问题无法可依，虽然该事件最终通过协商解决，但是已经导致了极大的公共资源浪费。

邮轮旅游服务质量是邮轮旅游企业所提供服务的特性和特征的总和。在我国的邮轮旅游服务中，服务内容大致由五个方面的内容构成：第一，旅行社为旅游者提供的出发地到登船地的来回接送服务，当然也有部分旅游者未要求旅行社提供这些服务，而是自己解决陆上来回交通问题。第二，邮轮公司为旅游者提供的邮轮运输服务，即邮轮为旅游者提供的海上来回交通服务，虽然邮轮公司并未和旅游者直接签订交通服务合同。第三，邮轮公司为旅游者提供的综合服务，包括在邮轮上的餐饮、住宿、娱乐等服务，这些服务的费用包含在旅游团款中。第四，旅游者在停靠码头岸上接受的服务，包括在岸上的餐饮、游览、交通等服务。第五，邮轮公司为旅游者提供的在邮轮上的自费服务，如旅游者在邮轮上享受的酒吧服务等。

一、邮轮旅游服务质量的构成

邮轮旅游产品的过程性，决定了邮轮旅游服务质量是在邮轮旅游企业与邮轮旅游者之间的行为接触和情感交流中生成的。邮轮旅游服务质量包括结果质量（技术性质量）、过程质量（功能性质量）和形象质量三个部分，结果质量表明"邮轮旅游者得到了什么服务"（What），过程质量度量"邮轮旅游者是如何得到服务的"（How）。

1. 结果质量

结果质量是邮轮旅游者在消费结束之后的"所得"，具体地说，是指邮轮旅游企业提供的服务项目、服务时间、设施设备、环境气氛等满足邮轮旅游者需求的程度。如邮轮乘客在规定的时间内得到一间客房和酒店设施设备的使用权；济州岛一日游会给邮轮旅游者带来一种购物和异国风光体验；旅行社的客车会把邮轮旅游者从一个地方运到另一个地方。所有这些都是邮轮旅游服务的结果，邮轮旅游者对服务结果的满意程度形成结果质量。结果质量与邮轮旅游企业的"硬件"有关，比如邮轮舱房的宽敞程度、旅游景点的设施特征、旅行车的豪华程度等都取决于邮轮旅游企业的技术能力，因此，结果质量又称为技术性质量，邮轮旅游者对技术性质量的评价相对比较客观。

2. 过程质量

过程质量衡量邮轮旅游者对获得服务结果过程的满意程度。邮轮旅游服务的生产和消费具有同步性，服务的生产过程就是邮轮旅游者的消费过程，服务人员的行为举止必然影响到邮轮旅游者对服务质量的感知。过程质量不仅与服务人员的仪表仪容、服务态度、服务程序、服务方法以及工作效率等因素有关，还受到邮轮旅游者心理特点、知识水平、行为偏好的影响。如正走出邮轮舱房的张先生会对服务员"张先生，请慢走"的问候感到惊喜；邮轮旅游者感觉在投诉处理过程中，服务态度恶劣、手续烦琐、费时费力；同一个邮轮旅游团中，邮轮旅游者对服务质量的评价会干扰其他旅游者对服务质量的感知。所有这些都和邮轮旅游者感知的过程质量有关，过程质量是邮轮旅游企业的"软件"，它说明邮轮旅游企业是如何提供服务的，因此邮轮旅游过程质量又称功能性质量。与技术性质量不同，功能性质量一般不能用客观标准来衡量，邮轮旅游者通常会采用主观的方式来感知功能服务质量。

3. 形象质量

邮轮旅游企业的形象也是邮轮旅游者评价服务质量所关注的因素。邮轮旅游企业的形象是信誉、质量的象征，是企业在长期的经营过程中积累起来的无形资产。企业形象既是过去服务质量的积累，也是现在服务质量的体现，更是对未来服务质量的承诺。当人们提到希尔顿酒店、深圳华侨城、中国青年旅行社时马上就会联想到高质量、有特色的服务。邮轮旅游企业的形象会间接影响到邮轮旅游者对服务质量的评价和感知，企业形象起到服务质量"过滤器"的作用。

通过对旅游服务质量的构成要素以及形成过程的分析，可以总结出旅游服务质量的特点：第一，过程性。旅游服务质量的重点是过程质量，而不是结果质量。第二，主观性。旅游服务质量是感知质量，而不是产出质量。第三，整体性。旅游服务质量不是某个部门的职责，而是企业整体的责任。

二、邮轮旅游服务质量的衡量

邮轮旅游服务质量的特性，决定其评估标准的复杂性。旅游者通常从服务的结果质量、过程质量、形象质量出发，综合评估所感受到的邮轮旅游服务。因此，邮轮旅游服务质量的评估标准必须兼顾所有质量要素。以下七个评估标准中，前两个指标涉及到邮轮旅游服务的结果质量，最后一个标准影响邮轮旅游者对服务形象质量的评价，其余的评估标准则与邮轮旅游服务的过程质量密切相关。

1. 结果质量的衡量标准

（1）规范化和技能化

邮轮旅游企业及其服务人员拥有与业务相关的必要知识和技能，作业内容规范、作业程序标准，能为邮轮旅游者提供标准化、规范化的优质服务。

（2）安全性

邮轮旅游企业向邮轮旅游者提供的服务能够使他们感到人身和财产的安全。例如，邮轮舱房的安全性、邮轮设施设备的安全性等。

2. 过程质量的衡量标准

（1）态度和行为

一线服务人员能用友好的方式、可信的态度、主动的关心和照顾服务于邮轮旅游者，并以实际行动为邮轮旅游者排忧解难。该项标准是服务人员的业务素质、服务效率、应变能力、服务态度、职业道德等素质的综合体现。例如，邮轮前厅接待人员得体的服装、高雅的举止、甜美的语言、礼貌的行为等都能提高邮轮旅游者对服务质量的评价。

（2）可接近性和灵活性

邮轮旅游服务的地理位置、营运时间和营运系统的设计与操作要方便于邮轮旅游者，并能灵活地根据邮轮旅游者的要求随时加以调整。这体现了邮轮旅游企业服务传递系统的效率，并反映了服务传递系统的设计是否以邮轮旅游者的需求为导向。

（3）可靠性和忠诚性

这是指邮轮旅游企业能够可靠地、准确无误地完成所承诺的服务，无论发生什么情况，邮轮旅游者都可以依赖邮轮旅游企业，邮轮旅游企业能够尽心尽力地满足邮轮旅游者的最大利益。例如，邮轮旅游者希望旅行社所订的航班能够准时地将他们送到目的地，而不存在晚点起飞、航班延误等情况。可靠性和忠诚性是邮轮旅游服务管理的核心内容和关键部分。

（4）服务补救能力

无论何时出现何种意外，邮轮旅游企业将会迅速、有效地采取行动，控制局势，寻找新的可行的补救措施。服务补救可以提高邮轮旅游者的满意度，避免邮轮旅游者的负面宣传，并尽可能地与邮轮旅游者建立良好的关系。

3. 形象质量的衡量标准

名誉和可信性。邮轮旅游者相信邮轮旅游企业的经营活动可以依赖，物有所值，相信它的优良业绩和超凡价值。

我国目前制定了一系列的旅游服务质量标准或服务规范，如《旅行社出境旅游服务质量标准》，而邮轮旅游服务方面仅有2011年颁布的《国际邮轮口岸旅游服务规范》（见附录），尚不全面，也不完善。

第二节 邮轮旅游服务质量控制

一、旅行社的服务质量控制

国内邮轮旅游的发展仍处于初级阶段,游客们对邮轮旅游不是非常了解,且旅游观念仍然停留在把邮轮作为一种交通工具的层面。绝大多数邮轮旅游的游客都是第一次乘坐邮轮。且查看国内各大旅游网站,搜集到的现阶段关于邮轮旅游的宣传信息,其采用的宣传手段与其他旅游方式类似,通常只介绍邮轮旅游的具体时间、价格和停靠港口,或者盲目强调奢华,让消费者认为邮轮旅游价格昂贵,从而在心理上对邮轮旅游望而却步。实际上,邮轮旅游的性价比非常高,各方面都优于一般的传统旅游产品。但由于旅行社的错误理解,进而设计不正确的营销策略,盲目关注邮轮的大小,而忽略邮轮本身所提供的优质服务。比如,杨红(2016)在实际调研海洋量子号邮轮游客时发现,大部分游客表示当时旅行社和邮轮公司的宣传过于浮夸,导致上船之后体验的服务远低于预期而大失所望或较为失望。

除了上述错误认知,国内绝大多数游客也不能正确地认识邮轮旅游。实际上,它是一种新兴的休闲度假旅游方式,同时也是旅游的目的地,邮轮旅游注重海上慢节奏生活,而在国内游客的印象里,邮轮只是像飞机一样的交通工具,不能作为旅游目的地。因此,针对国内游客在邮轮产品本质、邮轮产品费用和安全性等方面认知的偏差,应该制定相应的宣传策略,从基本概念入手,突出邮轮旅游的独特之处,扭转国内旅游者对于邮轮旅游的偏颇认知。

1. 完善游客出行前教育

(1)提高对邮轮旅游本质的认知

目前,我国游客在跨境旅游中,仍然重视目的地游,而他们对邮轮的认知仍停留在交通运输工具的层面上,尚未认识到邮轮旅游的本质。此外,旅行社在邮轮旅游产品的宣传上,主打的是邮轮经停的旅游目的地的重点介绍,而对邮轮船上体验项目的宣传和推广很少,由此加深了游客对邮轮旅游产品的错误认知。因此,从邮轮的销售渠道和销售理念上要改变原来强调邮轮旅游目的地的误导性营销,旅游社应该对邮轮旅游的本质进行认知，并积极宣传，增加游客对邮轮旅游本质的认知，同时也有利于邮轮文化的培育。

（2）开展对邮轮旅游文化的培育

目前，我国邮轮市场虽发展快速，但存在诸多问题，尤其是游客的邮轮体验行为仍不文明，游客的素质有待提高。因此，应该告知游客上船前的准备工作、在邮轮旅游过程中的相关注意事项；应该倡导邮轮文明旅游，提倡游客在船上体验行为文明化，避免游客在船上的不合适体验；应该培养游客的优雅行为。此外，应适度增加中文服务，减轻中国游客，特别是中老年人群，因为语言沟通障碍而产生的邮轮旅游恐慌感和不适应。

2. 改善岸上的旅游服务

目前国内邮轮旅游一直以旅行社包船形式发展，旅行社为尽快售出舱位，对于邮轮产品的介绍非常简单，而为讨国内游客喜欢，过分强调下船后的行程安排，且现阶段绝大多数的岸上游产品都是由旅行社自己组织的，这是旅行社主要的盈利点，于是花大量篇幅用作对岸上观光的介绍，这本身也误导了游客对于邮轮旅游的认知。杨红（2016）在调研中发现，邮轮游客岸上旅游满意度仅为69%，是所有邮轮旅游要素中满意度最低的一个模块，游客抱怨岸上时间少，行程过于单调，目的地景点游玩较单一，均以当地免税店购物为主，且不能自主游玩。

基于此，旅行社应该针对国内游客特点设计岸上旅游方案。岸上旅游活动应该是丰富多彩，并富有特色的，除了游邮轮旅游景点、逛琳琅满目的购物广场、开展多种多样的户外活动外，还可以精心安排具有当地文化历史特色的节目活动、打造美食之城、营造浓厚的文化氛围，还可根据船上游客的来源联合地方城市设置适合不同消费者需求的产品。同时加强区域特色宣传，形成统一品牌意识，积极营销，提升邮轮旅游产品质量，打造区域邮轮旅游产品。开发岸上多种旅游产品体系，对不同的游客群体采取针对性的营销措施，向邮轮游客提供优质的岸上旅游服务，使邮轮旅游营销策略更为有效。

3. 实现营销渠道多样化

（1）开发适合不同人群的产品

根据不同年龄段的人群采取不同的销售策略。25岁以下人群拥有较为充足的旅游时间，且向往新颖和刺激的旅游项目。但该人群的经济基础较为有限，因此，需要推出一些经济型的邮轮产品。而25~50岁的人群虽然具有一定的经济基础，但由于家庭和事业的影响，没有充足的时间，可以推出一些短途豪华型的邮轮产品。此外，对于50岁以上的游客，他们有充足的业余时间和经济基础，因此可以推出一些长途和豪华型的旅游产品，同时，考虑到该人群的特殊性，可以推出更多的服务项目，及时预防和应对一些突发事件的发生，保证游客出游的安全性和舒适性。

(2)加强网上订票的销售途径

旅行社作为现代邮轮旅游主要的信息传播和销售渠道，在邮轮旅游市场拓展中起着至关重要的作用。在实际调研中发现，随着现在网络技术的日益普及，越来越多的年轻游客通过网络渠道获取邮轮信息。国内相关的旅游网站越来越多，游客们可获得的邮轮信息也越来越全面，网上查询或在线订票等方式越来越受当代年轻人的喜爱。网络已成为邮轮与游客之间不可替代的隐形桥梁，邮轮产品及各方面信息通过这座隐形桥梁高效准确地传递给目标消费群体。

所以旅行社必须抓住当下网络营销的大好时机，不断完善邮轮旅游网站系统建设，加强网络宣传力度，根据国内游客消费市场特征，以创新的思想设计差异化营销策略，适当邀请名人明星加入宣传行列，以名人明星效应带动旅游消费市场，同时通过结合微博、微信公众平台等多种方式的整合营销策略和手段，吸引人们参与邮轮旅游。

4. 加强与相关企业合作

国内邮轮旅游产品市场因缺乏较完整的邮轮营销和管理体系，邮轮旅游产品的销售只能依靠旅行社包船或半包船方式单方面努力完成，这一模式会导致许多邮轮公司因业务操作不当造成不同程度的亏损。同时现阶段旅行社缺乏职业化的领队和销售人员，以及完备的领队挂靠制度，领队和销售人员只熟悉旅行社一般出境游业务，对邮轮旅游及出现问题后的应对相对陌生。且在为游客提供一站式邮轮旅游服务时，旅行社内部缺乏真正的沟通，综合管理效能较低，与邮轮港口之间的对接合作也并不理想。

这一系列问题，导致旅行社的发展无法适应国内邮轮旅游市场的迅猛发展。2016年国内各大邮轮港口将迎来更多更大型的邮轮靠港，所以旅行社在未来应该加强与各大邮轮公司和港口的紧密合作，制订相应的邮轮人才交流培训计划。通过邮轮人才交流培训计划，更深入地了解邮轮旅游产品内涵，加强对邮轮领队和销售人员的业务管理培训，实现邮轮旅游产品销售管理人才的培养目标和互利共赢机制，实现各部门内部资源共享的有利模式，以及与港口的无缝对接模式，致力于为邮轮游客提供更满意、更优质的产品和服务；同时必须保持与旅行社同行之间的合作，在抵制恶性竞争、提倡合作的基础上，创新思维，齐心协力做大做好中国邮轮旅游市场这块蛋糕。针对国内游客市场消费特征，设计个性化、多元化的邮轮旅游产品、建立便捷的邮轮旅游产品销售渠道，以满足国内市场需求，均分市场份额。

二、邮轮公司的服务质量控制

邮轮旅游在中国的发展取决于国内游客的旅游消费观念和需求。只有满足了游客们的各项精神需求和物质需求，才能健康长久地发展下去。

1. 加强邮轮产品宣传

目前国内邮轮旅游因受到游客错误认知观念的影响而发展缓慢，游客对邮轮旅游认知错误主要表现在以下三个方面：首先认为邮轮旅游是贵族专属品，价格昂贵；其次不能正确地理解邮轮作为旅游目的地的真正内涵，摆脱不了把邮轮当作交通工具的传统观念；最后仍然有相当一部分游客认为邮轮旅游不够安全。

这三方面错误的认知阻碍了国内邮轮旅游的健康有序发展，其根源主要在于对邮轮接触太少，以及传统思维定式的影响，对邮轮旅游缺乏深入有效的了解。故邮轮公司应该就国内邮轮游客在这些方面的误解，从邮轮旅游产品费用、邮轮旅游产品本质和邮轮旅游产品的安全性三方面入手，制订并有效实施相应的宣传教育方案，扭转游客的错误认知，鼓励人们参与邮轮旅游。如向游客介绍邮轮旅游作为一站式服务，性价比很高，在避免游客舟车劳顿之余，最大限度集中时间进行娱乐体验，以及享受世界各地的美食，拥有高端的娱乐休闲和购物体验等。

2. 丰富邮轮产品设计

首先，中国目前各大邮轮港口投入运营的邮轮航线航行时间普遍控制在7天以内，这与国内游客假期结构和时长有必然联系，未来邮轮公司应根据这一特征尽量保持以短途航线为主。这样的航线不仅时间上满足国内游客需要，且价格对于大多数初次选择邮轮旅游的游客而言也较容易被接受。我国邮轮游客的航线选择倾向于日韩航线和东南亚航线，中国香港和台湾也作为重要的旅游目的地，较少比例的游客会以大陆作为其邮轮旅游的首选，这与游客倾向于出境购物有关。我国邮轮航线的设计缺乏个性，因此，邮轮公司可以根据不同游客的不同偏好推出个性化航线。另外，因为邮轮旅游大部分时间都处于海上，对于国内初次乘坐邮轮旅游的游客而言，海上景色较为单一，有可能产生焦虑厌烦的情绪。虽然现代邮轮旅游本质倾向于邮轮上各项娱乐和服务的体验，而非目的地岸上旅游，但是为了满足国内游客个性化需求应适当本土化。

其次，除了航线的设计外，区别于国际上欧美游客的开放性思维，国内游客思想观念较为传统，针对邮轮旅游产品各方面喜好截然不同。因此，未来邮轮公司的邮轮旅游产品应按照国内游客的喜好来设计与开发，以更好地适应市场需求。如饮食口味本土化，邮轮公司应该针对国内游客饮食习惯和喜好，尽可能多地提供地道的中式菜肴，给予国内游客更多的美食选择机会，为自身树立品牌和口碑效应，从而更有效地吸引更多国内游客参与邮轮旅游。同时娱乐活动应适当本土化，即除了大型的歌舞表演和酒吧这样的娱乐活动，还应使得相关服务设施及娱乐活动符合中国游客的习惯。

最后，为促进国内游客与船上工作人员更舒畅的交流，可对船上工作人员进行一定的中文培训，以及提供各类中文标志和菜单等。

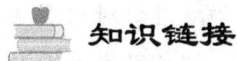 知识链接

邮轮公司产品改进对策

1. 餐饮对策

首先，在邮轮餐饮设计前，应该针对邮轮游客饮食习惯、饮食文化，以及游客年龄及地区进行深入分析，充分了解游客饮食特点。其次，在餐饮供给上应该丰富餐饮种类，实现一定比例的中餐和一定比例的西餐相结合。同时丰富菜单种类，为不同结构的游客提供餐饮选择空间，避免在整个邮轮航程中出现因餐饮的单调，而降低游客的体验度以及给部分游客，尤其是老年游客带来身体上的不适应。

考虑到老年人在邮轮游客中占有很大的比例，邮轮公司应该在餐饮上提供适合老年人口味的食物，例如容易消化、咀嚼的中餐。作为主力军的年轻人，喜欢尝试新鲜多样来自各国的食物，那么可以为年轻人提供不同种类的丰富多样的菜品，但食品卫生是前提。笔者通过实地访谈，与游客面对面进行沟通，了解到一些游客反映中餐的比例相对较少，而且口味不够地道正宗，这让习惯中式餐饮的国人有些尴尬，可能肠胃受不了四五天的西餐。所以邮轮公司在改进餐饮时，应着重考虑提供地道的中餐，满足游客的需求。

此外，还应该尽可能地控制菜品的新鲜度、温度、味道，提高菜品的质量，着力保障游客的饮食质量，使得游客对于邮轮上的餐饮满意，吸引游客再度乘坐，品尝美食。

2. 客房对策

在客房服务中，应该秉承"如家体验"服务理念，即游客在邮轮上能够感受到家的气息，所以在客房布置上应该避免过多宾馆客房元素，增加家庭气息，同时应该配置基本家庭起居用品，使游客体验到零入驻的便捷性。

在邮轮港口实地访谈中，了解到一部分老年人对于客房电视播放的英文节目看不懂，有轻微的抱怨，邮轮公司在客房服务这一环节里可以考虑增加中国节目，减少英文节目。增加游客选择空间，避免因为不懂英文节目而感到枯燥，从而降低游客体验度。

此外，邮轮公司应该从客房的打扫清洁、送餐迅速以及及时开门等细节来提高客房的服务质量。另外，从房间设施如床的舒适度、各种生活用品的齐全度来不断提高客房的舒适度，让游客感到家的舒适与温暖。

3. 娱乐活动对策

根据游客的诉求，邮轮公司在设定娱乐活动时要考虑到不同年龄乘客的需求，例如有专门针对青年人的娱乐活动，也有专门针对老年人的娱乐活动，或是小孩子的娱乐活动，让不同的主体都能参与到活动中，体会到邮轮无与伦比的魅力。或是针对不同主体的差

异化需求，让不同的主体都能参与到活动中，体验邮轮旅游的乐趣。抑或是针对乘客不同的受教育水平提供相应的休闲活动场所。根据描述性统计特征可知，邮轮游客的受教育程度有 2/3 以上比例在专/本科的教育水平以上，也就是说乘坐游轮的游客大多是有素质有文化的人群，因而邮轮公司可以考虑这部分人的需求，例如安静的图书馆、瑜伽馆、SPA 馆等可能会吸引这部分人的注意。

此外，娱乐节目应该尽可能顾及全体游客，丰富节目内容和种类，融入一定比例的中国古典节目，例如喜剧、评书等，以满足对新鲜事物接受较慢的中国老年人群的喜好。

此外，丰富儿童娱乐项目，增加更多亲子活动项目，不仅实现对儿童的智力开发，而且促进家庭融洽，增进父母和子女的亲情。

4. 购物活动对策

对于中青年人来说，尤其是女性，船上或岸上的购物，无疑是他们邮轮旅游的一大目的。船上、岸上应有尽有的各大奢侈品品牌总能吸引他们的眼球，而低于国内的价格则会让他们毫不犹豫地掏钱购买。

通过实地访问得知，有些游客对于船上的商品价格较为不满意，认为价格不够低，不足以吸引购买，相比而言岸上的购物会更加畅快淋漓。然而相反地，一些老年游客则不满意被拉到访问港的购物场所，花费几个小时的时间用来购物，他们认为这是很无聊的。邮轮公司应该照顾不同游客的需求，爱购物的游客可以去大型购物场所尽情购物，而老年人可以安排去各种景点进行参观，这样不同类型的游客都可以照顾到。此外，有些游客（日韩航线）反映所到访的韩国景点相对单调无趣，因此邮轮公司可以相应调整岸上游的路线。

5. 航线对策

通过数据分析可以得出，国内旅游者对长途航线的需求较少，超过 56% 的游客愿意接受国内和东南亚的航线。究其原因，一方面是由于我国的假期时间相对较短（最长的仅为 7 天），另一方面还是由于长途航线高额的费用，让很多游客望而却步，所以航程较短的日韩航线和东南亚线路成为游客的首选。对于很多游客而言，参加或者想要参加邮轮旅游的目的主要是体验这样一种旅游形式，感受一下乘坐邮轮这一新兴的旅行方式与传统的旅行方式有什么不同。

考虑到我国的实际情况，邮轮公司在航线的制定上，应该以中短期的航线为主，时间控制在 5~7 天。而考虑到许多游客对邮轮旅游的新奇与仰慕，邮轮公司可以开发 1~2 天的超短期航线，或是公海游，让游客揭开邮轮的神秘面纱，对邮轮有全新的认知，也是为了吸引更多的回头客。

（资料来源：李玫萱. 基于结构方程的邮轮游客满意度影响因素研究[D]. 上海工程技术大学，2015.）

3. 准确定位目标市场

2015年多家邮轮公司的邮轮陆续进入市场，推动邮轮市场深入发展的同时，也推动邮轮产品的多样化和市场的不断细分。邮轮产品的多样化让国内游客拥有更为丰富的邮轮假期选择。而从邮轮公司客源市场分析来看，多样化的邮轮产品需要针对不同的市场消费群体，即准确地定位目标市场并制定相应的销售策略。

国内现阶段邮轮旅游消费群体以高学历、中等收入水平的30~40岁以下中青年企业职员为主，这部分消费群体一般具有相对独立的经济实力，喜欢尝试新鲜的事物，并勇于追求自己的梦想，但也有来自工作和家庭等方面压力，因此一般以家庭为单位出游，属于家庭旅游群体，邮轮公司可设计家庭主题形式的邮轮旅游产品以满足家庭中各类成员的不同需求。

国内老年人邮轮旅游消费市场发展才刚刚开始，且各方面不够完善，未得到有效的开发和利用。年龄段在55岁以上的退休人员，经济实力相对较强，休闲时间充裕，邮轮公司只要在邮轮旅游服务、饮食和娱乐等各方面设计适合老年群体的方案即可收获巨大客源市场。对于30岁以下的消费群体，他们对新生事物接受和适应能力很强，是邮轮旅游消费市场的中坚力量，但鉴于经济能力不够，常常望而却步，因此，邮轮公司可根据这一特征，推出一些经济实惠、性价比高的邮轮旅游产品。

学生市场也要引起邮轮公司的特别关注，作为家中最小的成员，集万千宠爱于一身，虽然基本没有支付能力，但是爸妈会给予经济上的支持，且在学生寒暑假期间或者高考结束后，作为辛苦的奖励，很多会选择邮轮旅游。因此，邮轮公司可以根据学生群体消费特征和属性，设计相应的充满新奇、刺激、有活力的旅程，有效吸引学生客源群体。

另外，除了开发具有特色的旅游目的地外，同时可以向不同人群推出主题航线。例如，从品牌识别角度分析，可以推出以浪漫、时尚为主题的邮轮旅游，专门针对恋人或已婚人士设计一套旅游航线，可在邮船上专门安排婚礼派对及免费邮轮婚礼服务，同时赠送蜜月礼物等回馈游客。或者打造以探险为主题的经济型产品，满足那些经济水平较低但具有冒险精神的游客的需求，同时也扩大了客源市场。

三、邮轮港口的服务质量

据资料统计，国际上共有900个在册的邮轮码头，但被公认为邮轮母港的不过十几个。邮轮要变为"经济"，只建设好码头是远远不够的。虽然邮轮母港建设可以吸引更多邮轮的到访，但据国际邮轮业协会商业研究及经济顾问统计，邮轮母港城市对区域经济带动量年均增长9.8%，而目前我国已建邮轮母港都不达标，经济效益社会效益都不好。究其原因，就是欠缺服务。首先就硬件设施来说，国内几个城市的邮轮码头都不比国外差，但硬件设施有了，是不是就有那么多邮轮来挂靠呢？是不是就能带动经济发展呢？不是，国际上邮轮码头的人性化管理，让游客舒适、便捷的各种软性服务，这些方面我国还是有差距的。可见，如何提高邮轮产业的整体服务水平是邮轮经济效益和社会效益取得突破的关键点。但是要解决这个问题，其中一个前提条件就是要有完备的邮轮母港服务，例如宽敞的候船环境、快速便捷的通关、便利的旅游交通等。

1. 优化港口配套设施

现阶段中国已经有天津和上海（虹口、宝山）、厦门、三亚5个国际邮轮港口投入使用，其中4个2014年已开始二期规划和建设，其他沿海城市也在紧锣密鼓地进行规划和建设。客观来看，中国沿海邮轮港口体系已初具形态，但一味地兴建港口设施必须考虑其完备性，一个功能完善的邮轮港口应该具备高层次的设施体系，以方便游客的自由通行。实际调查显示（杨红，2016），游客对港口交通和服务设施的满意度仅为72%，游客普遍抱怨邮轮港口各项服务设施不完善，其中最不满意的就是港口的休息设施和餐饮服务。可见国内各大邮轮港口为了邮轮带来的经济效益，忽视自身实际情况，缺乏宏观层面规划和设计，无法将港口餐饮、购物等配套设施建设与港口建设相同步，且各大邮轮港口缺乏相应的合作机制，无法实现互利共赢的局面，最终无法满足游客需求，影响游客满意度的评价。

现代邮轮旅游母港与一般的货运码头、轮渡小码头以及停靠港的性质截然不同，想要得到游客的高度评价必须是以游客的个性化需求为导向，满足不同游客的个性化、多层次需求，这是港口成功投入运营的关键。那么如何才能满足游客的需求呢？

首先，在大力兴建邮轮港口的同时，根据自身实际情况，制定相应的建设目标，包括长期目标、中期目标以及短期可达到的目标三个层次。

其次，为实现邮轮旅游不同时期目标，需根据目标制订相应的实施方案和计划，如中期目标是不断完善港口的休息、餐饮、购物等配套设施，提升港口服务设施体系，注重港口间的合作，从而有效提高游客满意度，提升港口良好旅游形象，为邮轮港未来发展预留充分拓展空间。

2. 提升港口服务质量

实际调查中发现（杨红，2016），65%的游客对港口工作人员服务质量较满意，20%游客反映根本没有体验到港口工作人员提供的服务，所以谈不上感受，而还有小部分游客则抱怨港口工作人员服务质量低下，且其中有很多是临时的兼职工作人员，他们未经过专业的港口服务培训，对港口设施和服务各方面均不了解，当被问及很多问题时，均以无果而终。而港口服务是邮轮旅游全过程的首要阶段，这部分是影响邮轮旅游者满意度的很重要因素。

港口相关管理者应该适当增设员工服务培训项目,增强内部工作人员的服务意识,提升港口服务质量,同时制定系统化的游客满意度考核管理制度,以游客满意度为核心对员工绩效进行考核,督促港口工作人员秉承以游客为中心的服务理念,用心感受游客的需求,敏锐地察觉游客所想,主动帮助他们,重视每一位游客提出的建议,不断提升自身素质、业务水平以及服务质量。

3. 简化游客通关机制

由于邮轮旅游在中国起步较晚,国内的相关法律法规和管理制度都比较欠缺,暂时达不到国际上的惯例标准,在港口出入关程序和手续的办理上,明显过于复杂和烦琐,不像其他邮轮旅游发达国家都有自己的免签或简易通关政策,因此烦琐的程序给游客带来诸多不便,影响邮轮游客的登船效率,游客满意度低下。在对邮轮游客登船效率满意度的实际调查中发现(杨红,2016),游客满意度非常低,普遍抱怨等待时间太长,且登船流程太复杂,在进行完安全检查之后,又要进行海关检查,最重要的是两部分检查不在同一个地方,这很大程度上造成游客强烈的反感情绪。虽然一方面可以看出游客对邮轮旅游认知存在偏差,另一方面也反映出中国现阶段各大港口通关效率过低,各关检查方案设计不合理,比起国外发达城市港口通关效率相差甚远。

为此,我国各大邮轮港口应在政府部门出台新的出入关程序和相关管理条例后,使各部门紧密协调与合作,在提供优质服务和确保游客安全通行的同时,设计出简化的通关机制和手续(如将安全检查和海关检查串联起来等方案),最大程度上简化通关手续和流程,实行通关时间最短化,提高邮轮游客登船效率以及满意度。

第三节　游客满意度与纠纷管理

"顾客满意"原本是商业经营中一个普遍使用的名词,美国的学者最早于20世纪60年代开始了对顾客满意度的研究。自Cardoro(1965)首次提出这一概念以来,便备受各界关注,相关的研究也日益深入。其中具有代表性的观点是Oliver(1993)将顾客满意概括为顾客在消费某种产品或服务后获得的一种感受和评价,这种评价是基于其消费之前的预期期望,当实际体验超过预期,则顾客满意,反之则不满意。Kotler(1997)在沿袭Oliver的研究理论基础上,进一步将顾客满意定义为顾客消费产品或服务后的一种心理感受,不仅可以用于学术和企业界的评价手段,更应该拓展到社会的公共服务领域。

一、游客的满意度

1. 关于游客满意度的研究

现今,对于顾客满意的研究文献较多,而对于旅游景区游客满意度的研究文献较少。国外关于游客满意度的研究,最早是由 Pizam 等发现并提出的一个游客期望和实际体验相比较的理论模式,这一定义模型被学术界广泛接受。Pizam 认为游客满意度是游客对旅游地的期望和实地旅游体验相比较的结果,若实地旅游体验高于事先的期望值,则游客是满意的。Beard 也强调游客满意度是建立在游客期望和实地体验进行比较的正效应的基础上。Tribe 等进一步指出,满意度是指在游客旅行过程中,游客体验满足其期望和需求的程度。

国内学者对于我国游客满意度的研究虽起步较晚,但发展速度较快,和国外研究内容相似,也集中在游客满意度概念、影响因素、满意度理论的实证研究等方面。南剑飞(2008)认为旅游景区游客满意度是游客对旅游景区所提供的产品或服务(旅游景观、基础设施、娱乐环境和接待服务等方面)满足其旅游活动需求程度的综合心理评价。游客满意度作为游客满意的定量表述,是衡量一个旅游景区旅游服务质量的综合性指标;李智虎(2003)认为,游客满意是一种心理活动,是游客需要得到满足后的愉悦感。满意水平是可感知效果和实际感知效果之间的函数,即游客满意 = 实际效果 / 游客期望;董观志(2005)认为,游客满意度是游客基于旅游活动的需求程度,对景区的基础设施、娱乐环境和接待服务等方面的综合心理评价;符全胜(2005)将游客满意度定义为游客对旅游环境、设施、服务等的心理感知状态;许春晓(2007)认为,游客满意 = 旅游期望值 – 旅游实际体验,其中旅游期望值是人们出游前的心理预期,旅游实际体验是实际参与旅游过程的感知体验;郭燕(2011)认为,游客满意度是旅游企业赢得顾客的关键,旅游企业管理方要全面重视和提高游客满意度,以此指导旅游目的地更好发展。管思源(2014)研究了以上海为母港出发的邮轮游客满意度并提出相应建议;鲍青青(2014)调查丽星邮轮游客各项服务满意度,并根据调查结果,提出相应的满意度提升策略;杨红(2016)通过问卷调查研究了中国邮轮游客的满意度。从以上文献可以看出,游客满意度是游客期望同实地旅游体验后的感知相比较的结果,它强调的是游客的心理比较过程及结果。当旅游体验大于或等于旅游期望时,旅游者获得满足感;反之,旅游者就感到失望或受挫。

西方对邮轮旅游的研究自 20 世纪 90 年代已趋于成熟,研究涉及范围广,主要集中在对邮轮产业、邮轮公司和邮轮游客三方面的研究,其中对邮轮游客的研究主要包括:邮轮旅游动机、邮轮游客满意度、重游率和推荐意愿。Vietor B.Teye 和 Denis Leclerc(1998)

调研北美地区的邮轮游客，分析其对邮轮旅游产品的满意度评价。研究发现，主观因素和客观因素是邮轮游客满意度评价的两个关键性因素。客观因素包括邮轮上娱乐活动设施、餐饮设备及工作人员服务水平等，主观因素主要指邮轮游客自身服务感知价值和情感因素等，后者对邮轮游客满意度评价起主导作用。同时 Teoman Dumana 和 Anna S. Mattilab（2005）研究发现，游客情感因素主导邮轮游客的体验感知满意度。Huang 和 Hsu（2010）通过研究游客交互对邮轮游客满意度和邮轮体验质量的影响，得出游客交互质量会间接影响游客满意度高低。

2. 我国邮轮游客满意度管理问题

（1）工作人员缺乏顾客满意度服务理念

国内各地区邮轮港口工作人员素质参差不齐，普遍对"顾客满意度"这一概念缺乏真正的认识和理解，而港口内部未对员工进行系统、全面的顾客满意度相关管理培训，导致工作人员不能以游客满意为中心进行服务，不能及时察觉到游客所想，缺乏足够的职业使命感，而只注重自身基本业务的处理。与此同时，由于邮轮港口服务人员较为缺乏，港口不得不雇佣临时的兼职人员来完成港口各方面作业，这些兼职人员大多以学生为主，对港口的各项设施和服务均不够了解，并且缺乏专业化的港口工作及服务意识培训，所以在面对邮轮游客时，往往表现得不尽如人意。这两方面问题出现的主要原因是邮轮港口内部缺乏一项有效的包含顾客满意度服务管理理念的行为制度。未来应以提升游客满意度为核心，不断完善工作人员服务质量，以满足游客需求。

（2）未实现游客满意度的服务链化管理

邮轮游客满意度的有效管理主要是针对整个邮轮旅游供应服务链进行的，即管理旅行社、邮轮公司和邮轮港口这三个直接利益群体。而有别于欧美发达国家，目前国内邮轮旅游一直以旅行社包船为主要发展方式，旅行社为游客提供一站式邮轮旅游服务，旅行社内部及其与邮轮港口之间的合作也并不理想。

以上海邮轮旅游发展为例，2010 年上海世博会召开，带动各项旅游经济效应，国际邮轮接待量从 2009 年的 80 艘次上升到 109 艘次，出入境人数激增 10 万多。根据 CCYIA 统计快报，2016 年我国大连、天津、烟台、青岛、上海、舟山、厦门、广州、海口、三亚 10 大港口城市共接待邮轮 1010 艘次，同比增长 58%。10 大港口城市接待出入境中外邮轮旅客 2 261 405 人（4 522 810 人次），同比增长 82%；其中，出境中国旅客 2 144 890 人（4 289 780 人次），首次突破 200 万人，同比增长 91%，入境境外旅客 138 715 人（277 430 人次），同比增加 8%。10 大港口中，市场份额最大的为上海（含吴淞口和国际客运 2 个码头），总航次 509 航次，占全国的 51%，中外旅客 1 472 438 人（2 944 876 人次），占全国的 65%。伴随着这一系列数据的增长，也对上海邮轮旅游相关管理部门提出了更高要求。邮轮港口和旅行社等只有不断改善相关管理服务机制，提高综合业务水平，才能适时满足邮轮旅游的发展需要。

而据了解，在上海港口乘坐邮轮旅游的消费群体主要来自江浙沪地区，且邮轮游客满意度有待提高，主要原因在于没有真正地实现游客满意度在整个邮轮旅游供应服务链中的有效管理。江苏浙江一带地理位置均靠近上海，属于经济较发达地区，人们收入水平高，旅游消费能力强，但旅行社在引导游客进行邮轮旅游时，相应的信息管理系统不够成熟，各部门缺乏真正的合作意识，不能有效整合所获取的信息资源，导致综合管理效能较低，并且与港口业务对接方面，缺乏有效的沟通和规范化的服务流程，使得邮轮游客对具体的邮轮旅游行程安排缺乏真正的认知，以至于出现在港口游客拥挤混乱不堪、难以管理等现象，最终导致游客满意度较低。

（3）游客满意度相关绩效考核比例过低

不论是邮轮公司、邮轮港口或旅行社，他们都是服务型企业，但在实际工作表现的考核中，基本都以员工的业务完成量为主要考核标准，与游客满意度有关的考核项目较少。如此一来，导致邮轮公司、港口和旅行社管理者及企业员工只顾眼前短期的业务量增长，而忽视了对邮轮游客满意度和忠诚度的维护，不利于企业长远发展。故未来各利益相关方管理者应考虑引入一套系统有效的游客满意度考核管理体系，以此对员工绩效进行考核，进一步提高邮轮游客满意度。

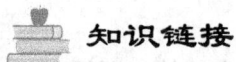

知识链接

丽星邮轮公司提高员工满意度的对策

丽星邮轮公司是亚太地区著名的邮轮公司，目前是世界第三大邮轮运营商，成立于1993年，是马来西亚云顶集团的子公司，亚太区邮轮行业中的领航者。丽星邮轮上设有老少皆宜的娱乐设施及丰富饮食，提供国际级服务及短程邮轮航线，是家庭度假的新选择。目前，丽星邮轮公司的主力船队营运于亚洲地区，主要邮轮包括"处女星"号、"双子星"号、"天秤星"号、"双鱼星"号、"白羊巨星"号及"金牛巨星"号。

游客的满意来自员工的满意，丽星邮轮公司提高员工满意度的做法有：

1.提高对工作回报方面的满意度

员工工作回报包括薪酬、福利、培训和晋升等方面。薪酬和福利是决定员工工作满意度的重要因素，它不仅能满足员工生活和工作的基本需求，而且是公司对员工所做贡献的肯定。过多过重的培训压力在很大程度上降低了员工的满意度。而工作中的晋升机会对员工满意度有一定的影响，它会带来管理权力、工作内容和薪酬等方面的变化。

丽星邮轮公司想要提高对工作回报的满意度应从以下几个方面入手：①适量增加员工工资收入。丽星员工的工资收入水平与同行业相比较低，没有达到员工的期望工资，邮轮公司要留住其员工，提高其工作积极性，增加员工工资收入是很有必要的。②提高福利待遇水平。在丽星，没有年终奖这一说法，只有每月的工资和小费或提成。一般是没有带薪休假的，每天都在工作，只有荷官每月有两三天的休假。公司应根据自身和员工的状况，逐步提高福利待遇水平。一个提供越高福利待遇的企业，就越能吸引员工、留住员工、激励员工，提高员工的满意度。③结合员工的状况，减少不必要的培训。在所有项目中，这一项的满意度是最低的。在员工休息时间有限的情况下，公司应考虑合理安排培训课，要讲究"质"而不是"量"，适当改善培训制度。④完善晋升制度。丽星邮轮公司的晋升制度是按船期数来决定的，船期数越多，职位就越高，虽然在一定程度上是公平的，但也是有缺陷的。有些没有领导能力的人，因为其船期数多而升入更高的领导层，但由于其缺乏领导能力，导致其领导的团队出现各种状况，影响了整个团队的工作。所以，丽星邮轮公司应更加完善其晋升制度。

2. 提高工作背景方面的满意度

邮轮公司要提高员工工作背景的满意度，就要有良好的工作环境，保证安全管理，保持食堂卫生及提高饭菜质量，提供舒适的住宿条件，完善休息制度。在丽星，其安全管理及食堂卫生、饭菜质量是值得赞扬的，但其工作环境及休息制度要加强。如有些工作场所烟味较重，应加强排风效果，改善空气质量；员工休息时间不足，应适量增加人员配备，合理安排休息时间，完善休息制度。通过提高工作背景的满意度，让员工更喜欢在丽星邮轮公司工作。

3. 保持工作群体方面的满意度

丽星邮轮公司的员工在工作群体方面的满意度较高，这是值得肯定的，应继续保持。

4. 完善企业管理

企业管理，一是考察公司是否做到了以员工为中心，管理者与员工的关系是否和谐；二是考察公司的民主管理机制，即员工参与和影响决策的程度如何。丽星邮轮公司在企业管理这方面的满意度整体上一般。公司要进一步完善其管理，要注重政策的实施与落实，处理好内部投诉问题，做到公平公正，充分体现公司的民主管理。要以员工为中心，让员工充分感到公司对他们的尊重与关怀，增加员工对公司的归属感和忠诚度，使员工更努力工作，企业走向更好。

5. 完善企业经营

企业经营得好，可以使员工对自身所在的企业更有信心，对企业的满意度也会更高。

邮轮公司应增加其战略远景的沟通和宣传，促进员工对企业发展方向和目标的了解。同时，在原有的社会形象上，进一步提高其社会形象。

［资料来源：欧阳代越.邮轮公司员工满意度调查分析——以丽星邮轮双鱼星号为例.旅游管理研究，2015（9）：28-29.］

二、旅游纠纷管理

1. 邮轮旅游服务的法律关系

通常的包价旅游服务，由于供应商主体多样，包价旅游合同的法律关系较为复杂，与之相比，邮轮旅游服务更具特殊性，法律关系的复杂程度，有过之而无不及。邮轮旅游服务的法律关系，按照是否直接和旅游者有关加以区分，可以分为两大类。

（1）和旅游者有直接关系的合同关系

第一，旅游者和旅行社的包价旅游合同关系。目前，绝大多数旅游者是通过和旅行社签订出境包价旅游合同，才得以参加邮轮旅游。旅行社按照和船务公司或者票务代理公司的约定，为旅游者提供邮轮旅游服务，旅行社成为旅游者邮轮旅游服务的最主要提供者。

第二，旅游者和邮轮存在运输合同关系。尽管邮轮公司并不直接参与销售活动，旅游者也没有和邮轮建立直接的合同关系，但邮轮客票（电子客票）有旅游者的姓名等信息，承运人为邮轮公司，表明邮轮作为交通工具提供者而存在，和旅游者存在运输合同关系。

第三，旅游者和邮轮公司的服务合同关系。虽然旅游者在出团前没有和邮轮公司确立合同关系，而且邮轮上的基本服务都已含在旅游团款中，但在邮轮运输和服务过程中，旅游者除了享受合同约定的服务外，还可能会在邮轮上有额外消费，比如在酒吧的消费，就和邮轮公司的相关服务经营者存在直接的消费合同关系。

第四，旅游者和邮轮船务公司或者票务代理公司的票务代理合同关系。少数旅游者直接从邮轮船务公司或者票务代理公司购买船票，这些公司没有组团资质，为了规避法律风险，他们和旅游者签订票务委托代理合同，旅游者与之形成了单项委托的合同关系。

第五、旅游者和邮轮公司之间的包价旅游合同关系。旅行社收取的旅游团款中，含岸上旅游的服务费用，有些邮轮公司在行程中组织旅游者参加岸上旅游，旅游者就和邮轮公司事实上建立了岸上一日游或者半日游的包价旅游合同关系，尽管邮轮公司组织旅游者参加岸上旅游行为的合法性存疑。

（2）邮轮旅游服务经营者之间的合同关系

第一，旅行社和邮轮船务公司、邮轮票务代理公司之间存在委托代理合同关系。旅行社接受邮轮船务公司、邮轮票务代理公司的委托，打包销售邮轮服务产品。

第二，旅行社和岸上服务供应商之间的委托合同关系。一些整体包船的旅行社，为了更好地监控岸上旅游服务质量，事先和邮轮公司约定，岸上旅游服务由旅行社自己操作，旅行社和岸上旅游服务供应商也建立了委托合同关系。

第三，组团社和代理社之间的委托代理关系。组团社和邮轮船务公司、邮轮票务代理公司签订包船或者切位协议后，将部分或者全部的组团业务委托给代理社，也就和这些代理社建立了委托代理关系。组团社要求代理社为其收客，组织当地旅游者参加邮轮旅游。

2. 邮轮旅游纠纷产生的原因

（1）邮轮旅游外部条件不成熟

第一，邮轮公司具有天然的优势。邮轮旅游在我国是新业态，邮轮公司也基本上属于国际邮轮公司，本土邮轮公司尚处于萌芽起步阶段。邮轮公司的强势地位，导致邮轮公司及其船务公司、票务代理公司等企业，在与我国旅行社合作时具有绝对的优势，制定的合作合同条款权利义务不对等。同时，我国的旅行社、旅游者，甚至是有关行政部门，对于邮轮旅游了解不多，认识不深，对邮轮旅游没有做好充分的准备，似乎只能被动地接受所谓的国际惯例，别无他法。

第二，两份合同无法无缝对接。在邮轮旅游服务操作中，旅行社必须既和船务公司、票务代理公司签订委托代理合同，又与旅游者签订出境包价旅游合同。这两份合同中共同的主体是旅行社。第一份合同约定的权利义务分配严重失衡，不利于旅行社，后一份合同权利义务分配相对均衡，当旅游者权益受损时，旅游者当然按照包价旅游合同的约定，要求旅行社承担赔偿责任。旅行社按照旅游合同的约定，向旅游者做出赔偿后，按理可以向它的供应商追偿，但由于旅行社和船务公司、票务代理公司签订的委托代理合同极不公平，旅行社无法从它们那里得到同等的赔偿。究其原因，就是旅行社签订的两份合同权利义务约定不一致。

（2）邮轮旅游企业诚信度不够

第一，邮轮航线改道过程中的不诚信。在邮轮公司、船务公司或者票务代理公司看来，不论是何种原因导致的邮轮改道，包括不可抗力和邮轮公司自身的原因，如何处理纠纷的主动权都掌握在邮轮公司手里，无须和旅游者协商。邮轮公司仅仅需要履行通知义务即可，理由是邮轮改道是国际惯例，而且改道的目的是为了确保旅游者的人身财产安全，理由似乎也是冠冕堂皇。如果说在邮轮的航行中遭遇不可抗力，邮轮改道理由正当的话，那么,由于邮轮公司或者是邮轮码头的原因,导致邮轮不能正常靠岸,邮轮公司改道或者取消停靠码头,则应当是邮轮公司违反了相关合同约定,是一种违约行为,不能成为免责的理由。同时,在邮轮开航前遭遇不可抗力,邮轮公司为什么坚持改道,而不是暂时停航,将旅游行程延后呢?唯一的解释,就是邮轮公司只顾自己的利益,忽视了旅游者的权益。

第二,退还旅游者费用表现不诚信。按照《旅游法》等有关法律规定,发生不可抗力后,旅游者可以解除旅游合同,并可以要求旅行社退还除去实际已经发生且合理的费用后的余款。旅行社有提供已经发生且合理的费用凭证的义务。旅行社退还费用后,按理邮轮旅游经营者应当向旅行社出示实际已经发生且合理费用的凭证,及时将余款退还给旅行社,以证明扣款行为的合理性。但事实并非如此,旅行社及邮轮经营者在退款时,没有按照诚实信用原则,严格履行退还余款的程序。原因就是旅行社和船务公司或者票务代理公司约定在先,发生邮轮改道的情形,是否需要退款、需要退款多少,都是由船务公司或者票务代理公司单方决定。换句话说,邮轮企业不愿意退还余款,或者退还少量的余款,都不需要为自己的行为提供相应的凭证,而且旅游者都必须无条件接受。

(3)委托代理合同内容瑕疵多

旅行社和邮轮船务公司、邮轮票务代理公司等邮轮经营者签订委托代理合同时,后者利用其经营优势,迫使旅行社不得不与之签订权利义务极为不平衡的委托代理格式合同。在委托代理合同中,前者被赋予的基本上是义务,后者则以获得权利为主。委托代理合同的瑕疵,可以旅行社和邮轮经营者的合同约定为例加以说明:

第一,委托代理合同条款与我国法律相冲突。委托代理合同约定,21周岁以下的乘客为未成年人,若未成年人未随父母一起登船出行,必须提供额外证明材料,否则船方可能拒绝其登船。该条款明显与我国的法律规定不符。我国《民法通则》第十一条规定,十八周岁以上的公民是成年人,具有完全民事行为能力,可以独立进行民事活动。十六周岁以上不满十八周岁的公民,以自己的劳动收入为主要生活来源的,视为完全民事行为能力人。也就是说,自然人年龄在18周岁以上,或者16周岁以上,自己能够养活自己的公民,都被我国法律视为完全民事行为能力人,即通常所说的成年人。这是我国法律的强制性规定。如果按照合同约定,一个20周岁的我国旅游者单独参加邮轮旅游,都可能被邮轮公司拒绝登船,其荒谬性不言而喻。

第二,委托代理合同中存在不公平的条款。委托代理合同约定,因人力不可抗因素、意外事件,或者邮轮公司取消订位、更改航线造成乙方(指票务公司)无法履行代理预订服务,乙方不承担违约责任。在启航前由于包船等原因取消行程,票务公司不承担任何违约责任。上述约定是将不可抗力、意外事件、人为因素混为一谈,显然不当。在旅游服务纠纷处理中，不可抗力是天然的免责条款，经营者和旅游者都不需要承担赔偿责任。按照我国《旅游法》的规定，经营者尽到注意义务仍然不能避免的意外事件，也可以作为免责条件。但是邮轮公司取消订位、更改航线造成乙方无法履行代理预订服务的行为，是彻彻底底的违约行为，票务公司无论如何都不可以免责。至于启航前由于包船等原因取消行程，票务公司不承担违约责任的约定，更是有悖常理。

（4）消费理念存在明显差异

中外消费理念的差异，是造成邮轮改道后产生纠纷的又一原因。在邮轮公司、船务公司、票务代理公司看来，邮轮本身既是旅游产品，又是旅游目的地，邮轮在哪个港口停靠，并不会严重影响到参加邮轮旅游的目的，当然这样的理念在国外旅游者中也并非全然认同。而在绝大多数中国旅游者看来，参加邮轮旅游，固然可以享受邮轮服务本身带来的愉悦，但依然十分看重停靠的港口，因为邮轮停靠在约定港口，旅游者就可以到港口所在国旅游。

在我国许多旅游者看来，登陆旅游目的地国家和享受邮轮服务同等重要，选择了日本邮轮游，旅游目的地就是日本，不能是韩国。如果不能抵达旅游目的地并停靠港口，然后上岸旅游，邮轮服务再好，身心再愉悦，旅游目的都损失了一大半。所以，参加邮轮旅游的旅游者经常会说，我预订的是日本游，变为韩国游，而韩国我已经去过了，没有必要再去，道理就在于此。

这是两种旅游理念的碰撞，不能简单地评价说哪种理念更好，更文明，更有文化。两者都没有错，或者说两者都对，因为两者都是从各自的角度出发，对于邮轮旅游有着不同的理解。

3. 邮轮旅游纠纷处理的对策

（1）有关政府部门要有作为

邮轮旅游对于我国政府、业界和旅游者来说，都是新业态，但也是前途看好的新业态，这也就意味着我国邮轮旅游经营和服务规则亟待建立和完善。由于邮轮经营者的强势地位，旅行社与邮轮经营者、旅游者约定的权利义务不对等。在邮轮旅游服务纠纷的处理中，旅行社、旅游者或者不敢，或者无力与邮轮公司抗争，维权异常艰难。

在这种特殊情况下，我国政府有责任和能力，按照我国的法律规定，规范邮轮旅游经营者的行为，保护我国旅游者和旅行社的合法权益。国家旅游局、交通部、工商总局、海关总署等有关部门，应当根据我国的法律规定，召集在我国开展邮轮旅游业务的各大邮轮公司，确定在我国经营邮轮旅游业务的强制性规则，平衡邮轮旅游服务提供者和参与者之间的权利义务，并出台邮轮旅游经营者与旅行社、旅行社与旅游者之间的邮轮旅游合作合同和包价旅游合同示范文本，从制度上、源头上规范邮轮公司在我国的经营行为，妥善解决邮轮旅游纠纷，防止邮轮旅游同类纠纷的重复发生，保护各方当事人的合法权益。

(2) 有关服务企业要诚实守信

确定邮轮旅游服务的基本原则，制定均衡权利义务的经营和服务合同，是经营者按照约定提供服务、妥善处理邮轮旅游纠纷的基础，但在邮轮旅游服务和纠纷处理中，更需要邮轮旅游经营者的诚实守信。具体而言，邮轮旅游经营者首先必须保证按照合同约定为旅游者提供服务，包括不得擅自更改旅游线路；即使发生不可抗力需要改变航线，也必须做出有利于旅游者的更改。在旅游团队出团前发生不可抗力影响了旅游行程，邮轮旅游经营者必须和旅游者协商是采取改道、延期还是解除合同等方式，最大限度地降低旅游者的损失。扣除已经发生的实际费用，邮轮旅游经营者应当出示确凿的证据，而不是要扣多少就扣多少。

(3) 建立和完善纠纷解决机制

这个机制主要包括三个方面的内容：第一是旅游者违约取消邮轮旅游的退款机制。即旅游者取消旅游行程，应当如何承担相应的责任。第二是邮轮经营者违约，取消行程或者改变旅游行程，邮轮经营者应当如何承担违约责任。第三是邮轮旅游遭遇不可抗力，双方协商后解除旅游合同，或者改变航线，或者继续旅游行程，如果有损失发生，有关当事人应当如何承担损失。这些机制应当被纳入旅行社和邮轮船务公司、邮轮票务代理公司签订的委托代理合同中，也应当同样被纳入旅行社和旅游者签订的包价旅游合同中。

(4) 引导广大旅游者理性维权

在我国旅游纠纷的处理中，不时会传出旅游者拒绝下飞机、拒绝下旅游大巴的新闻。在邮轮旅游中，旅游者权益受损得不到满意的赔偿，旅游者拒绝离开邮轮的情况也时有发生。对于旅游者这样的行为，任何一家主管部门和人民法院都不会予以支持。旅游者认为权益受损需要维权，是旅游者自我保护意识增强的表现，应当得到支持和赞同，但假如使用不当的维权方式和手段，维权行为不仅得不到法律的支持，而且还会为此付出代价。行程结束后旅游者拒绝离开邮轮，甚至是强行霸占邮轮，属于违法维权的范畴。如果旅游者持续霸占邮轮，影响了邮轮公司正常的经营秩序，还可能为此承担赔偿责任。只要旅游者有道理，按时离开邮轮照样可以维权，何况旅游者只和旅行社有直接的合同关系，旅游者通常只能向旅行社直接主张权利。

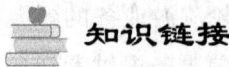

邮轮运输突发事件

何为突发事件？虽然各国称谓不尽相同，如美国称之为危机事件，澳大利亚称之为紧急事件,但其特点可大致概括为突发性、巨大危险性、紧迫性、事态发展不确定性。2007年通过的《中华人民共和国突发事件法》从法律层面规定了四类突发事件:自然灾害、事故灾难、公共卫生安全事件和社会安全事件。总体而言这四类突发事件体现了现代世界的风险环境,并充分考虑到了突发事件的自然因素及人为因素。

邮轮运输有四类突发事件:

其一,自然灾害。与邮轮密切相关的自然灾害主要有风暴潮、海啸等海洋灾害,以及台风等气象灾害。自然灾害属于传统意义上的风险,很多灾害的监测和预防仍是难以攻克的难题。2015年6月,重庆东方轮船公司所属旅游客船"东方之星"在由南京驶往重庆途中突然发生翻沉,专家认为事发时段当地出现了局地性、小尺度、突发性强对流龙卷风。正是因为此次气象灾害的突发性使得预警机制失灵,发生了惨重的后果。

其二,事故灾难。系指人们在生产、生活过程中发生的,直接由人的生产、生活活动引发的,造成大量的人员伤亡、经济损失或环境污染的意外事件。邮轮作为一种交通航运工具,在完成旅游、运输目标的同时,最重要的是保障乘客的生命财产安全。与自然灾害相似,即使科技进步、应急体系革新,仍然不能消除发生毁灭性后果的可能性,而对重大事故的反思往往会推动邮轮安全标准、应急机制的更新和发展,比如正是1912年"泰坦尼克"号邮轮沉没事故催生了《国际海上人命安全公约》(简称SOLAS公约),此后每当发生重大事故,国际海事组织(IMO)都会重新审视安全规则并对SOLAS公约做出修改。

其三,公共卫生安全事件。系指造成或可能造成社会公众健康严重损害的传染病疫情、群体性不明原因疾病、食品安全、职业危害、动物疫情以及其他严重影响公共健康的突发公共事件。由于邮轮的密闭性、远航性等特征,决定了公共卫生安全事件的高发性。近年来,中国口岸已经应急处置了诺如病毒、甲型H1N1流感等疫情暴发事件。如2008年"钻石公主号"国际豪华邮轮"诺如病毒"感染事件,2010年"富士九"甲型流感群体性感染事件。

其四,社会安全事件。多指暴恐事件、经济安全事件、群体性事件以及重大刑事案件。邮轮运输中的社会安全事件主要是由于天气、船舶故障所引发的群体性事件。近年来霸船事件频出,乘客以维权之名,霸占邮轮不愿离船,实则是对政府和邮轮企业的"绑架式"威胁,破坏公共秩序,触碰到了法律的红线。

[资料来源:栾晨焕. 邮轮运输突发事件应急体系及其法制衔接. 中国海商法研究,2016,27(1):47-54.]

本章小结

邮轮旅游服务质量是邮轮旅游企业所提供服务的特性和特征的总和。邮轮旅游服务质量包括结果质量（技术性质量）、过程质量（功能性质量）和形象质量三个部分，旅游者通常从服务的结果质量、过程质量、形象质量出发，综合评估所感受到的邮轮旅游服务。

旅行社在控制邮轮旅游服务质量方面的做法主要有：第一，完善游客出行前教育；第二，改善岸上的旅游服务；第三，实现营销渠道多样化；第四，加强与相关企业合作。

邮轮公司在控制邮轮旅游服务质量方面的做法主要有：第一，加强邮轮产品宣传；第二，丰富邮轮产品设计；第三，准确定位目标市场。

邮轮港口在控制邮轮旅游服务质量方面的做法主要有：第一，优化港口配套设施；第二，提升港口服务质量；第三，简化游客通关机制。

满意度是指在游客旅行过程中，游客体验满足其期望和需求的程度。我国邮轮游客满意度管理方面的问题表现在：第一，工作人员缺乏顾客满意度服务理念；第二，未实现游客满意度的服务链化管理；第三，游客满意度相关绩效考核比例过低。

邮轮旅游纠纷产生的原因主要有：第一，邮轮旅游外部条件不成熟；第二，邮轮旅游企业诚信度不够；第三，委托代理合同内容瑕疵多；第四，消费理念存在明显差异。解决的对策有：第一，有关政府部门要有作为；第二，有关服务企业要诚实守信；第三，建立和完善纠纷解决机制；第四，引导广大旅游者理性维权。

思考题

1. 简述邮轮旅游服务质量的构成三要素。
2. 如何衡量邮轮旅游服务质量？
3. 简述旅行社如何控制邮轮旅游服务质量。
4. 简述邮轮公司如何控制邮轮旅游服务质量。
5. 简述邮轮港口如何控制邮轮旅游服务质量。
6. 简述我国邮轮游客满意度管理方面存在的主要问题。
7. 邮轮旅游纠纷产生的原因有哪些？如何解决？

案例分析

大连国际邮轮接待中存在的主要问题

大连的国际邮轮接待开始于 1976 年 5 月。1976—1979 年，大连接待的外国邮轮均来自日本，直至 1979 年 3 月 9 日，首次接待"伊丽莎白女王二世"邮轮，自此大连开启了欧美邮轮的接待历程。此后的近 40 年时间里，大连的邮轮接待得以迅速发展。1985 年至 1997 年是邮轮抵达大连港较多的时期，平均每年有 16 艘，平均每艘接待客人 1500 人次左右。近两年，随着大连旅游业的蓬勃发展及东北亚国际航运中心建设步伐的不断加大，停靠大连港的船舶数量呈现上升趋势。

2013 年五一至十一期间，大连已接待了 5 艘大型国际豪华邮轮，接待来连各国旅客 10 238 人次，其所接待的船舶和游客均为近 5 年之最。在到港的这些豪华邮轮中，"钻石公主"号到港次数最多。而与其齐名的姊妹船"蓝宝石公主"号，船长同为 288.3 米、宽为 50.1 米，2010 年至 2013 年也 4 次光顾大连。基于不断增长的接待需求，接待人员也出现了逐年上升的趋势。接待工作由大连市旅游局、大连外事办、大连港集团、中国国际旅行社、中旅集团中国旅行社总社大连有限公司承担。英文导游团队主要是由具有英文导游资格的专业英文导游员和大连理工大学及辽宁师范学院英语专业在读并考取了导游资格证书的学生组成。旅行社为了提高接待质量与大连部分高校的旅游管理专业建立了校企合作关系，安排学生定期到旅行社进行顶岗实习，同时负责国际邮轮接待工作。

大连国际邮轮接待中存在的主要问题如下：

1. 未能基于欧美游客的景观符号认知差异进行路线开发与创新

东西方文化背景的游客，在对标志性自然与文化景观的选择上存在明显的差异，即对符号所指的选择上，呈现出了显著的差异。由此引发的东西方游客在对景观的认知视角、态度与价值观、系统化程度、认知理念及途径等方面均表现出各自的特征。

首先，大连国际邮轮的接待路线看似较为丰富，但是每条路线的设计缺乏明确的主题，路线特色不鲜明。多数游客反映旅游路线的细节设计方面是欠缺的，与他们的旅游期望存在着距离。与此同时基于游客的反馈可以进一步分析出，游客针对旅游路线提出的意见更多的是由于文化差异和由文化差异所导致的需求差异所引发的。邮轮接待的路线设置往往忽略了东西方文化背景的差异，进行了粗略的设计，主要表现为求数量而忽略了质量、不求创新和完善等方面。

其次，忽略了旅游观赏的心理要素，进而影响了旅游观赏的效果。例如，绿山观景台处的停留就不利于游客体验质量的提高。青泥洼周边的高层建筑设计与完工使观景台已经失去了俯瞰市中心全景的优势，对景观观赏位置不同，就会形成不同的视点。屡次将其定位为半日游路线的首个经停景点只能给旅游者留下遗憾，而且首站的消极体验会使旅游者产生强烈的晕轮效应，进而影响了整个行程的旅游体验质量和旅游服务工作的顺利开展。因为，观赏时机、观赏位置是影响旅游观赏效果的主要因素。旅游者所观赏的对象，不管是自然景物还是社会事物，如果考虑到它们所处的环境因素，它们都不是静止不变的。

2. 未能基于游客旅游体验的视角选择科学的导游话语模式

导游语言,是导游员对游客进行导游讲解、传播知识、交流思想和沟通的一种富有丰富表达能力的口头语言;导游语言是导游员用来做好导游服务工作的重要手段和工具。导游员掌握的语言知识越丰富,驾驭语言的能力越强,运用得越好,游客越容易领悟,导游讲解和沟通的效果就越好。

大连国际邮轮的英文导游服务在接待过程中虽然能够按照日常培训的基本要求来完成接待任务,但是在接待技巧和语言能力方面急需完善和提升。经调查发现,大部分的游客认为导游服务过程中仅仅依靠热情并不能满足需求。尤其是语言的障碍会导致游客的旅游体验质量大幅度下滑,最终导致游客满意度不高、投诉率上升等现象。

3. 未能基于符号解读对旅游体验质量的影响进行旅游纪念品开发

旅游体验就是一个收集和解读符号的过程。旅游世界是一个交织着各种符号、各种旅游的动机且与日常生活相异的世界。旅游体验是旅游者解读各种旅游符号的过程,符号本身的特点、旅游者收集的符号数量和他对符号本身的解读结果都可以影响到旅游者的体验效果。旅游纪念品本身就是以符号的形式进行了旅游地的文化展示。旅游者满怀求新、求异的体验需求对所提供旅游纪念品进行赏析,其体验结果决定能否形成购买动机。

大连邮轮接待的每一条路线均包含购物环节并且以自愿为原则,但是游客反映购物场所环境缺乏特色、旅游购物品缺乏新意。甚至有些游客进到购物商城出来后的第一个问题是"大连的特色工艺品是什么,怎么逛了一圈后和中国其他城市的购物场所没有任何差异?"这样的情况在每次邮轮接待中都有发生,导致大连入境旅游收入中的旅游购物收入所占比例甚微。但是即便如此,延续了几十年的邮轮接待在购物方面的策划一直没有变化,游客的旅游体验往往也因此大打折扣。

[资料来源:王晓宇. 基于旅游体验视角的大连国际邮轮接待质量提升对策研究. 鸡西大学学报,2014(5):53-56.]

结合案例思考以下问题:

(1)旅游体验理论在邮轮旅游服务中有哪些应用?

(2)运用旅游体验相关理论,提出大连国际邮轮接待问题的解决对策。

附录　国际邮轮口岸旅游服务规范

（中华人民共和国国家旅游局 2011 年 2 月 1 日发布）

1. 范围

本标准规定了国际邮轮口岸旅游服务的基本要求及服务、服务设施、安全、卫生、信息传递、管理等质量要求。

本标准适用于国际邮轮口岸提供邮轮旅游服务的承运人、港口经营人、口岸查验监管人、邮轮口岸旅游经营人各服务主体。

2. 规范性引用文件

下列文件对于本文件的应用是必不可少的。凡是注日期的引用文件，仅注日期的版本适用于本文件。凡是不注日期的引用文件，其最新版本（包括所有的修改单）适用于本文件。

GB 2894　安全标志及使用导则

GB 5749　生活饮用水卫生标准

GB 9672—1996　公共交通等候室卫生标准

GB/T 10001.1　标志用公用信息图形符号　第 1 部分：通用符号

GB/T 10001.2　标志用公共信息图形符号　第 2 部分：旅游休闲符号

GB 13495　消防安全标志

GB/T 15566　图形标志、使用原则与要求

GB/T 15971—2010　导游服务规范

GB/T 16890—2008　水路客运服务质量要求

GB/T 18973　旅游厕所质量等级划分与评定

GB/T 19001　质量管理体系要求

GB/T 50116　火灾自动报警设计规范

JT/T 471　交通客运图形符号、标志及技术要求

《国际船舶与港口设施保安规则》国际海事组织（ISPS）

《公共场合集中式空调系统卫生规范》卫生部

3. 术语和定义

下列术语和定义适用于本文件。

3.1 国际邮轮口岸 international cruise ports

国家批准设立，由国家法定机关实施监管，允许中国籍和外国籍人员、货物、物品和境外的邮轮直接出入境的，具有必要隔离设施和查验场所的特定水运(海港、河港)区域。

3.2 承运人 carrier

本人或委托他人以本人名义与旅游者签订水路旅游运输和游览合同及水路行李运输合同的人。

［注：改写 GB/T 18225—2000 中的 6.1.1］

3.3 港口经营人 operator

与承运人订立作业合同的人。

［GB/T 18225—2000 中的 6.2.1］

3.4 口岸查验监管人 supervisor of ports check and examination

国家派驻口岸的海关、边防检查、检验检疫等履行进出境监管、执法职责的人。

3.5 邮轮口岸旅游服务经营人 designated tourism enterprise of cruise ports

接受承运人或海外旅游运营商委托，为旅游者提供邮轮口岸旅游定向产品或专门服务的人。

4. 接待服务的基本要求

4.1 接待安排要求

第一，口岸各服务主体应通过联席会议、定期会商等方式，互相沟通、密切配合，保障有特定时限要求的邮轮旅游活动按预定的计划实施。

第二，承运人、港口经营人、口岸查验监管人、邮轮口岸旅游服务经营人等应利用各种类型媒体发布服务信息，信息内容应真实、准确、完整、有效。

第三，承运人及其代理人应在相关行政主管部门规定的时限前办理完成邮轮进出口岸代理服务的一切手续，积极与口岸查验监管人沟通及时协助解决各类突发问题，保障邮轮的旅游者和船员顺利出入境。应当主动向港口经营人、邮轮口岸旅游服务经营人通报旅游者的具体人数、下船旅游线路等信息。

第四，港口经营人应对旅游者提供集聚、疏导和候（接）船服务，及时引导旅游者上、下船，维持秩序，协调、配合口岸查验监管人作业，提高通关速度；主动防范、调解、服务场所内发生的矛盾纠纷，涉及治安管理的问题，应向驻口岸或当地的公安部门报告。

第五，口岸检验监管人应对邮轮旅游者提供及时的通关服务，保障出入境邮轮的旅游者随到随检，在口岸检验监管行政主管部门规定时限内，便捷、高效地通关。

第六，邮轮口岸旅游服务经营人应提供旅游产品以及文艺演出等各种配套服务。

4.2 服务要求

第一，邮轮口岸各服务主体应在旅游团（者）抵达后，提供热情、友好的接待，主动、礼貌地提供引导、咨询服务。

第二，履行包括服务时间（含时限）、服务项目和服务质量等内容的服务承诺。

第三，对老人、孕妇、儿童、怀抱婴幼儿妇女、残障者等需重点照顾的旅游者主动提供相应的服务。

4.3 港口经营人服务要求

第一，邮轮抵达时应有专人迎接、引导，有序协调旅游者分流，应当协助旅游者填写各类表单。

第二，旅游者登船或离船时应有专人引导、通道畅通、专人守护。

第三，应准时、准确接收交付、提取行李；有行李保管服务项目，宜设特大行李特殊搬运服务。

第四，应向入境的旅游者发放含有邮轮停泊具体位置及交通示意图的信息卡。

第五，停车场服务应有专人管理、协调，车辆分类停放，进出有序，避免车流混杂、人车交叉。

第六，应有便捷的集聚、疏散旅游者的公共交通引导服务，合理布局公共交通、出租车引导指示牌。

第七，应有服务监督电话（箱），并予以公示。

4.4 邮轮口岸旅游服务经营人服务要求

第一，接受承运人（或海外旅游运营商）接待邮轮旅游者的委托后应认真研析、编制、周密下达邮轮旅游的接待计划，合理安排旅游日程，细化落实导游、车辆、景点、餐饮等业务；提供导游，陪同邮轮旅游团（者）进行游览活动。

第二，接待邮轮的大型旅游团队时，应视团队人数派出多位导游，一般每辆旅游客车派一名导游；派出多位导游时应指定其中一位为负责人，负责总协调。

第三，邮轮口岸旅游服务经营人派出的导游，应自始至终地参与邮轮旅游团全程程活动，引领邮轮旅游团（者）进行观光游览，负责按计划实施接待，并协调翻译、司机、地陪等接待人员的协作关系。

4.5 接船前准备工作要求

第一，认真查阅接待计划及相关资料，了解旅游团（者）的全部情况，注意掌握其重点和特点。

第二,做好必要的物质准备,确认接待用车数量、车内设施、车内卫生、司机的有效证件,督促司机预习旅游线路。

第三,组织接待前分析会,提前熟悉游客出团名单表,检查、确认接船服务人员的服装、证件、车标、旗帜、景点及用餐票据等的落实情况。

第四,提前(不低于一天)向港口经营人确报进入口岸的旅游用车和专配的接待邮轮团队工作车辆的计划。

第五,凡有大型旅游车队出行,宜事前向相关景区及游览沿线的公安、交通部门通报旅游车队的行程,力求取得支持,保障交通畅通。

4.6 接船服务要求

第一,应提前一小时由导游携带车辆到口岸等候邮轮靠泊,迎候旅游团(者)。

第二,接到旅游团(者)后,导游应与承运人的代表核实团队有关情况。

第三,导游应代表邮轮口岸旅游服务经营人向旅游者致欢迎词。欢迎词应包括欢迎、介绍自己姓名及所属企业、介绍司机、简介本团旅游路线、表示提供服务的诚挚愿望。

4.7 游览活动服务进行时要求

第一,讲解服务应语言生动、语速适中、语言清晰、内容丰富、文明规范。

第二,关注全团的行进速度,关注司机按规定车速行驶,保障行车安全。

第三,游览进行中及时向饭店或餐厅、景区(点)预告旅游车辆抵达的具体时间。

第四,应将导游本人和服务机构的电话号码告示旅游者,以便迷路、走失时可及时联络。

4.8 游览景点服务时要求

第一,游览景点过程中导游应自始至终与旅游者一起活动,随时清点人数,以防走失。

第二,在景点游览过程中,导游应与景点导游密切配合,保证在计划时间、预定线路、计划费用内,旅游者能充分地游览、观赏。

第三,应使讲解与引导游览相结合,适当集中与分散相结合,劳逸适度,并特别关照年老体弱的旅游者。

4.9 就餐服务要求

第一,应提前向预订团体用餐的饭店或餐厅,通报用餐时间、用餐具体人数、用餐菜谱及旅游者特殊餐食、餐具的需求。

第二,应引导旅游者入座进餐,并介绍菜肴的名称、特点等。

4.10 旅游者购物时服务要求

邮轮旅游团(者)有购物需求时应:

第一,带领旅游团(者)前往经商业或旅游行政主管部门认可的为邮轮旅游服务设置的购物场所（或特设的专业商店）购物。

第二，向旅游者介绍本地商品的特色、品种，由旅游者自行选购，严禁强制旅游者购物。

第三，向旅游者提供购物过程中的翻译、介绍托运手续等所需要的服务。

第四，注意掌控购物的时间，防止耽误行程。

4.11 游览结束时服务要求

第一，游览活动结束时，应做好送返旅游团队（者）回邮轮的服务，妥善处理遗留问题。

第二，诚恳地征求旅游者对接待服务工作的意见或建议。

第三，待旅游团队（者）全部进入口岸后导游方可离开。

5. 服务设施与服务项目的质量要求

港口经营人的服务设施应满足以下要求：

第一，应有贵宾休息室，专人接待。

第二，应有与旅游者高峰值相匹配的迎客厅、候船处（厅），宽敞明亮，服务周到，有休息的座椅、饮水供应等服务。

第三，应有婴幼儿休息室，配备婴儿专用的辅助服务设施。

第四，应有与旅游者高峰值相匹配的行李手推车，取用方便，摆设整齐、有序，回收及时。

第五，应有行李运行系统，其信息、监控、接受、交付等运作良好。

第六，应有银行外汇兑换点、公共电话、邮箱、免税商店等服务设施。

第七，应有轿车、旅游客车等车辆的分类停车场，停车场总车位数与客流高峰流量相匹配。

第八，应有出租车、公共交通专用的候客停车泊位、专用车道；宜设防雨、防风、防晒的设施。

第九，宜配置轮椅、担架等辅助残障者的服务设施。

6. 安全要求

第一，港口经营人应建立健全安全、保安制度，其制度符合国际海事组织（ISPS）《国际船舶与港口设施保安规则》的要求。

一是应有处理恶劣气候、公共卫生、防台防汛、灭火应急疏散、安全生产、窗口服务等突发事件处理应急预案，并定期组织实施演练、演习，记录台账完整、完备。

二是应有上、下船安全设备，候船和上下船场所的安全设备应符合 GB/T 16890—2008 中 7.3.1、7.3.4 的要求。

三是应有专人维持登轮廊桥等关键部位的秩序，避免伤亡和落水事故的发生。

四是安全标志应齐全、醒目，口岸各处通道畅通、重点部位有中英文警示牌。相关标志分别符合 GB 2894、GB 13495 的要求。

第二，邮轮口岸旅游经营人应有处理旅游服务突发事件的应急预案；处理突发事件应符合 GB/T 15971—2010 附录 A 的规定。

7. 卫生要求

第一，口岸各服务场所的卫生状态应符合国家卫生行政主管部门有关卫生要求的相关法律法规，建立卫生制度，责任到人。

一是口岸的站容站貌应符合 GB/T 16890—2008 中 7.1 的要求。

二是服务场所的空气质量等各项卫生标准值应满足 GB 9672—1996 中 3.1 的要求。

三是服务场所的集中式空调通风系统应符合卫生部《公共场合集中式空调通风系统卫生规范》的要求。

第二，为旅游者服务的卫生间设置、卫生标准不应低于 GB/T 18973 中的三星级标准要求，并有卫生保洁养护作业制度。

第三，供水和饮水水质应符合 GB 5749 的规定。

第四，公共场所用品卫生应符合 WS 205 的相关规定。

第五，口岸的服务人员应身体健康并无传染病，持有国家卫生行政主管部门规定的《健康证》。

第六，邮轮口岸旅游服务经营人应按 GB/T 15971—2010 中 4.1.1 的要求，提前核查接待邮轮旅游者场所的卫生状态，确认其卫生质量符合相关的卫生标准。

8. 服务信息传递要求

第一，口岸各处服务场所应按 GB/T 15566 要求，设置通用、旅游设施及服务的公共信息图形标志。

第二，导向、提示、环境、安全等信息标志应分别符合 GB/T 10001.1、GB/T 10001.2、GB 2894、GB 13495、JT/T 471 的要求。

第三，传递信息应准确、及时、有效。

一是公众广播应语言清晰、匀速、自然流畅。

二是滚动式电视屏彩色、触摸式多媒体等系统应运作良好，显示流畅、清晰。

三是文字传递应使用规范汉字并配英文译文。

四是语音传递应使用汉语普通话并配以英语（或与邮轮旅游者相适应的外语），传递时至少重复进行两次。

五是应设置自助式查询系统、船期自动显示系统。

六是服务场所内的旅游咨询服务台，应能向个体旅游者提供推介旅游产品、游览路线等服务信息。

七是应提供中、英文版本的服务指南或游客须知信息。

八是火灾应急广播与公众广播合用时，应符合 GB/T 50116 有关规定。

第四，传递信息的基本内容，应有服务信息、特别通告和紧急信息、口岸周边的交通信息。

9. 管理要求

第一，口岸各服务主体应按 GB/T 19001 的要求，建立服务质量管理体系，加以实施和保持。

一是服务质量管理体系包含服务方针、岗位责任制度、人员培训制度、环境保护和资源节约制度、设施设备维护制度、重大安全生产事故等应急反应制度、食品卫生责任制度、治安保卫制度、治安安全责任制度、投诉制度等。

二是有员工手册，内容包括服务和专业技术人员岗位要求、主要工作职责等。

第二，口岸各服务主体应有自律的治理机制，应按照口岸查验监管、交通运输、旅游等行政管理部门的质量管理要求，定期自查自评，持续地保障国际邮轮口岸旅游服务品质。

第三，旅游行政管理部门可委托或授权邮轮业的专业或权威行业组织建立行业自律机制，监督、约束、抑制业内违规的现象；为经营者提供信息咨询服务，配合旅游行政主管部门进行宣传，贯彻实施本标准。

参考文献

［1］Huang J.，Hsu C. H. C.The Impact of Customer-to-Customer Interaction on Cruise Experience and Vacation Satisfaction［J］.Journal of Travel Research，2010，49（1）：79-92.

［2］Teoman Dumana and Anna S. Mattilab. The Role of Affective Factors on Perceived Cruise Vacation Value［J］. Tourism Management，2005（26）：311-323.

［3］Victor B. Teye and Denis Leclerc. Product and Service Delivery Satisfaction among North American Cruise Passengers［J］. Tourism Management，1998（19）：153-160.

［4］本·马里诺.中国"将成为全球最大市场"［N］.金融时报.2014-8-21.

［5］陈玲玲.港口运输服务水平评价研究——以厦门港为例［D］.集美大学，2015.

［6］郭萍.促进产业发展法制保障论略［J］.法学杂志，2016（8）：48-54.

［7］黄恢月.出境旅游服务特点、纠纷成因及其对策［N］.中国旅游报，2015-10-26.

［8］李玫萱.基于结构方程的游客满意度影响因素研究［D］.上海工程技术大学，2015.

［9］李肖楠.浅谈国际豪华邮轮服务人员的素质要求［J］.企业技术开发，2013，32（6）：146-147.

［10］栾晨焕.运输突发事件应急体系及其法制衔接［J］.中国海商法研究，2016，27（1）：47-54.

［11］欧阳代越.公司员工满意度调查分析——以丽星双鱼星号为例［J］.旅游管理研究，2015（9）：28-29.

［12］钱立明，张志明，王海霞.航运中心建设的若干问题探讨［J］.水运工程，2006（10）：215-219.

［13］宋吉龙.口岸服务系统仿真研究［D］.大连海事大学，2014.

［14］苏枫.豪华邮轮服务员的心理特点分析［J］.商场现代化，2008（10）：277.

［15］王晓宇．基于旅游体验视角的大连国际接待质量提升对策研究［J］．鸡西大学学报，2014（5）：53-56.

［16］杨红．中国游客满意度评价研究［D］．上海工程技术大学，2016.

［17］叶欣梁，黄燕玲，丁培毅．中国母港旅游服务接待质量与标准体系探析——以上海吴淞口国际港为例［J］．北京第二外国语学院学报，2014（11）：29-36.

［18］钟诚，陈凌．现代国际港口客运站设计探究［J］．水运工程，2011（S1）：129-132.

［19］部分照片来源：易游堂旅行网 www.yiyout.com.

［20］课堂微信公众号 youlunkt：选择套房有哪些"福利"？2016-01-13.

［21］中交协游艇官网，www.ccyia.com.

［22］东方网，http：//sh.eastday.com/m/20140418/u1a8038062.html.

责任编辑：张　萍

图书在版编目（CIP）数据

邮轮旅游服务管理 / 王建喜主编． -- 北京：旅游教育出版社，2017.6（2022.7重印）
全国邮轮专业规划教材
ISBN 978-7-5637-3578-5

Ⅰ．①邮… Ⅱ．①王… Ⅲ．①旅游船—旅游服务—高等学校—教材　Ⅳ．①F590.75

中国版本图书馆CIP数据核字(2017)第140475号

全国邮轮专业规划教材

邮轮旅游服务管理

王建喜　主编

甘胜军　副主编

出版单位	旅游教育出版社
地　　址	北京市朝阳区定福庄南里1号
邮　　编	100024
发行电话	（010）65778403　65728372　65767462（传真）
本社网址	www.tepcb.com
E - mail	tepfx@163.com
排版单位	北京旅教文化传播有限公司
印刷单位	北京虎彩文化传播有限公司
经销单位	新华书店
开　　本	710毫米×1092毫米　1/16
印　　张	12.5
字　　数	202千字
版　　次	2017年6月第1版
印　　次	2022年7月第2次印刷
定　　价	32.00元

（图书如有装订差错请与发行部联系）